从偏见
到仇恨

如何科学理解
仇恨产生的机制，
并有效遏制甚至消除仇恨？

[英] 马修·威廉斯 著
（Matthew Williams）
姜伟 译

重庆出版集团 ⓒ 重庆出版社

图书在版编目（CIP）数据

从偏见到仇恨 / (英) 马修·威廉斯著；姜伟译. — 重庆：
重庆出版社，2024.3

书名原文: The Science of Hate

ISBN 978-7-229-18255-7

Ⅰ.①从… Ⅱ.①马… ②姜… Ⅲ.①社会心理学
Ⅳ.①C912.6-0

中国国家版本馆CIP数据核字（2024）第002102号

从偏见到仇恨

CONG PIANJIAN DAO CHOUHEN

［英］马修·威廉斯（Matthew Williams） 著　姜伟　译

出　品：華章同人

出版监制：徐宪江　秦　琥

责任编辑：朱　姝

特约编辑：陈　汐

营销编辑：史青苗　孟　闯

责任校对：王晓芹

责任印制：梁善池

装帧设计：L&C Studio

重庆出版集团
重庆出版社　出版

（重庆市南岸区南滨路162号1幢）

北京盛通印刷股份有限公司　印刷

重庆出版集团图书发行有限公司　发行

邮购电话：010—85869375

全国新华书店经销

开本：880mm×1230mm　1/32　印张：11.125　字数：258千

2024年3月第1版　2024年3月第1次印刷

定价：58.00元

如有印装质量问题，请致电023—61520678

目录

V   序言

         第一部分

002   第 1 章   仇恨意味着什么
006   什么是"仇恨"？
019   为怀恨者进行心理侧写

022   第 2 章   仇恨计数
023   如何计数，何时计数
042   仇恨犯罪数量在上升吗？

048   第 3 章   大脑与仇恨
054   柔软的灰色盔甲之下
064   在大脑中定位仇恨
075   那些引发仇恨的大脑区域

第二部分

088　　**第 4 章　我的大脑与仇恨**

089　　　　　找一个使用脑部扫描仪的神经学家

100　　　　　不尽如人意之处

107　　　　　超越大脑

108　　**第 5 章　群体威胁与仇恨**

113　　　　　群体威胁监测机制

115　　　　　我们的生理习性与威胁

123　　　　　社会、竞争与威胁

138　　　　　文化机器、群体威胁与偏见

145　　　　　威胁感的消除

147　　　　　超越威胁

149　　**第 6 章　创伤、包容与仇恨**

153　　　　　"普通"仇恨犯罪者

166　　　　　"特殊"仇恨犯罪者

179　　**第 7 章　触发事件与仇恨的消长**

182　　　　　发现仇恨的触发条件

195　　　　　心理机制与触发事件

第三部分

212   第 8 章   仇恨的亚文化

216   追求意义和极端仇恨

225   勇士心理学

235   第 9 章   机器人程序和网络投饵人的崛起

237   我们输入什么，就会得到什么

245   网上有多少仇恨言论？

254   隐匿的极端伤害

258   法律能阻止仇恨言论的产生吗？

262   社交媒体能阻止仇恨言论的产生吗？

264   我们能阻止仇恨言论的产生吗？

268   第 10 章   言语仇恨与行为仇恨

270   极右翼游戏规则的改变者

284   "有实际行动的信息"

294   第 11 章   从偏见到仇恨的临界点及其预防

297   预测下一次仇恨犯罪

303   遏阻仇恨行为的 7 项措施

320   20 年的研究工作对我的启示

322   后记

330   致谢

▍序言

　　仇恨是人类天生就有的吗？在探索仇恨问题的旅程之初，我问了自己一个类似的问题："那些因为我的身份而攻击我的人在生物学上是否存在什么因素，导致了他们在某种程度上对我实施仇恨行为？"这种可能性既令人欣慰又令人不安。这将我和攻击我的人区分开来，明确地表示我们是两路人，但这也意味着理解仇恨是一个比预想中更加棘手的问题。我们用这个问题引出本书的开头可谓恰如其分。进行关于先天和后天的争论对理解仇恨至关重要，就像理解我们何以为人一样关键。

　　大多数仇恨犯罪者都相当平凡，泯然于众人。他们普普通通，既像你，又像我。他们并不都是病态的，也不都是大众媒体所描述的怪物。产生偏见和仇恨的基础存在于每个人身上。

　　我们都有着根深蒂固的偏好，对与自己相似的人，我们会惺惺相惜。这种类聚特征不仅在人类身上十分常见，在其他物种身上也颇为寻常。在人类远古的历史上，我们的祖先早就进化出了这种特质，以确保自己的族群繁衍生息，并和他人建立起紧密的纽带关系，促进信任与合作，这对早期人类的生存而言至关重要。尽管当今人类的生存压力已不同以往，但我们还是无法回避这样一个事实：人类倾向于偏袒自己群体中的人，而不是外部群体中的人。无论我们有多不愿意承认这一点，都无法回避，因为事实就是如此。

科学家们已经证明，可以从人类大脑中观察到这种特质所带来的可能性后果。以前，医生们只有敲开人的脑壳才能一窥头盖骨下的秘密，如今，这种原始的方法已成为历史。功能性磁共振成像（fMRI）作为可以识别大脑肿瘤存在的扫描技术，现在正被用于生成大脑的三维图像，显示大脑对外部刺激（如照片）的实时反应。在某些条件下，我们对"我们"的偏爱会转变成对"他们"的习得性厌恶。人们已经通过技术发现了人类大脑中涉及这一过程的信号。

那些声称自己对黑人没有偏见的人可能会被其大脑信号出卖。神经科学研究证明，受试者看到白人和黑人的照片时，大脑活动出现了差异。大脑中与无意识偏见最相关的区域，即杏仁核，同时与恐惧和侵犯行为有关（见文后附图1），这一发现令人十分惊讶。杏仁核是"预备好的"的恐惧（即我们能迅速认识到的恐惧）和习得性恐惧形成的地方。要理解这两者的区别，你可以想象一下我们对蜘蛛及蛇的恐惧和对考试及牙医的恐惧有什么不同。研究表明，当大脑处理深肤色的人的图像时，杏仁核会产生恐惧反应（这一发现既适用于白人实验对象，也适用于黑人实验对象，详见第 3 章）。但是如果你认为我们大脑的某些部分生来如此，那你就大错特错了。

为了研究大脑在自然环境中的状态，心理学家考察了幼儿之间的交流方式，随后发现，成年人对其他群体的看法，对那些几乎完全没有社会化的幼儿来说，基本没有影响。通过观察儿童玩耍的行为，人们发现是进化在起作用。儿童从 3 岁左右开始就认识到了群体的存在，并且会形成偏好。在两个群体当中，人们通常会偏好其中的一个。

是女孩还是男孩；是红队成员还是蓝队成员；是海绵宝宝的粉丝还是小猪佩奇的粉丝——这些群体的定义并不重要（事实上，对远古的人类祖先来说，由于迁徙范围有限，个体之间的差异不太可能体现在肤色上），但是孩子们会因为担心被排除在他们自认为所属的群体之外而变得焦虑。处于这一发展阶段的儿童，并没有明显地表现出偏好内群体（ingroup）而排斥外群体（outgroup），也不会将对内群体偏好转变为针对外群体的有害行为。他们不会因为自己属于某个群体而在儿童乐园里偷他人的玩具或发动部落战争。但是，他们可能只会与内群体的成员分享玩具，除非我们鼓励他们进行更广泛的分享。

学龄后儿童之间的互动是发生社会环境中的，那要比儿童乐园复杂得多。从 10 岁左右开始，儿童的判断力便会空前地提高，这意味着他们开始了解社会是如何按照等级分层的。竞争似乎无处不在，并会引发互动中的每一个开端和转折，开始左右儿童之间的游戏和更加普遍的行为。孩子们仍然十分重视自己的内群体身份，比如谁属于自己的群体，但更重要的是，他们开始敏锐地识别出谁不属于自己的群体。这个时候，儿童对内群体的偏好可能就会开始成为一颗种子，最终会变成对外群体的偏见，即便外群体是由与内群体成员高度相似的个体组成的。

经典的心理学研究表明，当"普通"白人中产阶级男孩[①] 被放置到他们之前没有接触过的群体成员当中时，他们会迅速对彼此形成基于群体成员身份的偏见。即使两组成员的身份相似（比如，所有男孩都是属于白人中产阶级），这种情况也会发生。不同的群体第一次接触时就会产生竞争，在食物等资源匮乏的情况下，竞争尤为激烈。冲突是必然存在的，如果资源分配不均，冲突就会爆发。但是群体的划分并非根深蒂固，跨越障碍并不是很难。如果给两个群体一个共同的问题，让他们一起克服，他们就可以忘记分歧，团结起来，完成造福于所有人的工作。

青春期的人们，往往会将对其他群体的负面想法转化成极其有害的行为。针对外群体成员的偏见和仇恨可能在这个时期开始变得根深蒂固。偏见的激化并非不可避免，但是，倘若处理不当，仇恨则可能成为常态。我们的内心都存在偏见的萌芽，但是它在一系列特定的外部条件之下才会变成偏见。促成这种情况的因素包括经济衰退或政治分裂，以及那些人们在童年时期受到保护、不受其害，却在成年早期不堪重压、深受其害的事情。还有其他

---

① 　"普通"白人中产阶级男孩，或者可以笼统地称之为 WEIRD（Western, Educated, Industrialized, Rich, and Democratic），即来自西方工业化民主社会、拥有高等学历、生活富足的人群，他们构成了人类行为科学研究的主体。这导致一种说法的出现，即我们所了解的有关人类行为的大部分知识，只能代表来自西方民主富裕的工业化社会、受过学校教育的人的情况，不能推及全世界，也不能适用于所有人。我们目前从科学中了解到的关于智商、道德、理性、公平与合作等方面的知识只能适用于世界人口总集中的一个子集。如果你来自西方主流社会，那么这些研究的发现可能适用于你；如果你不属于这个群体，那么我们需要在你所处的社会中进行更多专门性的科学研究，以证实我们所知道的情况是否适用于更广泛的领域。

的影响因素，比如同辈人的不良行为准则和价值传播，缺乏与外群体面对面的日常接触，暴露于颠覆性亚文化和非主流网络媒体中，等等。在这样的环境中，偏见的种子会迅速发芽，滋生仇恨。话虽如此，但并非每个身处青春期火药桶里的人都会实施疯狂的仇恨犯罪。

好消息是，我们大多数人都学会了压制偏见。一些研究人员指出，人类的"文明进程"可以解释为什么大多数人在带着偏见进行思考时会感到羞愧。经过数百年的社会变革，在民权运动、妇女解放运动等的推动下，以不利于社会某些群体的方式进行思考和行事已经变得让人无法接受，尤其是不利于那些众所周知的、在社会结构上已然处于劣势的群体。

但压制偏见需要付出心理能量。有人可能会争辩说，他们不必压制任何偏见，因为他们原本就没有偏见（难道这不是一种压制吗？），但是，当我们在一刹那间将某一群体中的某个人和某种负面特质联系起来时，许多人都会小心地纠正自己的想法。这种抑制机制即便存在，也可能会在某些条件下失效，使某些人更快地产生对某一群体的仇恨。

▌本书所采用的方法

在这段旅程中，我想弄清楚让一个人陷入仇恨犯罪的必要因素是什么，以及这些因素是如何迅速传播给他人的——为什么在某些时刻、某些地点，我们可以和谐地生活在一起，而在另外的某些时刻、某些地点，人们会出现分化、冲突。

理解想法和行动之间的差距，是人类行为科学的终极目标。人们对偏见及其形成方式有了比较充分的认识，对偏见极端化后所产生的暴力后果也有了比较充足的了解。研究者们一致认为，虽然并非每个接触过偏见思想的人都会成为仇恨犯罪者，但是所有的仇恨犯罪者都在某个时刻接触过偏见思想。可是，如果请一群专家齐聚一堂，让他们指出偏见演变成暴力仇恨的确切时刻，你多半会得到多个相互矛盾的答案。

作为一名犯罪学教授，能够研究这个在许多经典学科建立很久之后才形成的领域，我感到很幸运，因为这样一来，犯罪学就可以坦然地借鉴那些成熟学科的思想。犯罪学不像某些只能在角落里单打独斗的学科，我们可以从多个角度、多个端口研究问题。在解答"人们为什么会实施仇恨犯罪"这一问题时，这一点至关重要。你需要从整体着眼，既要考察生理习性和早期社会化是如何使人类偏袒内群体的，又要考察金融危机、全球疾病大流行、人工智能（AI）等因素是如何为仇恨的滋生创造理想条件的。如果在思考时没有面面俱到，我们就无法理解仇恨行为。

而且，我们将视角定格于更广阔的全球范围也是理解时下仇恨犯罪的关键。目前，世界各地社会关系破裂的速度之快令人忧心。仇恨犯罪激增的国家都是极右势力崛起的国家，这并非巧合。互联网革命及形形色色的潜伏者、极端保守分子、国家行为体在互联网上造成的破坏更是对此起到了推波助澜的作用，于是，这一趋势愈演愈烈。民粹主义领导人通过互联网来获取民众的支持，社会分裂也变得更加严重且公开化。

唐纳德·特朗普（Donald Trump）在 2016 年的总统竞选活动中聘请了剑桥分析公司[①]，英国"脱欧派"在"脱欧"运动中聘请了 Aggregate IQ[②]，利用 AI 来"微观定位"那些最容易受到某些信息影响的选民——而这些信息正是一些人故意释放的，以期激起人们对"他者"的恐惧。2019 年新冠病毒流行期间，社交媒体上充斥着针对犹太人、穆斯林等的极右阴谋论及仇恨言论，有人恶意揣测这些群体制造或传播新冠病毒（见第 10 章）。

除了有组织的活动，普通互联网用户还会受到虚假信息的误导，或者被口无遮拦的言论所引导，在社交媒体上发布仇恨信息。研究显示，这一趋势最令人担忧的是，公众人物所发布的分裂信息会直接导致一些人失去理智，走上街头实施仇恨暴力行为。关于这一点，全世界都曾见证过一个绝无仅有的案例。

2021 年 1 月，特朗普的支持者被特朗普的两极分化言论煽动，袭击了美国国会大厦。在多家媒体的镜头下，那些暴徒身穿 T 恤，手中挥舞着印有极端保守主义、新法西斯主义、白人至上主义等标志的旗帜发起了攻击。这场暴乱导致包括一名警察在内的 5 人死亡，还有数百人受伤。袭击发生后的几分钟内，推特[③]、脸书（Facebook）、YouTube 等社交媒体平台纷纷删除了特朗普赞扬其支持者的内容，承认这些帖子对暴力行为具有煽动性。随后，

---

① 剑桥分析公司（Cambridge Analytica），隶属于一家英国企业——英国战略沟通实验室（Strategic Communication Laboratories），它以大数据挖掘算法和心理侧写（psychological profiling）等技术手段为客户提供信息精准投放业务，最成功的案例是帮助唐纳德·特朗普赢得 2016 年的美国总统大选。——译者注
② Aggregate IQ 是一家加拿大政治数据公司，其业务和运作方式与剑桥分析公司类似，最成功的案例是帮助英国脱欧阵营在 2016 年赢得脱欧公投。——译者注
③ 推特（Twitter），现已被埃隆·马斯克（Elon Musk）收购并改名为 X。——编者注

三家科技巨头更进一步，封禁了特朗普的账号，防止引发更严重的动荡。

新技术改变了仇恨行为，放大了仇恨造成的伤害。如果听之任之、无所作为，那么，在这个被互联网连接起来的现代社会中，仇恨的表达形式有可能比历史上任何时期都要多样。如果我们不努力充分理解这一新语境，不能正确支配我们掌握的科学知识，就有可能使仇恨从个别社区辐射到整个国家乃至世界。

在本书中，我们会先探究仇恨犯罪的个体案例，了解仇恨的定义，继而借助数字来理解和判断仇恨的标准，即确定什么样的状况可以被视作仇恨事件，以及有多少仇恨事件存在。然后，我们将深入探讨仇恨是如何被人类的共性所塑造的，这些共性指的是我们因进化而形成的生理、心理路径，以及在幼年时期快速习得的那些技能对我们产生的影响。

叠加在这些人类特质之上的若干因素是如何塑造仇恨的？本书将在后文中对这一问题进行探讨，比如那些降低我们抑制偏见的能力、使我们更接近仇恨的仇恨触媒（accelerants）。我们共有的核心特质和若干催化力量结合后，仇恨才会形成。虽然我们都有恨的能力，但只有我们周遭的仇恨触媒足够多的时候，仇恨情绪才会爆发。由于这种接触（以及对这种接触的防范）在社会维度或时间维度上分布不均，所以仇恨在人类进化的某些时期或某些群体中更为常见。

为了揭示从偏见到仇恨犯罪的转变过程中的转折点，我将带你踏上环球时光之旅，一路前行，从我们的史前祖先到21世纪的AI，我会一一道来。我将深入研究仇恨犯罪案件，与多位专家交流，并利用最前沿的科学工具，讲述受害者和罪犯的故事。通过多个角度的观察，我得出了一个反直觉的、令人震惊的解释，这将颠覆我们对人类行为的普遍看法。有些人会按照自己的偏见行事，而另一些人则不会。我将循序渐进地向你说明这一现象的原因。

第一部分

在世界范围内多起骇人听闻的暴力伤害事件背后，隐藏着怎样的情绪演化机制？那些无意识的偏见无差别地存在于人类的意识中吗？远古时代的生存本能促使我们迅速感知到外界的危险和威胁，并快速作出反应，这样的机制还适用于当下社会吗？不同个体，对同一事件的反应相差巨大，是什么影响了大脑的反应？又是什么塑造了我们的行为？

第1章

仇恨意味着什么

斯里尼瓦斯和阿洛克

2017年2月的一个傍晚，堪萨斯州（Kansas）奥拉西（Olathe）的天气异常温暖，在一家生产全球定位系统（GPS）设备的公司工作的斯里尼瓦斯·古奇博特拉（Srinivas Kuchibhotla），结束一天的辛苦工作后，决定和好友阿洛克·马达萨尼（Alok Madasani）一起喝几杯冰啤酒放松一下。他们都是在2005年前后举家从印度搬到堪萨斯州，并在这里开始了新的生活。奥拉西人口超过13.5万，这里的人热情好客，对这两个新家庭都很友好。位于商业街的奥斯汀运动酒吧①是一家典型的美式餐厅，那里有美味的汉堡和上乘的啤酒，是斯里尼瓦斯和阿洛克经常光顾的地方。

在奥斯汀运动酒吧里，电视的声音大得刺耳，一块巨型屏幕正面向一大群蜂拥而至的老顾客播放着篮球比赛。斯里尼瓦斯和阿洛

---

① 可通过电视收看体育赛事的酒吧称为运动酒吧。——译者注

克坐在露台上的一张桌子旁边，在约26℃的气温中享受着冰爽的美乐啤酒[①]。他们边喝边聊，聊一天的工作，聊宝莱坞电影，聊阿洛克即将做爸爸的喜讯。

谈兴正浓时，阿洛克注意到，一名身穿印有军徽图案T恤、围着一条印花头巾的白人向他们走了过来。看到这个人神色异常，阿洛克立刻感觉到要出事。果然，这个名叫亚当·普林顿（Adam Purinton）的白人指着他们质问道："你们是从哪个国家来的？是非法入境吗？"

阿洛克没有说话。对方来势汹汹，咄咄逼人，他担心接下来对方会对他们拳脚相加。斯里尼瓦斯平静地回应道："我们来自印度，是通过合法程序来到这里的，有H-1B签证[②]。"

普林顿又说："你们弄了个签证就跑到这里来，出钱的是我们。给我从这里滚出去！你们不属于这里……沙漠黑鬼[③]！"接着，他又戳着斯里尼瓦斯的胸口大吼："恐怖分子！"

阿洛克冲进餐厅去找经理，回来之后他发现有两位顾客正在为他们仗义执言，要求普林顿离开，其中一名是本地人伊恩·格里洛特（Ian Grillot）。

普林顿没走多久便又回到了餐厅。这次他穿上了另一件T恤，以围巾蒙面，一边吼着"滚出我的国家"，一边掏出半自动手枪朝两人开火。斯里尼瓦斯首先被击中，胸口中了四枪。阿洛克腿部中弹，摔倒在地，满脑子只有一个念头——要为即将出世的孩子活下去。

伊恩——那个之前为他们出头的顾客——蜷缩在桌子下面，默

---

① 美乐啤酒（Miller Lites），美国第二大啤酒品牌，创立于1855年。——译者注
② H-1B签证是美国最主要的工作签证类别，发放给美国公司雇佣的外国籍有专业技能的员工，属于非移民签证的一种。——译者注
③ "沙漠黑鬼"具有种族歧视意味，指有中东或北非血统的人。——译者注

数着枪声。他觉得自己数到了第9枪，便从桌子底下爬了出来，向逃离现场的恐怖分子追去。但是他数错了，对方的弹匣里还有一发子弹。普林顿转身向伊恩射击，子弹击穿伊恩的手掌，射入他的胸腔。

餐厅里的顾客对两名印度男子紧急施救，乱成一团，此时斯里尼瓦斯的妻子苏娜亚娜（Sunayana）正在给他打电话，她想问丈夫什么时候回家，想和他到花园里品茶，他们刚好能赶上看日落。斯里尼瓦斯没有接电话，苏娜亚娜便开始浏览脸书上的消息。这时候，她看到一条题为"奥斯汀运动酒吧发生枪击案"的新闻，不由得心里一惊，担心丈夫发生不测。

袭击发生后，阿洛克和伊恩幸免于难，斯里尼瓦斯因身中数枪而死亡。警方告知苏娜亚娜，这次枪击是一起蓄意杀人事件——她的丈夫被杀是因为他的身份和肤色。苏娜亚娜曾希望这是一次非故意的袭击——就像她在新闻中看到的许多美国枪击案那样。得知二人因为国籍和种族而受到有针对性的攻击时，她更加痛苦了。她很难理解普林顿杀死她丈夫的原因。到底是多么痛彻心扉的创伤才让他实施如此难以想象的暴行？他在害怕什么？他的愤怒从何而来？杀死斯里尼瓦斯就能消弭他的痛苦吗？

阿洛克和伊恩尚未痊愈，各地的记者便纷至沓来，要他们发表对这一事件的看法。阿洛克在一次采访中说："我真的很害怕。我希望大家知道——我们遇袭没有其他原因，就是仇恨。"

伊恩躺在病床上泪如泉涌，他说："我做了任何一个人都应该做的事，与对方是哪里人无关，与种族无关。我们首先都是人。"

几天后，苏娜亚娜在一次新闻发布会上说："我一直忧心忡忡。我们留在美国是明智之举吗？……美国政府会采取什么举措来阻止仇恨犯罪？倘若我丈夫地下有灵，会希望正义得到伸张。我们需要一个说法。"自 2016 年唐纳德·特朗普当选总统以来,美国全国各地发生了数起仇恨犯罪,对于报纸上的这些内容,她一直时刻留意着。袭击事件发生后不久,她对一名记者说:"我们一直密切关注着之前的选情。我担心得睡不着觉。"据她回忆,她问过丈夫:"斯里尼瓦斯,我们留在这个国家安全吗?我怕得要命。"

普林顿逃离现场后,驱车 112 千米前往密苏里州(Missouri)的克林顿(Clinton),将自己的罪行向苹果蜂餐厅的一名员工和盘托出。普林顿被警方逮捕后,被密苏里州指控犯有谋杀和过失杀人两项罪责,但由于堪萨斯州的法律中没有相关条款,因此无法提出具体的仇恨犯罪指控。① 只有在联邦层面,普林顿才能被指控犯有仇恨罪。普林顿承认被害人的种族是他实施侵害的原因。发生这起枪击案的两周前,他注意到斯里尼瓦斯和阿洛克坐在他们经常坐的那张桌子旁边,他曾对侍者说:"你看见露台上的那两个恐怖分子了吗?"

普林顿对所有指控供认不讳,当庭服罪,被判处终身监禁,不得假释。美国和印度媒体纷纷对这一事件进行了跟踪报道,呼吁特朗普发表声明。在谋杀案发生的 6 天后,特朗普迫于压力在美国国会面前谴责了"形形色色的仇恨和恶行"。人们在海得拉巴(Hyderabad)② 为斯里尼瓦斯举行了葬礼,印度新闻和网络直播了这场葬礼。哀悼者的呼声此起彼伏,不绝于耳:"特朗普,下台,下

---

① 作者撰写本书时,堪萨斯州的州级立法尚无专门的仇恨犯罪条款,但如果已知犯罪动机完全或部分是由受害者的种族、肤色、宗教、族裔、祖籍国等引起的,法官就有权从重判处。不过,普林顿在联邦一级被指控犯有仇恨罪。贝拉克·侯赛因·奥巴马(Barack Hussein Obama)于 2009 年签署了《马修·谢巴德和小詹姆斯·伯德预防仇恨犯罪法案》(The Matthew Shepard and James Byrd Jr Hate Crimes Prevention Act),将因受害者实际或被感知的种族、肤色、宗教、祖籍国、性别或残疾等原因而故意造成受害者受到人身伤害,或使用危险武器造成受害者受到人身伤害的行为定为联邦犯罪。该法案将美国《1969 年联邦仇恨犯罪法案》(1969 US Federal Hate Crime Law)的适用范围扩大到了种族、肤色、宗教和祖籍国之外。

② 印度南部城市。——译者注

台！……打倒种族主义！打倒仇恨！"（见附图5）

斯里尼瓦斯遇害一年后，苏娜亚娜成立了一家旨在支持移民、打击美国仇恨犯罪的非营利组织，取名为"永远欢迎你"（Forever Welcome）。

是什么驱使普林顿在那天杀人？犯罪学家的工作就是为这一类问题寻找答案，收集仇恨受害者和施暴者的信息，利用最先进的科学手段对这些信息作出合理的解释。犯罪学是为应对犯罪问题而兴起的一个学科，专注于为政府制定政策提供信息协助。犯罪学的产生和发展是由一个大问题驱动的，即他们为什么要这样做？在这个大问题之下是一系列子问题：什么是仇恨？了解仇恨有助于确定犯罪动机吗？仇恨犯罪的数量有多少？当受害者因为身份而成为攻击目标时，会出现什么样的后果？如何阻止仇恨？这些子问题构成了以仇恨问题为研究方向的犯罪学家们的研究内容。本章将通过讲述受害者和施暴者的个体实例，讨论上述子问题中的第一个问题。

▎什么是"仇恨"？

亚当·普林顿年轻时曾在海军服役，期间曾持有飞行员执照，还担任过一段时间的空中交通管制员，也曾在 IT 行业担任过技术职务。后来，因为遭受一系列人生变故，他的思想开始扭曲。在杀害斯里尼瓦斯的 18 个月前，他的父亲死于癌症，此后他开始酗酒并导致失业，无奈之下只得去干体力活。他换过几份工作，甚至到快餐店里洗过碗。痛失亲人、工作不顺、心情沮丧……几种负面因素交织在一起，可能是普林顿那天痛下杀手的动因，却又不能充分解释他的暴行。特朗普的仇外言论和他当月禁止穆斯林进入美国的做法会不会起到了火上浇油的作用呢？普林顿是否相信了这些说辞？是否会认为自己的失败应该归咎于移民？我们不得而知。即便事实的确如此，也仍有尚未解开的谜团，因为并不是所有遭受过巨大创伤且相信分裂政治信息的美国人都会诉诸暴力。因此，是不是仇恨导致了普林顿的杀人行径？

我们对仇恨的犯罪学理解大多源于对偏见的研究。偏见源于刻板印象，即我们基于粗糙的概括和分类赋予个人或群体的特征。我们认为某个人属于某个群体，对这个人的态度和情感便会受到我们对该群体看法的影响，这时偏见便形成了。因此，研究偏见时，我们关注的是心理学家所说的外群体（"他们"）和内群体（"我们"）。

就内群体而言，偏见往往与积极的刻板印象、类别和感受联系在一起，对方是"我们"中的一员往往会使人产生对方有能力、可信等诸如此类的联想，引发我们产生友爱和同情心。天性往往会使我们无意识地偏爱与我们相像的人；相反，我们容易对"他们"产生歧视。我们通常对"我们"比对"他们"更加友好。这一点在我们对时间、感情、金钱、资源的分配对象上都有所反映。

就外群体而言，偏见往往与消极的刻板印象、类别和感受有关。普林顿认为斯里尼瓦斯和阿洛克榨取了美国的资源（"你们是非法来到这里的吗？"），对他的生命构成了潜在威胁（"你看见露台上的那两个恐怖分子了吗？"）——未经证实的刻板印象带来有偏见的态度和想法，进而引发了负面情绪。

普林顿只是对受害者所属的外群体抱有偏见，因此实施了犯罪，这种说法失之偏颇。人人都有偏见，但并非人人都会走上街头犯下仇恨罪。一个人因为另一个人属于某个特定的群体而伤害或杀死他们，此举已经不仅仅是因为偏见了。这时候，"仇恨"才是对这种状态的准确描述。但是，仇恨的真正含义是什么？仇恨是能够充分解读其犯罪动机的有效术语吗？

在不同的语境中，"仇恨"一词对不同的人有不同的含义，并且经常被过度使用，甚至滥用，以达到某些人的政治目的。倘若我们从日常交谈着手，就会发现"恨"字频频出现。我与小侄子晚餐时会发生争执，他常常这样感叹："我恨蔬菜！"我与邻居闲聊政治，邻居会说："我就是恨那个总统！"对他们来说，蔬菜和总统都存在固有的问题，与他们势同水火，令他们避之唯恐不及。

但"恨"这个字有些言过其实，未必是他们的真实感受。我的小侄子不喜欢蔬菜的味道，吃蔬菜甚至会感到恶心。我的邻居藐视总统，可能对总统的行为大为恼火。这些无疑属于强烈的负面情绪，却谈不上是真正的仇恨。小侄子渐渐长大，口味会改变；邻居会看到总统离任，负面情绪有望随着时间的推移而减弱。

尽管"仇恨"一词在日常的对话中很常见，但是人们感受到仇恨的经历却并非平淡无奇、司空见惯。当我们听到人们说他们特别恨某个人（这被称为人际仇恨）时，可能是某种行为直接影响和导致了他们的这种心理状态。子女恨虐待自己的父亲，丈夫恨出轨的妻子，战俘恨俘虏他的人。但是，即便这些人际积怨甚深，仇恨心态也会随着时间的推移而发生改变，用强烈的反感、蔑视、厌恶来描述这些心态或许更为恰当。

在针对仇恨的科学研究中，"仇恨"一词通常指由于世界观的实际冲突或感知冲突而想要消除对方整个群体的欲望（即群体间仇恨）。个人也可能会成为仇恨的目标，但这仅仅是因为他们与外群体有关联。斯里尼瓦斯和阿洛克之所以成为攻击目标，并不是因为他们对普林顿做了什么，而是因为他们与一个更大的群体有关联，普林顿认为他个人乃至他的祖国的问题应该归咎于这个群体。

这种性质的仇恨超越了愤怒、蔑视、厌恶等负面情绪（尽管这些情绪可能与之相伴——见本章下文）。情绪的产生需要我们的感官受到信息、记忆、思维过程和大脑内产生的化学物质的刺激。对大多数人来说，情绪是昙花一现、转瞬即逝的。我们可能会因为早上没有从平时习惯的那一侧下床而感到别扭，心情不佳，但是，喝几杯咖啡，吃几块肉桂卷，到了午餐的时候，我们又会对这一天充满热忱。而仇恨，尤其是群体间的仇恨，则更为持久、稳定、磨人。这本书所关注的正是这种形式的仇恨。

仇恨金字塔

20 世纪 40 年代，欧洲发生了规模最大的现代种族大屠杀，美国佐治亚州（Georgia）发生了摩尔福特集体私刑案。[①] 哈佛大学心理学家戈登·奥尔波特（Gordon Allport）对此极为关注，他满脑子都是关于偏见和仇恨的解释。这些恐怖事件，以及 20 世纪上半叶发生的类似事件驱策奥尔波特不断努力，他力图揭示人类产生偏见的基础，以及由此引发的仇恨冲突。他于 1954 年出版的专著《偏见的本质》（*The Nature of Prejudice*）对 20 世纪下半叶关于歧视的研究产

---

① 1946 年 7 月 14 日，4 名非裔美国佃农在佐治亚州东北部的摩尔福特（Moore's Ford）被处以私刑，史称"美国最后一次大规模私刑"。这起残忍的杀戮事件占据了全美的新闻头条。哈里·S.杜鲁门（Harry S. Truman）迫于压力派美国联邦调查局（FBI）探员进行调查，并发布相关行政命令。然而，由于证人在案件审理中拒绝合作，法官否决了对行凶者的起诉。2001 年，佐治亚州州长罗伊·巴恩斯（Roy Barnes）下令重新调查此案。2017 年此案结案时仍然未得到解决，凶手一直没有被绳之以法。——译者注

生了深远的影响。

奥尔波特认为，偏见是人们对整个群体的反感态度。他著作中的例子通常与人们对宗教群体和种族群体——比如犹太人和黑人——的消极态度有关。他认为，偏见意味着人们会消极地看待整个群体，而不是仅仅歧视群体中的某些个体。为了证实这一观点，他在研究中排除了其他形式的偏见，比如性别歧视。尽管人们对女性普遍持积极态度，但仍然存在歧视，现代关于偏见的研究已经认识到这一点，并称之为"仁慈的父权主义"（benevolent paternalism）。

奥尔波特基于早期对偏见的定义——对整个群体的消极态度——创建了一个模型，用以说明并非所有偏见都是一样的（见图1.1）。

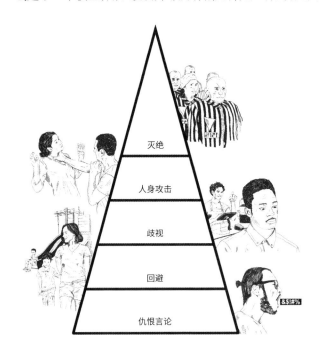

图 1.1 仇恨金字塔（根据戈登·奥尔波特《偏见的本质》中的插图改编而成）

第一级为仇恨言论（antilocution），指的是针对外群体的仇恨言论越来越多地被内群体使用，从开玩笑到公然诽谤，愈演愈烈。仇恨言论随着社会关系的状态和分裂事件的发生而不断起伏。这一点在当今的社交媒体平台上表现得尤为明显。

第二级为回避（avoidance），表现为内群体和外群体的分离。这包括内群体"有组织地"避开外群体活动频繁的机构或区域，以及政府在学校、公共交通、住房等场所强制实行隔离。

第三级为歧视（discrimination），指的是外群体在获取机会、商品或服务时遭到拒绝，被扼杀了在社会中发展的能力。外群体无法获得一定程度的教育，无法在某些领域就业，无法获得最佳的医疗保险，也无法受到法律的平等保护。

从 19 世纪晚期直至 20 世纪 60 年代，美国南部的吉姆·克劳时代[①]堪称第三级的范例。许多当权者，包括有影响力的宗教人物、政治家、商界领袖和学者，都坚信非裔美国人各方面都比白人低劣，且力图将这一信念渗透并植根于社会架构当中，创造了致使黑人被征服、受虐待的种族种姓制度（racial caste system）。[②]如今，许多政权依然歧视部分人口。

---

① 吉姆·克劳时代即美国南部的种族隔离时代。吉姆·克劳（Jim Crow）是一位黑人游吟歌手，后来这个名字演变成对黑人的蔑称。《吉姆·克劳法》（Jim Crow Laws）是将种族隔离合法化的多地法规的集合，从美国内战结束到 1968 年一直都在实行，该法案旨在通过剥夺非裔美国人的投票权、就业机会和教育机会来边缘化他们。——译者注

② 科学已经证明将种族（race）定义为等级分明的生物性概念是错误的。种族和民族（ethnicity）是用来将人类划分为不同群体的社会概念。种族一般涉及肤色等身体特征，民族一般涉及语言和宗教等文化特征，二者有时可以互换，但是常常被混淆，引起争议。比如，大多数学者认为，鉴于人类的祖先是一个共同祖先（commom ancestor）核心群，所以用基因差异来区分种族是不合适的。共同的祖先使得社会建构的种族类型之间的平均遗传差异乎其微。人类会发生变异是真实存在的，但是变异图谱并没有全然反映到日常的传统种族描述上。大多数学术研究和政策文献使用"种族"一词指代人口中肤色存在生理差异的群体。这一点虽然被广泛接受了，却并不科学，实为欧洲进行殖民扩张和建立帝国的历史残余。然而，这并不意味着不应该将种族视作一个社会范畴，因为通过各种人类的互动，这一术语已经被赋予意义。本书沿用了相关研究资料和政策文件中对"种族"一词的用法，但如果以认定人口之间的固有差异为企图，使用"种族"这一科学术语，我是不赞同的。

在这一级别，歧视也会伴随着多种不易觉察的侵犯行为。占主导地位的群体会利用自身特权对外群体行使权利，经常在言语和行为上进行微侵犯①，其中不乏针对外群体身份的赤裸裸的微攻击（microassault）。

第四级为人身攻击（physical attack），是前几个级别行为的有意识延伸，以致形成明显的侵犯。相关法律可能会无法容忍身体暴力行为，但官方可能会对此视而不见。某些情况下，警察等官方人士甚至可能知法犯法，非法施暴。

在20世纪中期的美国，公众和警察对黑人等群体的人身攻击屡见不鲜，直到今天仍然在继续——普林顿的攻击当属这一级别的仇恨，参见本章后文中的小弗兰克·裘德（Frank Jude Jr）一案。如今，世界各地类似的行为仍旧延续不绝。

第五级也是最后一个级别，即灭绝（extermination）。在这一级别，内群体的人认为对外群体施暴是可取甚至合法的。20世纪三四十年代纳粹对数百万犹太人的大屠杀无疑是这一级的典型例证。但是，种族灭绝并非一去不复返。据估计，自2016年以来，有2.48万罗兴亚人被缅甸的佛教徒消灭，多达70万罗兴亚人被驱逐出缅甸。这一种族灭绝惨案，以及发生在波斯尼亚和黑塞哥维那（1992年至1995年）、卢旺达（1994年）、达尔富尔（2003年至今）的种族灭绝惨案，都在不断地提醒世人，当一个社会允许仇恨泛滥时会发生什么样的恶行。

---

① 微侵犯（microaggression）指的是导致对外群体无意识歧视的语言或行为。微侵犯行为除了包括微攻击外，还可以包括微侮辱（microinsult），即不注意他人感受的（通常是无意识的）粗鲁却又隐晦的言语、对话或行为（比如询问残疾人如何得到了健全人没有得到的工作）；还可以包括微排斥（microinvalidation），即因为他人身份而将其排斥在外的言语、对话或行为（比如一个白人问一个在英国出生的亚洲人他们"其实"来自哪里，或者一个白人对一个黑人说"我不看肤色"，否定他们的身份和传统的重要性）。这些行为在仇恨的第一阶段，即仇恨言论阶段更为常见。

推动因素与拉动因素

任何仇恨等级模型都无法做到尽善尽美。总结出人性的阴暗面来解释包罗万象的情况是一项艰巨的任务。奥尔波特试图展示的是，在轻度到中度偏见（直至第二级）中，我们可以看到内群体在力图回避外群体，但某些极端形式的偏见可能会演变为仇恨（第四级及以上），在这种情况中，我们可以看到内群体在追逐外群体，试图进行攻击甚至根除。因此，偏见和仇恨之间的一个关键区别可能就是，偏见是推动因素，而仇恨是拉动因素。推动因素可能源于个体面对外群体时的消极心态，如不安、迟疑、焦虑等，对"他们"缺乏了解，抱有成见，或者害怕被冒犯，都可能引发心理反应。而拉动因素则可能源于个体对抗外群体、发泄挫败感、消除自身所感受到的威胁，或者"纠正"他人某种行为的愿望或需要。

普林顿的行为可以归为"人身攻击"（第四级）这一级别，因而属于拉动类仇恨行为。他之前见过那两名印度人，视他们为威胁，称他们为"恐怖分子"。虽然他们的相遇可能是偶然的，但两人的出现对他来说并不是意外。他没有选择无视，也没有换一个位置就餐，反而上前纠缠，侵犯对方的空间，质疑对方留在美国的权利，在被赶出酒吧后，回家找到武器并返回来痛下杀手。

灭绝行为居于仇恨金字塔的顶端，执行灭绝行为的人需要调动大量的资源追捕并根除外群体。他们会千方百计地寻找外群体，绝不避而远之。第二次世界大战期间，纳粹德国为消灭犹太人及其他种族异己所付出的经济代价本可以用于支付战争开销。这种不合逻辑的行为与其说是出于对一个群体的厌恶和负面情绪，不如说是出于极端的激情和偏执。执行灭绝行为的人犹如执迷不悟的偏执狂，往往坚信自己正在从事匡扶道义的大事。他们有一种信念，认为仇恨及由此产生的行为都是有益的。被憎恨的外群体无论做什么，都被他们视为在颠覆他们所维护的道德根基。为达目的，他们可以不择手段，即使消灭整个种族或宗教团体也在所不惜。

一起感受仇恨

某些团体是仇恨行为的核心。它们利用志趣相投的人来证明自身的存在价值，进而助长人们对外群体的消极态度。它们提供了一个空间，经由一群有着相同态度、相同看法和相同道德准则的人推波助澜，使人们对某个群体的偏见转化为可憎的暴力。团体成员聚在一起共同实施仇恨行为，会使个人在团体中的作用最小化。心理学家称之为"去个性化"（deindividuation）。制止不良行为是需要责任感的，一旦这种自我意识和个人责任感在暴民心中消失，仇恨团体便会团结如一，步调一致，个人和群体会实现真正的"融合"（详见第8章）。此刻，外群体将会被视为对整个群体的威胁和挑战。

虽然大多数科学家认为群体仇恨本身并非情绪，但是群体仇恨与一系列在群体环境中被放大的负面情绪相伴相生。奥尔波特称这些情绪为"热情绪"（hot emotions），在有意识地将偏见转化为仇恨这方面，它们起着根本性的作用。

愤怒是所有仇恨的共同特征，可以对个体产生，也可以对整个群体产生。由怒生恨，根源往往在于个体所面临的问题得不到解决，挫败感无处排遣，这些挫败可能来自失业、不安全、贫穷、健康情况不佳、孤独、缺乏成就感，等等。但人们容易迁怒于外群体，常常把外群体当作自身所遭遇困境的肇因，遇事不顺，便把满腔怒火发泄到外群体成员的身上——"我失业是因为他们抢走了所有的工作","我觉得越来越不安全,因为他们都是恐怖分子","我穷困潦倒,是因为他们把福利体系堵得水泄不通"。这些人加入仇恨团体后,一肚子的苦水便有了可以倾倒的地方。在那里,有人会告诉你,你生活失败,但错不在你,错在"那些人",他们以一个群体的方式与你的群体直接对立——"我们有病难医,因为他们使医疗服务体系不堪重负","我们孤立无援,因为他们霸占了我们的家园","我们机会少了,因为他们被优先选择"。

与仇恨的怒火相伴的是恐惧感。被仇视的目标通常会引起仇恨者的恐惧,恐惧往往源自威胁,威胁导致无力感。成见无处不在,我们屡见不鲜。比如,移民将抢走我们的就业岗位、入学名额、就医床位;犹太人挖空心思控制媒体和诸多产业,企图用他们的方式塑造社会,反过来歧视我们;穆斯林会用伊斯兰教法取代我们的价值观……仇恨者感受到了威胁,却又无力克服,虽然这些"威胁"存在很多的误解。多数人心目中的仇恨者不外乎都是心怀恐惧、满腔怒火却又充满无力感的人。我想象中的亚当·普林顿就是这个样子。

强烈的屈辱感和羞耻心也会激发仇恨行为。这些感染性极强的情绪可能源于一对一的消极互动,但就群体间的仇恨而言,这些情绪往往源于个人羞耻感对外群体的投射。当人们感觉到孤立无援、屈辱和羞耻后,往往会选择回避外群体。这可能就是普林顿经历一连串人生挫折,原本正常的生活方式急转直下后的真实感受。孤立无援的情况下,他可能会借酒消愁,用酒精麻痹神经。

人们将自己的屈辱感和羞耻心向群体内的成员倾诉、分享之后,会意识到痛苦的并不是只有自己,自己与周围的人是同病相怜的,而且这种意识会引发集体的不公平感,令群体成员群情激愤,想要讨个说法。于是纷纷将目光转向外群体，寻求报复。集体屈辱感和羞耻心，加上对外群体的仇恨，就会引发过激行为，甚至恐怖主义（详见第 8 章）。是不是有人告诉普林顿，许多失业者的不幸不是他们自己造成的，而是因为非法移民夺走了他们的工作，普林顿的个人羞辱感才转变为集体羞辱感的？如果是这样，那么这种集体羞辱感是否会进而投射到普林顿加害的那些人身上？

缺乏同理心也是仇恨在群体中滋生的一个因素。缺乏情绪共情（不愿对他人感同身受）源于不愿意进行认知共情（拒绝从"他们"的角度看待问题）。心理学家有专门的术语界定类似的现象，即心智化（mentalising），它指的是从情绪上想象作为"他们"有何感觉。心智理论（theory of mind）意味着个体能够理解他人的信念、意图和主张。

内群体与外群体少有接触的状态下，情绪共情和认知共情都不太可能出现。积极接触反而可以激发共情，进而减少仇恨。但是，这两种共情，如果缺乏一种或同时缺乏，就不太可能产生同情心，从而导致负面的刻板印象加剧，整个群体便会失去个性。如果无法想象作为外群体的一员会有什么样的感受和认知，你就只能将"他们"概括为一个集体，这意味着你作为个体，已经丧失了个人意志，那么，距离将"他们"所有人"去人性化"，便只有几步之遥了。

"肺腑"之恨

和哉

2016 年 7 月 26 日深夜，小野和哉（Kazuya Ono）在一家位于相模原市①郊区的被绿树掩映的福利院中安然入睡。这家福利院里住着数百名年龄介于 18 岁到 70 岁之间的残疾人。和哉 43 岁，患有孤独症，智力水平相当于蹒跚学步的孩子。

凌晨 2 点钟左右，福利院前员工植松圣（Satoshi Uematsu）破窗进入福利院。植松圣知道，这个时候，福利院的 200 名工作人员多数都已经下班，只剩下大约 12 个人留下来巡房。他对福利院的建筑结构了如指掌，也知道夜班员工可能会在什么地方出现，因此有恃无恐地在福利院内穿行。他转过一个拐角，遇到一名工作人员，对方质疑他为什么会在这里。他从装有五把刀的帆布包里迅速掏出一把，朝工作人员挥舞。工作人员受到惊吓，缩成一团。他拿出手铐，命令这名工作人员把自己铐起来。就这样，他将所有工作人员逐一制服，轻而易举地扫除障碍之后，开始向病房行进。

植松圣进入第一间病房，看到和哉正在睡觉，挥刀砍向和哉的喉咙。和哉惊醒了，下意识地抬手抵挡，刀砍偏了，切开了他的胸膛。植松圣误以为自己杀掉了和哉，转身前往其他病房，一个接一个，他平静地割断了多个尚在梦乡中的受害者的喉咙。植松圣一共夺走了 19 条生命。这次袭击成为日本自二战结束以来规模最大的谋杀案。②

和哉和另外 26 名身受重伤的房客幸免于难。和哉劫后余生，心理上的创伤却久难治愈。据他的家人此后接受采访时的描述，和哉情绪一激动，便会挠自己的脸和手臂，嘴里还会不停地喊："血，血，血！"

植松圣最终被判处死刑。然而，由于日本不承认针对残疾人的

---

① 相模原市（さがみはらし）位于日本神奈川县（かながわけん）北部，是神奈川县人口第三大城市。——译者注

② 警方声称，因顾及残疾人亲属的感受，所以没有公布其他受害者的姓名。我认为，不公开承认受害者，相当于变相支持了凶手，这只会进一步加深日本残疾人的"他者性"。

犯罪是源自罪犯对受害人身份的敌意，因此他没能被判处仇恨罪。庭审前，植松圣没有被诊断出精神疾病，被认定适合出庭。他接受过师范教育，有从教资格，人们公认他品貌兼优，与孩子们相处得非常融洽。从行凶的福利院辞职之前，他的工作记录从无劣迹。他不会心血来潮，也不会喜怒无常，相反，这是他精心谋划的行动。他动机明确，杀人行为既冷血又精准，且事后自甘受罚（见附图6）。

他在实施犯罪行为前的几个月曾经给日本国会写过一封信，称自己"能杀死470名残疾人"，并称"意识到此举听起来令人发指"。这封信最终没有被递交给国会，而是落入警方手中。警方送他去做精神鉴定，他通过了，被认定不会构成威胁。袭击发生后，他告诉记者，他构想了一个"残疾人被允许平和地接受安乐死的世界"，因为他们"活着没有意义"，他的行动是"为了日本和世界"。在犯下仇恨罪之前，他在推特上发帖问道："那些从出生到死亡都让周围的人痛苦不堪的人究竟算不算人类？"他后来提及阿道夫·希特勒（Adolf Hitler）曾经下令消灭纳粹德国的残疾人，承认他的所作所为是受到了希特勒的启发。

当读到这个案例时，我觉得植松圣的行为只能用仇恨和与之伴生的深度负面情绪来加以解释，否则怎么都说不通。他被这种出于本能的"肺腑"之恨所驱使。仇恨引发的厌恶感使他认为残疾人不配做人，将他们蓄意灭绝才能大快人心。

当厌恶等本能情绪混入仇恨之中时，便可能产生将仇恨对象"去人性化"的过程。在仇恨者的眼中，外群体中的人不再是人，而是害虫、蟑螂、寄生虫。他们不仅来自一个和"我们"格格不入的道德世界，而且被想象成了不同的物种。对这些"次等人"（subhuman），谁都不欠他们什么，谁都不必遵守什么规则，牺牲他们是应该的。"去人性化"使外群体遭受漠视和蔑视,沦为内群体可以随意支配的对象,他们的生死变得无关紧要。

"肺腑"之恨并不是只会针对某一特定的外群体。这种仇恨可以助长针对任何外群体的暴力,凡是被认为肉体上或道德上算不得人类的,都可以成为被仇恨的目标。

▎为怀恨者进行心理侧写

所幸植松圣这样的恶毒杀手并不多见。本书探讨了大量因素,从中可以看出,这一小撮罪犯由于受到这些因素的刺激,已经堕入执迷不悟的境地。他们怀着强烈的仇恨,视征服和消灭他们所选择的外群体为天职。为了区分极端仇恨犯罪者和一般仇恨犯罪者,犯罪学家创建了仇恨犯罪类型学。美国东北大学教授杰克·麦克德维特(Jack McDevitt)和杰克·莱文(Jack Levin)以波士顿警察局所记录的170多起仇恨犯罪案件为基础,提出了四种仇恨犯罪类型。这些心理侧写使我们能够初步了解引发仇恨犯罪的心理动机和环境因素。心理动机会说明是什么驱动了仇恨者犯罪,环境因素会说明触发仇恨者犯罪的诱因。

使命型仇恨者(mission haters)高居仇恨犯罪类型的首位。他们的罪行严重,危险系数很高。他们多为累犯,以追捕外群体为职,专事仇恨活动,不会出现盗窃等其他形式的轻度犯罪行为。他们的犯罪动机是道德性的,自视肩负"使命",想要向更广泛的社区"传递信息"。他们扬言要给外群体以教训,想要征服他们;如果征服失败,就要消灭他们。他们的恶行完全属于上文所述的"拉动"

类仇恨犯罪，他们的作案方式通常为极端的肢体暴力和凶杀。这些人是仇恨犯罪群体中的连环杀手，包括 1999 年在伦敦实施钉子炸弹袭击的戴维·科普兰（David Copeland）、日本的植松圣、挪威的安德斯·布雷维克（Anders Breivik）、新西兰的布伦顿·塔兰特（Brenton Tarrant）。在美国，则有迪伦·鲁夫（Dylann Roof）、罗伯特·格雷戈里·鲍尔斯（Robert Gregory Bowers）、帕特里克·克鲁修斯（Patrick Crusius）和 20 世纪 70 年代的"白人至上主义者"约瑟夫·保罗·富兰克林（Joseph Paul Franklin）。（关于科普兰和富兰克林的过往罪行，详见第 6 章。）

报复型仇恨者（retaliatory haters）居于第二位，也属于"拉动"类仇恨犯罪，他们的心理侧写所描绘的是那些从事报复性暴力犯罪的人，但这类人的行为通常只是短期的，他们报复的对象多半是加害者所在群体中的无辜者。最近，针对伊斯兰极端主义的恐怖袭击事件频发，让仇恨犯罪变得更常态化。"9·11 事件"之后的一年里，FBI 记录了 481 起具备反伊斯兰动机的仇恨犯罪，其中 58% 的犯罪行为集中爆发于袭击发生后的两周内，这个比例令人震惊。伦敦"7·7"爆炸案发生的那个月，情形与之类似，针对穆斯林的仇恨犯罪案件上升了 22%，且报复形式五花八门，最显著的是街头骚扰和暴力。大多数犯罪者并非专职仇恨者，他们要么被实际发生的暴力行为刺激或威胁，要么被感知到的暴力行为刺激或威胁，一时义愤，试图去找与加害者有相似特征的人寻仇，把挫折感发泄在那些人身上，之后又恢复常态，有的人继续过纪守法的日子，有的人继续干小偷小摸的勾当。

防御型仇恨者（defensive haters）位居第三位。他们不同于使命型仇恨者和报复型仇恨者，属于"推动"因素类别。他们对外群体的态度介于高度偏见和仇恨之间，只有感到领土受到侵犯或资源受到威胁时，才会采取行动。当外群体进入以内群体为主的"疆域"时，往往会引发防御型仇恨犯罪，因为内群体觉得这种"侵略"会造成自己的财产贬值，会腐化儿童，还会引导犯罪。通常来说，这是一种女性参与更多的仇恨犯罪类型。她们要么亲自参与犯罪活动，要么怂恿男性采取行动。

寻求刺激型冒犯者（thrill-seeking offenders）占据末位。这一类犯罪者与前三种犯罪者不同。他们或许对侵犯目标并没有强烈的仇恨，仅仅是受到了同辈群体的影响，或者被跻身某个帮派的愿望所驱使。一定程度的偏见可能会影响他们将谁视作侵犯目标，但偏见对他们的行为只起到了很有限的作用，帮派义气和证明自己的男子气概才是关键因素。这类犯罪者很可能是经常参与轻微犯罪活动的年轻人，并不专事仇恨犯罪。

心理侧写从来都不是百分之百精确的。有些仇恨者难以归入上述类型，有些则游移于不同类型之间。仇恨者可以从防御型仇恨犯罪模式转变为报复型仇恨犯罪模式，要视具体情况而定。仇恨者心理侧写也可能是反直觉的。针对穆斯林等群体的仇恨犯罪更有可能涉及受害者并不认识的年轻人群体，针对残疾人的仇恨犯罪却更有可能涉及受害者所熟识的老年人。针对混血受害者的仇恨犯罪有时是由受害者所属种族中的成员犯下的。

一劳永逸、一成不变的仇恨者心理侧写是不存在的。这意味着我们很难准确评估街上和网上到底有多少不同类型的仇恨者。我接下来将到世界各地走访，深入我的研究，从而量化不断翻涌的仇恨浪潮，我还会揭示无法将暴徒全部纳入仇恨犯罪统计数据中的原因。

第 2 章

仇恨计数

　　本章将探讨研究仇恨的科学家们所关注的一个子问题：到底存在多少起仇恨犯罪事件？世界各国关于仇恨犯罪的官方统计数据着重反映了报案、记录、起诉的过程，却很少反映仇恨犯罪的实际发生数量。每一个国家都有仇恨犯罪堂而皇之地存在，但大部分都得不到官方承认。

　　本书将重点介绍美国和英国仇恨犯罪的情况。因为这些国家有大量针对仇恨犯罪的科学研究，这些研究反过来又影响了政府解决这一问题的方式。在处理仇恨犯罪方面有良好记录的政府，已经建立了统计仇恨案件的机制，包括创建法律，为执法机构提供行动指导，创建可以进行全国大规模受害者调查分析的统计部门。要使这些机制得以形成，需要让人们普遍认识到这个国家确实存在某种问题。

　　仇恨犯罪问题的存在一经承认，各国政府和有关部门便可以利用统计数据来监测仇恨犯罪的升降趋势，而这些趋势是由三个因素决定的。

如何计数，何时计数

这三个因素如下。

第一，法律本质上是地方性的，因此，各地的法律不尽相同。在某些情况下，警方和律师必须弄清楚犯罪行为发生在哪一个司法管辖区，比如，犯罪者是否跨越了州界，适用哪条法律。可以肯定的是，不存在针对仇恨犯罪的普遍法律。这意味着并非每位公众（以及这方面的执法人员）都清楚什么是仇恨犯罪。

增加公众的法律知识，可以使人们逐渐认识到某些行为属于仇恨犯罪。而引入新的法律，将某些少数群体的行为定为非法之举，可能会促使犯罪活动增多，并促使守法公民走向仇恨犯罪。法律是一种沟通方式，国家借此向公民传达他们应该奉行什么样的行为标准。

第二，受害者和目击者的报案意愿也会影响仇恨犯罪的增长趋势。世界上的很多地方，都因为警察对少数族裔社区的过度管制、无理截查，以及对手无寸铁的黑人的滥杀，而使黑人群体与警察之间的关系非常恶劣。

由于少数群体和执法机关之间的信任受到侵蚀，少数群体成员不太可能指望警察认真对待他们所遭遇的仇恨犯罪问题，觉得报案也没有用，极端情况下甚至会担心受到警察的二次伤害。

第三，仇恨犯罪的增长趋势还会受到警察对此类犯罪认可程度的影响。警方的记录是统计数据生成过程的末端，但是这一点在研究中却屡屡被忽视。①从我对警员的采访中可以明显看出，一旦将一起事件记录为仇恨犯罪，便开启了一个比非仇恨犯罪耗时更长

---

① 也可能会有后期阶段，比如决定将哪些犯罪行为提交给政府机构，并向公众发布统计摘要。轻微仇恨犯罪可能不会被提交，比如公共秩序犯罪。

的调查过程。

在英国，对仇恨犯罪的定义是基于客观判断力的——如果受害人或目击证人认为某个人因为身份而成为被恶意攻击的目标，那么他们就有权利要求警方将此事作为仇恨犯罪记录在案，无论证据如何。到了起诉阶段，若单凭受害者的陈述不足以定罪，还需要有证据能证明指控对象的动机。想要定罪，必须出具有力的证据，比如，被告之前曾被人以仇恨罪起诉过；是极右组织的成员；有人听到其在袭击过程中有辱骂性的言语；等等。警察对此很清楚（受害者通常却不清楚），因此警方通常可以与受害人进行某种形式的谈判，以探明"到底发生了什么"。有时候，这可能会因为缺乏证据而导致仇恨因素被有意地忽略，而仇恨因素对确保定罪是至关重要的。[①]

扭曲的仇恨世界

量刑的范畴、受害者和证人的报案意愿、警察对仇恨犯罪的认识这三个因素共同作用，得出了全球仇恨犯罪的统计结果。附图2显示了2019年向欧洲安全与合作组织（OSCE）提交报告的所有国家的仇恨犯罪总体情况。[②]这张图根据每个国家的警方所记录的仇恨犯罪频率，用不同的颜色进行标记：绿色和蓝色，表示这个国家仇恨犯罪频率较低；橙色和红色，则表示这个国家仇恨犯罪频率较高。

在这张图上，英国面积较小，却是深红色的，这就说明这个国家仇恨犯罪的数量非常多。英格兰和威尔士一共有大约10.5万起仇

[①] 这一过程还避免了给予受害者以肇事者会因仇恨犯罪而被定罪的错误希望。在英格兰和威尔士的仇恨犯罪案件中，对仇恨犯罪的定罪失败是受害者对法庭程序不满的最常见原因。

[②] 在英国，这包括针对种族、宗教、残障等的仇恨犯罪。并不是所有国家都承认所有类别的仇恨犯罪。一些收集仇恨犯罪统计数据的国家并没有被包括在这张地图上。

恨犯罪被记录在案①，远远高于人口数量庞大的美国或俄罗斯。在美国，2019年有7314起仇恨事件被记录在案（有8559项罪名都属于仇恨犯罪，因为同一起事件中可能有多项仇恨犯罪，比如故意损坏财物和人身攻击），数量大大低于英国。

依据这样的比较，我们可以判断，英国似乎是一个非常缺乏容忍度的国家，充满恶意。附图3进一步证实了这一判断。图中，国家的大小代表了仇恨犯罪数量的规模，具体到我们的研究中，就代表了向警方报告的仇恨犯罪数量的多少。透过仇恨犯罪统计这一棱镜进行观察时，我们的世界似乎变得陌生——英国面积巨大，主宰着这个星球，而欧洲、亚洲的一些国家以及横跨欧亚大陆的俄罗斯，大多被压缩成其实际规模的一小部分。但这是一个扭曲的镜头，它更多地反映了仇恨犯罪在不同国家中报案、记录、起诉的情况，而不是受害者的实际情况。换言之，英国可能是全世界范围内在报案、记录、起诉仇恨犯罪等方面做得最出色的国家，其他国家可能做得一塌糊涂。

最令人惊讶的地方在于，执法机构向FBI报告的仇恨犯罪数量少之又少。美国警方的记录显示，2019年，一些有组织的仇恨团体数量较多的地区报告的仇恨犯罪数量为0，比如，得克萨斯州（Texas）和佛罗里达州（Florida）各有60多个有组织的仇恨团体，其中还有臭名昭著的三K党。正常情况下，这两个州的仇恨犯罪数量应该颇为壮观，而结果恰恰与之相反——这两个州许多地区的仇恨犯罪数量是0。这样的结果简直出人意料，个中原因非常值得研究者深入分析。

除了警方出具的官方数字外，还有一种替代数据可以用，也就

---

① 由于警察系统的技术问题，英格兰和威尔士的总数中并不包括大曼彻斯特地区的数据。

是全国犯罪受害情况调查所得出的统计数据。如果你成了被抽样调查的幸运儿，就会遇到一位政府指定的采访者。他会上门请你回答一系列问题，并且特别不希望吃闭门羹。如果你像我一样有礼貌，就会耐心坐着，让这个陌生人用大约一个小时的时间询问你过去这一年的生活，包括你所遭受的侵害。这些采访者不是警察，他们往往温文尔雅，有足够的耐心和时间了解你的生活，他们会从你身上得到有用的信息，包括你经历的那些没有报警的仇恨犯罪事件。在犯罪学中，我们会使用这些受害者调查数据，因为它们能够更准确地反映现实。

以英国和美国为例，《英格兰和威尔士犯罪调查》（Crime Survey for England and Wales）的最新数据显示，英格兰和威尔士两地平均每年发生 19 万起仇恨犯罪（2017 年至 2020 年）。[1]《美国国家犯罪受害者调查》（National Crime Victimization Survey）显示，在美国，一年内所有类型的仇恨犯罪超过了 30 万起（2018 年至 2019 年）。[2] 这两项调查定义和衡量仇恨犯罪的方式大致相同，区别仅仅在于，英国的调查包括性别动机，美国的调查不包括性别动机。

这确实大大缩小了两国的数据差，但是鉴于美国的人口规模接近英国的 5 倍，所以美国的数据仍然无法令人完全信服。美国的种族也更加多样（美国的白人占比为 60%，英国的白人占比为

---

[1] 询问受害者对犯罪者动机的看法是一种间接衡量仇恨犯罪的方式。由于统计时采取了四舍五入的方式，并且同一事件可能会有不止一种动机，所以各类犯罪动机占比之和并不是 100%。重要的是，统计结果还不包括无法确定具体受害者的犯罪和无法采访具体受害者的犯罪，比如一些公共秩序犯罪（针对群体而非个人的种族诽谤）和谋杀。前者在英国警方记录的仇恨犯罪中占了很大的比例。

[2] 由于统计时采取了四舍五入的方式，并且同一事件可能会有不止一种动机，所以各类犯罪动机占比之和并不是 100%。和《英格兰和威尔士犯罪调查》一样，《美国国家犯罪受害者调查》也没有涵盖所有类型的仇恨犯罪。

87%），这意味着美国有更多的少数族裔可能会成为受害者（种族仇恨犯罪通常是最为普遍的仇恨犯罪）。[1] 美国的移民人口为世界之最，有组织的仇恨团体数量也为世界之最。这个大国内部到底涌动着一股什么样的暗流，阻止个人向警方或政府采访者举报仇恨犯罪呢？[2]

仇恨犯罪的判定

要想找到这个问题的答案，我们必须回到塑造仇恨犯罪统计数据的各种因素上来。在美国，联邦层面对仇恨犯罪有明确的定义，州层面则存在很大差异。有一些州有全面而详尽的仇恨犯罪相关法律，另一些州则完全没有，甚至不会对由仇恨引发的犯罪增加量刑。撰写本书时，美国完全没有仇恨犯罪法的州共有三个，分别是阿肯色州（Arkansas）、南卡罗来纳州（South Carolina）、怀俄明州（Wyoming），共涉及约 900 万美国人。[3] 佐治亚州于 2020 年 7 月才出台仇恨犯罪法。

据报道，阿肯色州是三 K 党总部所在地，也是三 K 党领袖托马斯·罗布（Thomas Robb）的家乡。南卡罗来纳州是"6·17"美国教堂枪击案发生的地方。2015 年，在查尔斯顿（Charleston），迪伦·鲁夫残忍杀害了以马内利非裔卫理公会教堂（Emanuel African

---

① 一种反事实思维认为，更多的少数族裔和移民使美国更具多元文化和包容度。不过我认为，美国许多地区的情况并非如此，因为少数族裔群体并非均匀分布在各地（他们往往聚集在号称更包容的东西部海岸）。

② 经美国南方贫困法律中心（Southern Poverty Law Center, 简称 SPLC）鉴定，2020 年，美国有838 个活跃的仇恨组织。

③ 阿肯色州于 2021 年通过的一项参议院法案被视作仇恨犯罪法，但它因在保护特征上不够具体而受到抨击，进而似乎没什么效果。印第安纳州于 2019 年通过的一项参议院法案也因为类似的理由受到了抨击。

Methodist Episcopal Church）的 9 名教徒。州级法院并没有将他的罪行视为仇恨犯罪，控方只得在联邦级法院起诉他犯有仇恨罪。怀俄明州是马修·谢巴德（Matthew Shepard）的家乡，现在是他的安息之地。2020 年 2 月 23 日，手无寸铁的艾哈迈德·阿伯里（Ahmaud Arbery）在佐治亚州慢跑时遭到枪击。十几周后，两名白人袭击者——特拉维斯·麦克迈克尔（Travis McMichael）和其父格雷戈里·麦克迈克尔（Gregory McMichael）——被指控犯有谋杀罪，但是官方并未承认这起犯罪的种族性动机。

美国联邦政府所立的仇恨犯罪法，有时却会被各州拿来为自身缺乏相关立法而辩护，但是这一论点根本站不住脚。如果相关仇恨犯罪被视为不太严重（比如种族骚扰）的行为，裁决时就不太可能启用联邦法律。在上述四州，唯有白人异性恋基督徒这一身份才能让你有安全感。

仇恨犯罪法在美国州层面的缺失也向公民传达出这样一种信息：地方政府和警察更关心言论自由等原则性冲突，他们才不理会少数群体是否会因为仇恨问题而受到伤害呢。在这样的环境之下，"仇恨犯罪"的概念不太可能出现在受害者的意识中，更不可能出现在对某种身份有偏见的证人的意识中。因此，在仇恨犯罪法律有限或根本不存在的美国各州，让少数族裔承认自己是仇恨犯罪的受害者尚且不易，更不要指望他们站出来报案了！

索菲

2007 年 8 月 11 日星期六凌晨，20 岁的索菲·兰卡斯特（Sophie Lancaster）和她 21 岁的男友罗伯特·莫尔特比（Robert Maltby），在位于兰开夏郡（Lancashire）巴库普（Bacup）的朋友家玩了一晚上后开车回家。途中，他们在市场街的道达尔（Total）加油站停下来买烟。

他们已经交往了大约两年，计划在当年的 10 月一起上大学。他们喜欢独来独往，很少与人打交道，只是偶尔会参加当地"哥特人"① 圈子的活动。他们的衣着打扮与众不同——编着色彩艳丽的辫子，戴着唇环和鼻环，他们也曾因此被人误解和排斥。但索菲和罗伯特崇尚自由，性格叛逆，从未想过因此改变自己的穿着打扮。两个人想法一致，非常般配，已经谈婚论嫁。

在加油站前，两个人遇到一群少年，便与他们攀谈起来，还拿出香烟分给他们。双方都比较友善，也很谈得来。索菲和罗伯特决定和他们一起去滑板公园玩，先不回家。

到达目的地后，他们被介绍给这帮人的其他朋友，其中有 16 岁的瑞恩·赫伯特（Ryan Herbert）和 15 岁的布伦丹·哈里斯（Brendan Harris）。赫伯特和哈里斯对两个哥特人（他们轻蔑地称其为"魔舍人"②）的到来错愕不已，觉得很不自在。为了表达不满，他们特意躲得远远的，到滑板公园的另一边玩。

索菲和罗伯特继续与新朋友们相互打趣，友好地开着玩笑。大家对他们的唇环和鼻环特别感兴趣。与此同时，又有几个男孩加入了赫伯特和哈里斯的行列。他们一边偷听索菲和罗伯特在说些什么，一边不怀好意地看着索菲和罗伯特，满目鄙夷。其中一个男孩对一个正和罗伯特说话的朋友喊道："你他 × 的为什么把他们带到这里

① 此处的哥特人指哥特亚文化群体中的成员，这些人热衷哥特摇滚乐（由朋克摇滚乐发展而来，流行于 20 世纪 80 年代，歌词通常涉及世界末日、死亡或邪恶等主题），喜欢穿着黑色的服装，脸上带有黑色系的妆容。——译者注
② 此处为音译，英文为 mosher，由 mosh（即狂舞、狂跳）派生而来，意指摇滚演出中在舞台下随着音乐疯狂摇摆的人。——译者注

来？一对怪物。咱们揍他！"

气氛很快就变了。哈里斯向罗伯特扑去，一拳打在罗伯特头上。"别打他！"索菲惊呼。一群暴徒向罗伯特扑来，把他踢倒在地，从各个角度进攻，把他踢得晕了过去。

索菲恳求他们停手，并用身体护住罗伯特，抱着他的头哭叫。暴徒们命令她走开，但她不肯。

赫伯特狠狠地踢了索菲一脚，把她踢翻在地。哈里斯随后加入攻击。两个男孩同时从两侧朝索菲的头踢过去。最后，赫伯特在索菲的头上重重地踹了一脚。这一脚力量极大，索菲的脸上留下了醒目的鞋印。

索菲和罗伯特的面部伤势极其严重，医护人员赶到现场后，甚至一时无法辨识出他们的性别。他们被送往医院的时候，那些打人的男孩还在向人吹嘘："巴库普公园（Bacup park）那边，有两名魔舍人差点挂掉……你们一定想看看他们那个烂样吧。"

罗伯特最终在医院恢复了知觉，但是已经完全不记得当晚发生了什么。索菲昏迷了 13 天，家人同意放弃治疗后，她在母亲的怀里去世。

袭击发生后，有 5 名男孩被捕。警方表示，在问询的过程中，哈里斯就袭击事件跟自己的母亲"嘻嘻哈哈地打趣"。哈里斯和赫伯特被判谋杀罪，其余 3 名男孩被判蓄意严重伤害身体罪。

法官宣判时说："我确信这次无端攻击的唯一原因是罗伯特·莫尔特比和索菲·兰卡斯特的外貌和穿着与你们及你们的朋友不一样，所以被挑了出来……这是一起可怕的案件，听说的人无不感到震惊和愤慨。不论怎样，只有野生动物围捕猎物时才有正当理由这么做。你们没有任何正当理由，你们那晚的行为本身就是人性的堕落。"

哈里斯和赫伯特被判处无期徒刑，其余男孩分别被判处 4 年至

6 年的有期徒刑。于 2017 年上映的电影《死于独特》（*Murdered for Being Different*）就是以这起案件为原型的，充分再现了案件本身有多么凶残。

2007 年英国警方的仇恨犯罪数据中没有包括这起案件。尽管英国的法律是包容性最高的法律之一，但它们仍然受限于个人特征，比如种族、宗教、残疾等，其中，法律只对涉及种族及宗教特征的具体罪行有相关的规定，而对其他特征的仇恨犯罪，只会在案件的量刑阶段进行处理，如果有证据表明该罪行是由于被告对受害人身份的敌意而加重的，法官就可以酌情加重处罚。

法律中的偏颇会带来不良后果。负责审理索菲一案的法官认定，凶手袭击索菲和罗伯特是因为他们的身份。攻击者的罪行因对受害者"哥特人"身份的敌意而加重，法官后来的判决也反映了这一情况。但是由于针对另类亚文化的仇恨犯罪，没有具体的法律可以遵循，因此这些罪行没有被当作仇恨犯罪记录在案。在法律上对不同群体进行区别对待的做法会传递出这样一个信息：一个群体不如另一个群体值得被保护。

在全球范围内，对少数群体缺乏认可，甚至加以迫害的情况仍在持续发生。因此，一个国家或一个州如何判断某个人是"有法可依"的受害者，对官方统计仇恨犯罪数量的影响非常大。有些国家即便有最先进、最全面的法律，但仍然在这方面存在不足，我们便难以从官方数据中得知关于仇恨犯罪的完整而真实的情况。

在法律上承认仇恨犯罪的国家，在统计数据时也会有所疏漏。而像日本这种在法律上不承认仇恨犯罪的国家，更是完全没有针对仇恨犯罪的统计数据，因为这些国家的政府一再拒绝承认犯罪行为中的仇恨动机应该被定罪或受到严厉惩罚。

尽管凶手在书面和口头供述中明确承认他认为"残疾人最好消失",但日本警方或其他官员并没有将相模原市福利院谋杀案认定为针对残疾人的仇恨犯罪。日本虽然有一些反歧视法可以保护某些少数群体免受政府机构和工作场所的不公平待遇,却没有法律将由仇恨引发的犯罪定为刑事犯罪。日本国会通过的此类法律中最接近的一次是在 2016 年,当时日本政府推出一项反仇恨言论法案,算是对此前国际社会谴责日本政府纵容极右翼组织针对日本朝鲜族这一少数群体(即"在日"①)进行大规模示威和互联网凌虐的反应。然而,日本宪法保护言论自由,其中也包括仇恨言论。因此,新法案包含了防止进行此类示威活动的条款,但如果抗议者不为所动,继续示威,警方也不会对其采取法律行动。

对许多人来说,这还不足以让他们承认日本的许多民族遭受了歧视和仇恨。②导致这一问题的部分原因在于日本的人口普查并不录入民族一项,虽然政府声称人口普查这种工具能够为制定良好的政策(毫无疑问,这里的政策包括刑事司法政策)提供信息。于是有人认为,日本官方的立场是种族问题在日本文化中无足轻重。

日本政府一直声称该国是文化、民族单一的同种族国家,这一立场让人匪夷所思。我们知道,有大量中国人、韩国人、菲律宾人、巴西人生活在日本,其规模以十万、百万计,那里还一直生活着日本少数民族——阿伊努人和琉球族人,他们千百年来都在受人歧视。

在这一点上,日本并非孤例。向 OSCE 发送官方仇恨犯罪统计

---

① "在日"为日语,字面意思是在日本(的),假名写法为ザイニチ,指日本的韩裔侨民。——译者注

② 2019 年 12 月,东京都市圈的川崎市通过了一项法令,禁止在公共场所发表针对外国人的歧视性言论,违者最高罚款 50 万日元。川崎市拥有东京都市圈最大的韩裔社区。

数据的国家中，只有少数发布了全面的数据并贯彻始终，这些数据涵盖一系列犯罪动机和犯罪类型（撰写本书时，有英国、芬兰、瑞典、荷兰 4 个国家是这样做的）。

众所周知，包括俄罗斯、波斯尼亚和黑塞哥维那、克罗地亚和塞尔维亚在内的一些国家都处于种族和宗教气氛紧张的形势下，但这些国家报告的仇恨犯罪却很少。尤其是当种族冲突和宗教冲突出现后，这些国家和其他具有类似特征的国家便出现了更广泛的辩论，"仇恨犯罪"的概念很可能被淹没其中。在这些情况下，可适用的法律是不存在的，地方警察缺乏良好的培训，政府也不会为保护少数群体免受迫害而制订新的解决方案。

"标志性"仇恨行为及其刑事定罪

可悲的是，通常只在引发"标志性"仇恨行为——引起国际关注的暴行——的情况下法律才会发生变革。在索菲和罗伯特的案例中，虽然英国的法律没有改变，没能将"哥特人"或另类亚文化群体纳入受保护群体的范围，但许多警察部门如今已经认可他们是需要受保护的群体。索菲的死带来了改变，尽管很有限。

1993 年伦敦发生的斯蒂芬·劳伦斯（Stephen Lawrence）被种族主义者谋杀一案，以及随后警方的不当处理，促使英国在 1998 年开始针对仇恨犯罪进行立法（该立法进程虽然耗时 5 年，却仅仅使得涉及种族的群体获得了保护，其余群体毫无改善，而且，种族之间仍然存在保护力度不平衡的现象）。1998 年，小詹姆斯·伯德（James Byrd Jr）在得克萨斯州被种族主义者谋杀，美国联邦政府在 2009 年开始对仇恨犯罪立法。

一些法律制度仍然不够完善的国家，在发生了各自的"标志性"仇恨犯罪事件后，也开始经历类似的转变。

2013 年，谢赫扎德·卢克曼（Shehzad Luqman）在雅典被种族主义者谋杀一案，使希腊政府将仇恨犯罪立法提上议程。

在这些国家和其他许多国家，即便想实现用仇恨犯罪案件统计数据反映一小部分受害者的真实情况这一目标，也需要几十年的努力。

感知仇恨与证明仇恨

除了要有法律普遍承认仇恨犯罪的存在，以及仇恨犯罪应该受到惩罚之外，细节问题也至关重要。这些细节问题数量太多，无法在此逐一描述，但警察在立案阶段如何定义仇恨犯罪，是对仇恨犯罪统计数据具有重大影响的一个因素。广义上的仇恨犯罪是"基于感知的"，这意味着当受害者感知到自己因为身份而成为攻击目标，或者当目击者感知到这一点时，警方就会将案件记录为仇恨犯罪。另一种仇恨犯罪的定义则严格地"基于证据"，这意味着只有当足够的证据支持这一结论时警察才会将案件记录为仇恨犯罪，受害者或证人的感受便没那么重要了。证据可能包括犯罪者在犯罪过程中使用侮辱性语言（涉及种族主义等）、存在极端主义意象、与极端主义团体（线上、线下或两者皆有）之间有联系、有仇恨犯罪史等。

这些以证据为基础的定义看似合理，却未能承认一点，即并非所有仇恨行为都伴有仇恨类言辞或明显的仇恨符号，也不是只有惯犯、顽固的偏执狂才会犯下仇恨罪行。当受害者声称自己被攻击的过程中犯罪者使用了侮辱性语言，却没有证人可以证明时，事情会变得复杂起来。所以这种定义有些狭隘，也意味着统计仇恨犯罪时数量会变少。英国采取的方法是基于感知的，其他一些国家则采取基于证据的方法。这在一定程度上解释了英国警方记录的仇恨犯罪数量远高于其他国家的原因。

虽然基于感知的方法更有可能统计出更多的仇恨犯罪，但它的缺点是，与审判程序的要求严重不匹配。2018年，英国警方统计的仇恨犯罪有111076起，却只有18055起诉诸法庭。造成数据落差的部分原因是警方以庭外调解的方式对不太严重的仇恨犯罪进行了处理，即肇事者承认自己有罪，得到受害者同意后接受社区惩罚。另一种可能是，有些仇恨犯罪案件很难找到肇事者，这就意味着，即使有了记录，案件也无法进入审判阶段。这种情况以陌生人的随机暴力行为居多。但是最可能造成数据落差的两个原因是，受害者中途退出，以及缺乏能够证明仇恨犯罪动因的确凿证据。

想证明犯罪行为（法律术语为"行为元素"）是肇事者心中仇恨态度（即犯罪意图）的结果，几乎是不可能的。律师可以轻而易举地证明有犯罪行为发生，但是要证明该行为是出于对受害者身份的仇恨则要困难得多。即使受害者出庭做证，说自己被袭击的过程中对方使用了仇恨言辞，也可能找不到证人支持这一说法。辩方也可以辩称，诽谤是出于恐惧或愤怒，而不是仇恨。上述复杂性意味着，只有最明确的仇恨罪行才能提交法庭接受审理，比如有证人听到侮蔑性言辞或看到（表现出敌意的）仇恨符号，肇事者有仇恨犯罪前科，或与（展现出相关动机的）极端主义意识形态有关系。①

---

① （英格兰和威尔士）《2003年刑事司法法》（Criminal Justice Act 2003）第145条规定，法院有义务对以下任何一种罪行加重处罚：罪犯基于受害者的种族或宗教团体成员身份（或推定的成员身份）对受害者表现出敌意，或违法行为的动机（全部或部分）是基于某一种族或宗教团体成员身份。如果可以证明犯罪行为存在敌意，则无须证明存在动机，反之亦然。《1998年犯罪和扰乱秩序法》（The Crime and Disorder Act 1998）对表现出对种族或宗教的敌意或表现出仇恨动机的犯罪规定了具体罪行。

凡是在法律相对完善、对仇恨犯罪定义比较宽泛的国家，导致实际仇恨犯罪与数据统计产生显著差异的原因归根结底在于公民和警察之间的关系。

警察与仇恨

小弗兰克

小弗兰克·裘德（Frank Jude Jr）和洛弗尔·哈里斯（Lovell Harris）都是黑人。2004 年 10 月 24 日凌晨，他们来到位于威斯康星州（Wisconsin）密尔沃基（Milwaukee）贝维尤（Bay View）的一个中产阶级白人社区，准备参加一个派对，那是密尔沃基警察安德德勒·斯彭格勒（Andrew Spengler）为了庆祝乔迁而举办的。

邀请小弗兰克和洛弗尔的是两位白人女性凯蒂·布朗（Katie Brown）和柯尔丝滕·安东尼森（Kirsten Antonissen）。当他们到达那里时，许多客人已经喝得酩酊大醉。4 人的出现引起了其他客人的敌视，人群中发出一阵窃窃私语。凯蒂和柯尔丝滕一起去洗手间时，斯彭格勒带着 4 名警察围住了小弗兰克和洛弗尔并连连盘问道："你们是和谁一起来的？""你们认识这里的谁？""你们带酒水了吗？"

凌晨 2 点 45 分左右，4 人意识到自己不受欢迎，准备开卡车离开。就在这个时候，斯彭格勒带着 9 名没有在执勤的警察拦住了他们。原来，斯彭格勒的警徽不见了，小弗兰克和洛弗尔被当成了头号嫌疑人。他们否认拿过警徽，拒绝下车。一名警察喊道："黑鬼，信不信我弄死你们！"

那些警察使劲儿摇晃着卡车，砸碎了车前灯，洛弗尔向睡梦中的邻居呼救。

"黑鬼，闭嘴，这是我们的世界！"一名警察喊道。

两名女子下了车，拿出包准备接受检查。4名警察抓住小弗兰克的腿。小弗兰克担心自己会有生命危险，双手紧紧护住了头。4名男子合力将小弗兰克拖下了卡车，又把洛弗尔拽了出来。他们强行对二人进行搜身，结果一无所获。这令他们气急败坏，加剧了暴行。

一名警察持刀胁迫洛弗尔走到几米开外的街道上，用刀刃抵住洛弗尔的后脑勺，命令他坐在马路牙子上，咄咄逼人地问道："黑鬼，你以为你是谁？"

洛弗尔始终保持沉默。警察慢慢地用刀划过他的脸，他的脸上立刻出现了一道深深的口子。洛弗尔回忆说，警察看起来很享受那一刻。

"听着，让我把刀插进你的屁股里，黑鬼。"警察说。

警察命令洛弗尔站起来，洛弗尔趁机夺路而逃。他捂着自己血淋淋的脸，沿着昏暗的街道飞奔。

与此同时，两名警察将小弗兰克的双臂扭到背后，其他警察上前对他轮番进行殴打。小弗兰克在遭受多次击打后摔倒在地，头部又被踢了几脚，满脸是血。

警察逼问了小弗兰克更多问题。一名警察将小弗兰克的头牢牢按住，向他索要警徽。小弗兰克重申自己对警徽的事一无所知，恳求他们住手。小弗兰克的头部受到了最后的致命一击，他一时失去知觉，砰然倒地。

柯尔丝滕见暴力愈演愈烈，赶紧设法报警。"他们把他打得屁滚尿流！"她对着手机尖叫道。

斯彭格勒注意到柯尔丝滕在打电话，命令她挂断电话，见她不从，就把她的胳膊扭到背后，夺下了她的手机，接着扔向卡车，手机被摔得粉碎。凯蒂见状也发疯似的报警，最后手机也被夺走了。其他客人站在门廊上旁观，却无动于衷，没有人从衣服口袋里或包里掏出手机报警。

凌晨3点钟左右，两名执勤警察赶到现场。令凯蒂和柯尔丝滕感到恐怖的是，殴打仍然在继续。一名执勤警察也加入其中。倒地不起的小弗兰克被铐上手铐。暴力行为越发扭曲骇人，令人震惊。一名警察从口袋里掏出一支笔，对着小弗兰克低声说："要么你告诉我警徽在哪里，要么我就把这支笔塞进你耳朵里。"

那名警察兑现了自己的话，他将笔深深地插进了小弗兰克的一个耳朵，又拉了出来，鲜血喷涌而出，小弗兰克失声哀嚎，那名警察又将笔深深地插进了他的另一个耳朵。警察们的严刑逼供依旧没有停止，另外两名警察连续掰断了小弗兰克的几根手指。小弗兰克回忆说当时他"哭得像个婴儿"。他连声恳求道："求求你，住手，求求你。"

警察从四面八方拼命殴打小弗兰克，沉重的拳头如骤雨般落在他身上。随后，一名警察将小弗兰克的双腿分开，踢向他的裆部，竟将他整个人踢飞了。小弗兰克疼痛难当，那名警察趁机踩他的脑袋，骨裂声清晰可闻。

接下来，派对的主人斯彭格勒用枪顶住小弗兰克的头说："我他×的是警察，想怎么样就怎么样，大不了弄死你。"

警察们费尽力气还是没找到丢失的警徽。他们恼羞成怒，最后把卡车也拆散了，还用刀将小弗兰克身上的衣服割下来，但是始终一无所获。直到第三名执勤的警察赶到现场，这场暴行才停止——因为小弗兰克被捕了，而他在遭受残酷折磨的过程中丝毫没有反抗。新来的警察发现小弗兰克鲜血淋淋，赤裸着倒在街上，站不起来了。

他立即开车将小弗兰克送到医院。急诊医生觉得有必要拍照留存证据，因为小弗兰克的伤势非同寻常，伤口面积很大，头部、脸部、耳朵、颈部、胸部、腹部、背部、手臂、腿部、臀部、会阴等部位都有伤口。这位医生在急诊科工作了 20 年，从没有见过这么严重的伤势。小弗兰克接受初步检查后抓住医生的手，求她不要离开，因为他担心一旦自己孤身一人，袭击者们会"把他干掉"。

在小弗兰克·裴德和洛弗尔·哈里斯遭受毒打和折磨后的几天里，没有一名警察被捕，警察局也不肯配合调查。直到有当地报纸刊登出医生拍摄的那些触目惊心的照片，并表示小弗兰克可能会落下终身残疾后，情况才出现变化。事件曝光后连续几天的公众示威活动迫使密尔沃基警察局解雇了涉案人员。但在一场州级审判中，全是白人的陪审团听信了警察和派对客人的虚假证词，宣告斯彭格勒和另外两名警察无罪。其中一些被要求出庭做证的警察则声称自己"失忆了"。

判决后的抗议活动（见附图 7）促使此案接受联邦调查。最终，有 7 名涉案警察被判有罪。当夜参与围攻的一些没有执勤的警察被恢复了职务，可以继续在密尔沃基街头巡逻。

读到这个案例时，我不禁毛骨悚然。我很尊重警察的工作，这份尊重来自我对警察部门的调查研究，而且，在我开始攻读博士学位后不久，我的妹妹和妹夫开始在他们本地的警务部门任职。我清楚做这份工作对我亲密的家人来说有多么不易，他们和许多警察一样，为了保护我们不惜牺牲自己的生命。我相信警民应该是一家人，警察即公众，公众即警察。

对警察来说，只有当他们所服务的人民认可他们的角色、权力和行为时，才能有效地开展工作。我们相信警察会一视同仁，保护所有人，而不是区别对待，保护一些人、不保护另外一些人。信任一旦被滥用，公众的尊重就会消减，连警方的合法性也会遭破坏。我们不再将警方视为公共服务机构，相反，我们看到的是一个腐败堕落、自私自利的组织。最坏的情况是，这将导致社会秩序的崩溃，因为公民会质疑甚至故意违反警察所维护的法律。即使在最好的情况下，公民也会和警察脱离开，他们会拒绝配合调查，拒绝出庭做证，拒绝举报犯罪。2020 年 5 月美国明尼阿波利斯（Minneapolis）警察德里克·肖万（Derek Chauvin）谋杀乔治·弗洛伊德（George Floyd）一案发生后，上述两种情况在美国各地广泛出现。

对警察的信任程度和参与维护治安的意愿都会影响仇恨犯罪的数据统计。即使有人知道自己是仇恨犯罪的受害者，向警方报案时也需要信任。

在美国，过去几十年来，警察施暴和警察杀人案接二连三地发生，令黑人社区与执法部门之间的关系大受损伤。许多案件引起了新闻界的广泛关注，包括 2004 年威斯康星州密尔沃基的小弗兰克·裘德和洛弗尔·哈里斯案，2006 年纽约州纽约市的肖恩·贝尔（Sean Bell）案，2009 年加利福尼亚州奥克兰的奥斯卡·格兰特（Oscar Grant）案，2012 年佛罗里达州桑福德（Sanford）的特雷沃恩·马丁（Trayvon Martin）案，2014 年密苏里州弗格森（Ferguson）的迈克尔·布朗（Michael Brown）案，2020 年 3 月肯塔基州（Kentucky）路易斯维尔（Louisville）的布伦娜·泰勒（Breonna Taylor）案，2020 年 5 月明尼苏达州（Minnesota）明尼阿波利斯的乔治·弗洛伊德案，2020 年 5 月佛罗里达州塔拉哈西（Tallahassee）的托尼·麦克达德（Tony McDade）案，2020 年 6 月佐治亚州亚特兰大（Atlanta）

的雷莎德·布鲁克斯（Rayshard Brooks）案，等等。

美国社会学家、普林斯顿大学社会学教授马修·德斯蒙德（Matthew Desmond），与来自哈佛大学、耶鲁大学、牛津大学的同行一起，经过研究后指出，美国警察在使用武力方面存在明显的种族差异。即使排除了其他因素（如拒捕和警察培训），黑人男子还是更容易被美国警察殴打和杀害。德斯蒙德及其同行想要看看，将警察暴行案件高度公开化对黑人社区向执法机构举报罪行的意愿会有什么样的影响。他们研究得出的结论是，警察对手无寸铁的黑人男子施暴的案件得到广泛曝光，会减少黑人社区的报案数量，因为这类案件会降低人们对警察的信任度。

研究人员重点研究了小弗兰克·裴德和洛弗尔·哈里斯案件的影响。他们统计了事件曝光前后当地拨打911的电话数量。报道发生后的一年，密尔沃基市的报警电话数量减少了约2.22万次，比前一年降低了20%。黑人社区下降幅度较大，减少了1.32万次，白人社区则减少了8800次。但研究人员更关心的是，在黑人社区，这种情况会持续多久。根据他们的计算，事件发生后，这种情况在黑人社区持续了超过一年的时间。而在白人社区，这种情况只持续了7个月。

2006年，肖恩·贝尔于婚礼的前一天在纽约皇后区被警察杀害。研究人员发现，这一事件对威斯康星州密尔沃基黑人社区拨打911电话的数量也产生了影响，同样导致报警数量减少。这个证据表明，其他地区的警察杀人案件同样会影响本地的报案数量。

由此得出的结论是，警察施暴案会减少全国范围内的电话报警数量，而且在数量和持续时间方面，对黑人社区的影响要大于对白人社区的影响。

报案不足会造成恶性循环——警力缺失，犯罪分子漏网，犯罪活动变得更加猖獗，黑人社区安全程度也会降低。对密尔沃基的研究发现，在小弗兰克·裘德案发生后的 6 个月里，谋杀率上升了32%。那是密尔沃基 7 年来死亡率最高的一个夏天。

2012 年，手无寸铁的 17 岁少年特雷沃恩·马丁在佛罗里达州被一名白人联防队员杀害，全美各地因此举行了集会和游行。在枪手被判无罪后，奥巴马在一次演讲中说："特雷沃恩·马丁可能就是 35 年前的我。"2014 年，18 岁的迈克尔·布朗在密苏里州弗格森被一名白人警察开枪杀害，他胸部中了 6 枪。事件引发了三轮抗议活动，分别是枪击事件发生之后，很多人认为审判失之偏颇之后，以及该名警察最终被无罪释放之后。一年后，司法部的一项调查发现，弗格森警察局存在歧视非洲裔美国人的不当行为。因为这次枪击事件，奥巴马承诺斥资 7500 万美元购买可随身佩戴的警用摄像头，以便为未来类似的审判提供更多证据。2020 年，明尼阿波利斯警察扼杀乔治·弗洛伊德，涉事警察被控非故意二级谋杀，之后特朗普在推特上发布煽动暴力的推文，由此引发了全球性示威活动，以及自1968 年马丁·路德·金（Martin Luther King）被暗杀以来美国最严重的大规模内乱。

地方、国家乃至全球的媒体对这一类事件的报道，会不可避免地侵蚀广大民众对政府官员和执法机构的信任。黑人社区报案数量的缺失意味着成千上万起仇恨犯罪案件没有被记录在官方统计数据当中。

▌仇恨犯罪数量在上升吗？

警方记录的仇恨犯罪数量出现了明显的增加，但我对此仍然存在不少疑问。许多右翼人士会为英国脱欧公投或唐纳德·特朗普当选总统等事件与近期仇恨犯罪数量上升之间的联系进行开脱，辩称记录和报告上的变化可以解释出现这种上升趋势的原因。

这种观点并非没有道理。过去 10 年来，英美及许多其他国家的警察部门都投入了额外资源，用于资助那些可以提高受害者和证人举报意愿的活动。这些活动的重点是质疑过去将近一半的仇恨犯罪未被举报的原因：对警察的不信任、对二次受害的恐惧，以及对情况恶化的担忧（比如肇事者为受害者的邻居）。证据表明，这些措施正在发挥作用。值得庆幸的是，许多国家的警察文化发生了巨大的改变，在识别仇恨犯罪、增加侦查和记录次数方面，警察的培训规模达到了创纪录水平。毫无疑问，过去 10 年中，警方记录的仇恨犯罪呈现上升趋势，部分原因可以归结于这些因素。

但在英国脱欧公投、美国特朗普当选总统，以及备受瞩目的恐怖袭击发生之后，仇恨犯罪案件的惊人增长，仅靠上述因素是解释不通的。英国进行脱欧投票时，《旁观者》（The Spectator）杂志的一篇社论称："也许公投确实导致了仇恨犯罪率的上升。然而，也许不是。尽管有愤怒的报道指责英国脱欧要对此负责，但唯一能明确的是，上述两种说法都没有确凿的证据。"

为了得到明确的答案，英国内阁办公室行为透视团队（UK Cabinet Office Behavioural Insights Team）和我所在的卡迪夫大学（Cardiff University）"仇恨实验室"（Hate Lab）开始着手收集所有的信息源，从警方记录到脸书上的帖子，试图还原英国仇恨犯罪的全貌。面对诸如《每日邮报》等右翼报纸的《大脱欧仇恨犯罪迷思》（Great Brexit Hate Crime Myth）等头条新闻，我们将探究"脱离欧盟"（Leave.EU）和"投票脱欧"（Vote Leave）等组织所宣扬的、造成分裂的两极化叙事，是不是直接导致仇恨犯罪的上升趋势。

我们提出的第一个假说是，脱欧运动在一段时间内将针对外群体成员的仇恨犯罪合法化，以保护内群体的资源，无论是经济上的资源（比如就业、住房、公众医疗服务的等待时间等），还是象征性的资源（比如"我们的生活方式"）。公投开始的前几周，脱欧派的伎俩越发花样百出，巧言令色，让人以为这些资源会受到移民的威胁。直至投票开始，媒体报道最多的两个问题就是移民和经济，并对某些群体（土耳其人、阿尔巴尼亚人、罗马尼亚人、波兰人）多有负面报道。

我们提出的第二个假说是，与脱欧相关的仇恨犯罪大幅飙升的地区，也具有某些人口统计学特征：内群体的某些成员更容易受到与脱欧相关的分裂性言论的影响。在我们预期中，这些地区的移民比例、失业率、脱欧投票率也会比较高。那些以压倒性投票优势支持脱欧的地区，其移民数量在公投前的 10 年里均有所增加；在另外一些支持脱欧的地区，10 年前的移民人口占当地人口的 1/50，公投时暴增至 1/4，这些地区的就业和服务情况也出现了最严重的衰退。

这些地区的移民主要集中在英格兰北部和南部海岸，以年轻的、不会说英语的低技能工人为主。无法就业的本地人叠加大量的就业移民，构成了在经济衰退期的裁员大潮中互相争夺稀缺资源的两股力量，加剧了"我们"与"他们"的敌对意识。本地人口与移民人口之间缺乏跨文化的互动交流，导致紧张局势加剧。再加上公投结果的刺激效应，叠加起来为仇恨犯罪的猖獗创造了完美的条件。

我们统计、分析了英格兰和威尔士 43 个警务区人口的失业率、平均收入、受教育程度、健康状况、一般犯罪率、住房和服务障碍、生活质量、移民流入率、脱欧投票份额等因素，并把这些影响仇恨犯罪的因素纳入我们的统计模型。右翼智囊团提出，仇恨犯罪的数量增加只是因为报案数量增加了。为了解释我们的论点，我们特意让警方减少了鼓励公众的频次，即通过社交媒体鼓励公众举报犯罪的频次。我们还排除了大量可能导致仇恨犯罪率上升的其他事件的影响，包括英国内外的恐怖袭击事件，比如公投前几天发生的乔·考克斯[①]谋杀事件。

虽然我们控制了这些影响因素，但公投本身仍然是一个强大的因素。投票后的一个月，与没有进行投票时相比，仇恨犯罪增加了1100起（增长了29%）。和其他可能的影响因素（移民流入、失业、教育程度等）相比，只有脱欧投票的比率是仇恨犯罪的重要预测因素。一个地区的脱欧投票率越高，公投后仇恨犯罪的增量就越大。因此，我们有理由相信，投票结果是潜在的仇恨犯罪分子走上街头的信号。反驳者认为，仇恨犯罪激增是因为有更多的受害者站出来报案，但是这一论点站不住脚，因为我们发现，经常鼓励人们进行举报的警察机关所记录的仇恨犯罪数量并不多。

类似的分析发现，2016 年唐纳德·特朗普当选总统一事与仇恨犯罪大幅增加之间存在关联，其增幅仅次于 "9·11 事件" 后针对穆斯林的仇恨犯罪，在当代美国历史中位居第二（特朗普的任期接近尾声和新冠病毒大流行与美国史上第三大增幅有关，见图 2.1）。在排除其他因素的情况下，给特朗普投票最多的地区，其仇恨犯罪数量也出现了最大的增幅。

[①] 乔·考克斯（Jo Cox），英国工党议员，英国脱欧运动中留欧阵营最早的一批支持者之一，于 2016 年 6 月 16 日在英格兰北部选区的大街上遭遇枪击后身亡。 ——译者注

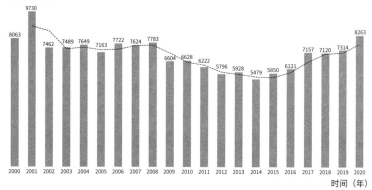

犯罪事件总数

图 2.1 FBI 记录的仇恨犯罪事件总数（2000 年至 2020 年）

　　在仇恨犯罪记录标准比较适中的国家，也就是能够捕捉到部分受害事实、仇恨犯罪数量长期相对稳定的国家，仇恨犯罪的数据也出现了上升趋势。毫无疑问，这种趋势会受到一系列因素的影响，但在所有其他因素中，与我们这个时代最为相关且产生最大影响的，就是政治言论的分裂性。的确，在世界上的某些地区，仇恨不受制约，于街头和网络上肆意横行，很多人从未像现在这样被仇恨所包围，他们的生活深受影响，却又束手无策，无能为力。

　　在科学领域，人们很少能根据现有的数据得出定论，因此不能对某种现象妄下定论。要知道，仇恨犯罪如今在全球各地时有发生，但一些国家和地区的政府、警察、目击者，甚至受害者，都尚且无法识别仇恨，我们也就更加无法确定，现在的仇恨是否比以往任何时期更甚。

　　由于我们无法对仇恨犯罪进行精准的测量，所以只能测量我们所知道的那些助长仇恨的因素——社会、经济、政治等方面的触媒，以及人类最基本的生物特性和心理特征。不平等的加剧、政治的两极分化、造成分裂的争议事件和互联网被滥用等诸多因素，都有可能引发仇恨情绪。如果我们能够衡量并更好地理解这些因素，就能预测仇恨可能在何时、何地及何人身上爆发。在我们深入探究仇恨触媒之前，必须先对我们进化出的内在机制进行仔细的研究，了解清楚如果我们不加以抵制的话，这种机制究竟如何为我们埋下仇恨的种子。

第 3 章

大脑与仇恨

CHAPTER 3

2016 年 2 月的一天，天气寒冷，在电子杂志《寂灭》（*The Quietus*）工作的音乐记者约翰·多兰（John Doran），放下了手头的工作，来到伦敦哈克尼区（London Borough of Hackney）的商业街闲逛。约翰出生于 20 世纪 70 年代，在利物浦（Liverpool）长大，之后在工厂工作多年，后来搬到伦敦，成为一名撰稿人，在很多杂志和报纸上都发表过作品。

那一天，约翰正在街上漫步，周围一切如常。街上不是很热闹，偶尔能看到几张熟悉的面孔，但怪事发生了。经过各式各样的咖啡店时，他突然听到一个声音尖叫着："看我不把你切开，你这个大肚子笨蛋！"

他环顾四周，看见一个身材偏胖的人走了过来。他悄悄问自己："那句话是他说的吗？如果是，为什么街上的人没有反应？"接下来，一个穿着宽松运动服的人经过他身边，那个声音再次响了起来："你为什么不找份该死的工作？你这该死的懒鬼！"

约翰仍然无法确定声音是从哪里传出来的，旁边的人也没有反应。他恍然大悟，没有人大呼小叫、出言不逊，他听到的是自己的声音，听得一清二楚，只不过，那声音是在他的脑海里响起来的。

他身边人来人往，他脑海中更多的斥责声此起彼伏。都是些种族主义的、厌女的声音，这些声音怒气冲冲，满是污言秽语，充斥着暴力的咆哮。这些充满了仇恨的话语不受控制地在约翰脑子里喷涌而出，他对这些话非常反感，却茫然不解，这让他极度惊恐，只好一路低着头跑回家。他把目光从别人身上移开，希望那个声音会停止。

这件不同寻常的事情要追溯到大约 4 个月之前，当时，约翰骑自行车去上班，顺便送孩子上学，刚出发就遇到了交通堵塞。因为是高峰期，许多家长在送孩子上学，所以这没什么不寻常的。路上有两辆车互不相让，挡住了约翰的去路。"我最好不要夹在车子中间。"约翰想。他想从前面那辆车的后面绕过去，却没想到这是一个错误的决定。约翰还没来得及移开，那辆车的司机就愤怒地挂上倒车挡，并且猛地踩了一脚油门。

约翰立刻被撞倒在地，他的意识瞬间就模糊了，这种状态似乎持续了很久，实际上他只昏迷了 60 秒。据旁观者称，他们看到那辆汽车倒车时把约翰从自行车上撞飞了，力道大得吓人。约翰头部着地，重重地摔在了沥青路上，头盔硬生生被摔成了两半。约翰醒过来时，看到汽车保险杠就在自己的正上方。救护车在事发半小时内赶到了现场，医护人员对约翰进行了一系列测试，评估他的受伤程度。他们问他叫什么名字，他只记得自己叫"约翰"，并说自己 21 岁了。奇怪的是，他感到心花怒放，就像狂欢时服用了氯胺酮[①]——在

[①] 氯胺酮俗称 K 粉，在医学临床上一般作为麻醉剂使用，在中国被列为第一类精神药品管控。——编者注

带着迷幻感的模糊意识中，不到一分钟的时间内，他仿佛重温了自己 20 多岁的时光。除了记忆上的错乱和在使用智能手机时感到迷茫外，约翰看起来都很健康，甚至还比以前更快乐了。直到他后来恢复了一些记忆，才意识到自己实际上已经 45 岁了。

事情发生后的几个小时里，他仅仅感到了些许不适，看来只是轻微的脑震荡，只需要两周的"认知休息"[①] 就可以恢复了。但那一天之后的事情开始变得有点奇怪。

约翰身为音乐记者，品味独特，好恶鲜明，对有些乐队是怎么都喜欢不起来的。而在那天下午，他在最喜欢的炸鱼薯条店等着晚餐上桌时，女友注意到他在欣赏餐厅的背景音乐，那是一些独立摇滚乐队的歌曲，有浪子乐队（Libertines）、缪斯乐队（Muse）和暗礁乐队（Reef）等。他一边无声地打着鼓点，一边颔首微笑。他如痴如醉，听了一首又一首，觉得这些歌好听极了。女友困惑地问他知不知道这都是谁的歌，因为他此前很了解这些乐队，曾对他们发表过相当尖刻的评论。看来，事故发生后，他的音乐品味发生了很大的变化。此后，他的身体每况愈下，记忆力也开始下降，说话变得词不达意，如果不把日常行程写下来，就很容易出差错。

约翰决定休两个月的假。几周后，他脑中开始产生充满仇恨的念头，这令他非常不安。在街上遇到陌生人时，这些可怕的想法就会冒出来，尤其是疲惫的时候。黑人、亚洲人、女性、超重的人、邋遢的人——看到这些人，带歧视色彩的称呼就会不由自主地从他的脑海里蹦出来。他早年曾陷入试图自杀的黑暗深渊，不得不通过酗酒来麻痹自己，一路苦苦挣扎。即便是那个时候，他也没有出现

---

① 认知休息（cognitive rest），是指通过减少或避免认知活动来达到休息大脑的目的，以促进大脑功能的恢复。认知活动包括学习、工作、社交以及其他日常活动。认知休息通常用于脑部受伤（比如脑震荡）或患病后的康复过程。——编者注

过这样的状态，更没有产生过这么不堪的想法。

他在谈及自己的经历时对我说："当时我脑子里的那些话，我都说不出口，就不和你说了，你自己想象吧。都是些最糟糕、最恶毒、最具挑衅意味的话。当时我的情况很可怕，脑子里总有那些想法，欲罢不能。"

遇到形形色色的人后，约翰经常需要与自己内心的声音作斗争。他试图屏蔽这些想法，却无济于事。只有避免与人接触，才能抑制这些想法。"我还算镇定，我意识到自己一定是出了什么问题……感觉就像一天老了30岁。"他这样告诉我。

约翰觉得自己的脑子不听使唤，羞愧难当，于是选择避世独处。他在音乐杂志上发表的作品说明他是一个反种族主义者、反厌女主义者，对此人们有目共睹。

他内心这些不堪的思想从何而来？我们能从他的童年经历中发现这些想法的源头吗？与英国其他地方相比，20世纪70年代的利物浦是进步的，但民族阵线①很活跃，种族关系非常糟糕，这一点在他曾工作过的工厂里有所反映。他常常听到工友们在交谈中发表涉及种族歧视的言论。也许这些东西不知何时被储存进他的大脑深处，然后以强大的力量起死回生——但这是为什么呢？

约翰后来被诊断为大脑（确切说是前额叶皮层）受到中度到重度创伤。当他的头部撞击地面时，大脑前部神经元之间的连接（轴突）因为重击几乎被拉断，导致这些症状的出现。听到这个消息后，他松了一口气。他过去一直秉承良好的生活方式，抱着对人一视同仁的态

---

① 民族阵线（National Front，简称NF）是英国的一个右翼政党（一说为新法西斯政党），在20世纪70年代达到全盛时期。在此期间，对亚洲移民的担忧导致该党在伦敦东区和英格兰北部的党员人数和投票比例迅速增长，其最有力的支持基础是工薪阶层。民族阵线组织了多次街头游行和集会，并经常与反法西斯抗议者发生冲突。——译者注

度行事，然后，突然有一天，他被汽车撞了，内心开始喷涌一些愤怒的声音。但他从来没有把内心的话说出来过，也没有付诸行动。两个月后，那个声音渐渐停息，约翰康复了，又变回了原来的那个人。轴突已经修复，他的大脑恢复了正常。

神经科学研究表明，人的大脑中负责情绪调节和道德决策的区域因为受伤或患病（如头部创伤或肿瘤）而受损，就会出现这样的症状。最早的一项关于脑损伤导致行为改变的研究，是涉及铁路工人菲尼斯·盖奇（Phineas Gage）的"美国撬棍案例"（American Crowbar Case）。1848 年，美国发生了一起工业事故，现场惨不忍睹：一根撬棍被炸飞，刺穿了盖奇左侧的颧骨，经过眼底，穿透了他的颅骨和大脑，带着血液和部分左额叶组织落到了 25 米以外的地方。

盖奇活了下来。据说他是独自从事故现场走出来的，没有靠工友帮助。虽然失去了大部分大脑，但是仅仅过去不到六个月的时间，他就可以在父母的农场干活了。

虽然他的动作、言语和智力没有受损，但他的性格发生了很大的变化——以前的他人缘很好，很有责任感，性格随和，后来却经常出言不逊，满口脏话，情绪反复无常。这是因为他的大脑中进行理性决策时主导情感成分的区域遭到了破坏，导致他和从前判若两人。据报道，一段时间后，他性格中的突变才逐渐消失。几年后，他的反社会行为已经几乎不存在了，这表明他大脑的其余部分可能已经弥补了被损害区域的功能。

现有的几十个案例表明，行为的极端变化确实与大脑损伤有关。20 世纪 80 年代初，一名在 26 岁时经历交通事故的英国男性出现了无典型特征的性反常行为，他连续实施了三次性犯罪，因此被送进了监狱。脑扫描结果显示，他的前额叶皮层曾因事故受损。2007年，一名60多岁的智利妇女将母亲溺死在浴缸中。2009年，这名妇女试图对她的另一个亲人故技重施。研究人员对她的大脑进行检查后发现，她在做鼻息肉切除手术时，曾因医生手术不当，造成她的前额叶皮层受损。1994年，英国一名32岁的男子被判犯谋杀罪和强奸罪，审判前，精神科医生诊断出他患有精神分裂症和妄想症。据他的母亲回忆，他曾经是个腼腆的孩子，但会无缘无故地打人。他被监禁后，脑扫描结果显示，他左侧的杏仁核中长了一个肿瘤。杏仁核是大脑中感受恐惧、负责侵犯行为的部分。在著名的查尔斯·怀特曼（Charles Whitman）杀人案中，医生发现，怀特曼的大脑中也有一个压迫杏仁核的肿瘤。1966年，怀特曼在得克萨斯大学用刀刺穿了妻子和母亲的心脏，并开枪杀死了另外14个人。在袭击之前，他曾经抱怨头痛，并且有极端暴力冲动。

从表面上看，这些证据似乎表明大脑对人的犯罪行为起着关键的作用。但我们必须扪心自问，英国和美国每天会有数百名脑肿瘤患者被确诊，还有更多人会被诊断出脑损伤，但为什么我们没有看到更多的谋杀甚至屠杀事件呢？约翰·多兰和菲尼斯·盖奇的大脑受到损伤，前者程度轻微，后者极其严重，却都没有导致他们产生任何形式的犯罪行为。而反观其他实施恶行的人，比如2017年"10·1"拉斯维加斯赌场枪击事件中的案犯斯蒂芬·帕多克（Stephen Paddock），他的大脑里没有肿瘤，也没有损伤。我们对此又该如何解释呢？

人们很容易认为，有人犯下令人发指的罪行，是因为他们的大脑出了问题，因为这很容易将他们与我们，以及社会上的其他人区分开来。我们可以把他们单独划分出来，将他们的行为合理化，视作在生物学上出现异常的结果。但是，没有哪一个大脑能够单独对人类的邪恶负责。虽然我无法断言，但是如果将那些另类右翼①或极右翼分子［如米洛·扬诺普洛斯（Milo Yiannopoulos）、理查德·斯宾塞（Richard Spencer）和斯蒂芬·亚克斯利·列侬（Stephen Yaxley Lennon）等］的仇恨言论归因为脑肿瘤或脑损伤，我会非常惊讶。

在过去几十年里，随着医学扫描新技术的发展，科学家们除了研究大脑的异常现象之外，已经开始研究"正常"大脑处理仇恨的过程。科学界的共识十分明确：在生命之初，没有人的大脑中被预先装载了偏见或仇恨。我们的大脑似乎倾向于区分"我们"和"他们"，但"我们"和"他们"是谁，则是我们后天习得的，而且并不是一成不变的。这种根深蒂固的神经机制意味着我们都有形成偏见和仇恨的初始基础。事件和环境的某种组合叠加于人类这种特质之上时，我们都会产生仇恨。

▍柔软的灰色盔甲之下

大脑的进化是为了让人类在一系列令人眼花缭乱的、不断变化的环境中生存。人类能够生生不息，创造出高度文明，大脑功不可没。但是依然有人认为进化给我们帮了倒忙，因为大自然没有给予我们和其他物种一样的自我保护能力——我们没有天然的盔甲来保

---

① "另类右翼"（alt-right）一词用于描述 2010 年左右出现的极右翼（far-right）亚文化，主要与美国白人民族主义者理查德·斯宾塞有关。

护重要的器官；也没有尖牙或锐利的角等天然的武器；面临威胁时，也没有天然的伪装。犰狳、蛇、章鱼，以及许多和我们共享地球空间的动物都具有特定的生物学特征，让它们可以成功进行防御、攻击或躲避威胁。而我们只能依靠头骨内这副柔软的灰色盔甲[①]进行自卫。

想到其他物种所具有的非凡的防御机制（谁不想在躲避捕食者时能够灵巧地飞翔呢？）时，会觉得这似乎有失公平——但是，我们有着非凡的大脑，它甚至比飞行能力更了不起。

我们的大脑已经创造出超越自然界的人工防御机制，已经拥有自修复材料制成的防弹衣[②]、3D 打印器官、可以延年益寿的药物、地震预警系统——这一清单上的事项数不胜数。也只有人类的大脑才能开发出如此先进的技术来减轻威胁，它为人类的生存作出了巨大的贡献。

但我们不能总是依赖于工程学和医学的惊人成就生存下去。在人类存在的整个历史长河中，我们得到这些强化保护的时期可谓微不足道。在漫长的时间里，我们的大脑并没有闲着，它一直忙于进化，以识别来自掠食者的威胁——那些想要吃掉我们的动物，想抢夺我们的食物、水和住所的附近部落的成员，还有反常的天气和自然灾害。我们目睹家人被食肉动物袭击，目睹家园被附近的部落掠夺，目睹整个村庄被山洪摧毁，种种经历让史前人类的大脑学会了识别危及安全的威胁。这一长达数百万年的学习过

---

① 大脑实际上是由灰质和白质组成的。

② 里斯·普林（Rhys Pullin）博士及其同事在卡迪夫大学与加州美高森美公司（Microsemi）合作开发了一种防御系统，我印象尤为深刻。他们巧妙地创造了这种系统，它可以实时检测士兵的防弹衣上的那些肉眼看不见却足以严重削弱其防护能力的微损伤。美国每年约有 500 万套防弹衣需要送往世界各地做例行的 X 光检查，以发现微小损伤。这项创新不仅可以大幅削减检查开支，更重要的是，还有可能挽救士兵的生命。

程塑造了人类的大脑，使现代人类能够应对并最终主宰自己的生存环境。

现代世界的古代大脑

尽管我们的大脑具有适应性，但这种应对机制的灵活性是有限的。大脑的某些部分仍然停留在过去的水平，视觉错觉就是一个很好的例子。最著名的视觉错觉是空心面具错觉（见图3.1）。

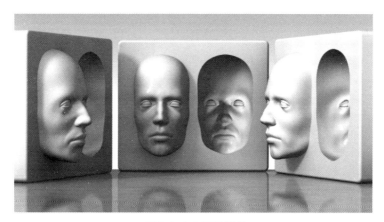

图 3.1 空心面具错觉

图片来源：动画医疗有限公司（Animated Healthcare Ltd）科学图片库（Science Photo Library）

当面具正对着我们时，尽管我们知道它是中空的，但我们的大脑在处理图像时，还是会让鼻子、嘴唇、眉毛、颧骨、下巴看起来是凸起的而非凹陷的。在理性层面，我们知道自己看到的只是假象，但我们的大脑拒绝正确地领会我们所看到的内容。这是因为数百万年的进化告诉我们，人类的鼻子是凸出来的，不是凹下去的。

空心面具错觉的认知过程先天就存在，它会无意识地运作。我们对自我的认知，以及我们对所属群体的认知，也依赖于已经过时的大脑连接。大脑无法处理所有的信息，便创造了捷径。我们已经进化出借助类别进行思考的能力。自从有了心智，我们就一直在这样做。这种思考过程的作用机制就是分门别类进行处理，识别个体之间的差异，然后分类，并将个体差异应用到其所在的群体当中——"这一类人很懒，所以这个群体中的每个人都很懒。"

预先倾向于偏向"我们"，但不仇恨"他们"

除了分类思维之外，还有一些核心的心理过程会使我们倾向于以"类"取人。亨利·泰弗尔[①] 20 世纪 70 年代的一项著名实验表明，区分内外群体后，即使群体间的差异微乎其微，和外群体（"他们"）相比，我们依然会给自己所属的内群体（"我们"）更大的奖励。

泰弗尔将一些学生分成两组，但他没有按性别、种族、年龄、发色、吸引力、鞋码大小或者任何其他可识别的个人特征来进行分组，而是告知这些学生，将按照他们对图片中圆点数量的估算结果进行分组，一组为"低估者"，另一组为"高估者"。这些学生不知道，分组其实是随机的，与他们的估算结果完全没有关系。为了使小组之间的差异更小，泰弗尔没有让小组成员们见面，他们只知道某某属于这个小组，某某属于那个小组。

泰弗尔就这样根据最细微的、无意义的差异将受试者分成两个

---

① 亨利·泰弗尔（Henri Tajfel），英国社会心理学家，因偏见、社会认同理论闻名，是欧洲实验心理学协会创始人之一。——译者注

小组——泰弗尔称之为"最简群体"。然后，他要求受试者给两个小组分配资金，并告诉他们个人无法从分配中获益。尽管如此，受试者还是将更多的钱分配给了自己所在的群体。每次实验几乎都会出现相同的结果。这就像现实世界的一面镜子——人们总是偏向内群体而非外群体——你会给和你一样的人更多小费、略贵一点的生日礼物，以及工作机会。

这些自动分类过程和我们对内群体的偏好，有助于让我们知道要避开什么人，与什么人交往。但人是复杂多面的，虽然人们身份的某些方面可能与他们所属的内群体相关，但其他方面可能会与内群体不同，甚至相互矛盾——一个外群体成员反而可能会与内群体成员有共同的特征。此时，大脑的自动分类过程就无法提供让人作出正确决定所需的信息。我们都有着相同的心理机制——倾向于把人进行分类，并会自动偏向于更像自己的人——如果我们不能有意识地进行调整，这就可能会成为产生偏见和仇恨的前兆。

"我看不出有何不同"

我们的大脑惯于识别内群体与外群体特征之间的差异。"变化盲视"①实验证明了这一现象的存在（见图3.2）。实验设计者在接待业务进行到一半时，巧妙地更换了前台的白人接待员，然而受试者完全没有发现。实验设计者让原来的那位白人接待员假装去取桌子下的文件夹，然后蹲在地上，并让另一个早就做好准备的白人接待员突然站起来接替之前那位接待员完成业务，由此得到了上述结论。

---

① 变化盲视（Change Blindness），又称无意视盲，是指我们往往能够对现实世界中发生的变化进行觉察、识别和定位，很多时候却觉察不到物体或情景所发生的变化。——译者注

起初的问候

先前的接待员躲到了桌子下面

另一名接待员突然出现

实验对象没有识别出接待员
已经换人

图 3.2 变化盲视

受试者在被告知接待员已更换时，通常都表示自己不记得有这回事，并且在观看录像回放时也表现得难以置信。即使两个接待员的衣着和发型都不同，这种变化盲视现象仍然存在。但是，如果接待员的种族或性别改变了，大多数受试者都会注意到变化。我们的大脑对这些差异高度敏感，所以，当一个人说自己对他人的种族、性别、身体缺陷没有察觉时，他的大脑可能是有所察觉的。

大脑的大部分工作都是自动完成的——我们意识不到它是以什么方式处理信息的，也意识不到这些信息什么时候会影响我们的决定或行为。但这种自动性对我们来说是非常必要的，因为如果每一个信息处理的过程都能被大脑察觉到，那我们的注意力将时时刻刻被分散，大脑也会因为信息量过载而无法工作。

对"他们"的无意识偏见

当这种自动处理有利于那些被我们视作内群体成员的人，而不利于那些被我们视作外群体成员的人时，我们把这种自动处理称为"对外群体的无意识偏见"，或者叫内隐偏见（implicit prejudice）。当内隐偏见与种族、宗教、残障等特征有关时，大脑的自动处理就不是单独运作的了。我们必须在出生后了解这些差异，这样大脑才能以无意识的方式运用它们。

以种族为例，在每个人生命的早期阶段，你接收到的信息都对大脑自动处理的方式有着深刻的影响，比如，在新生儿时期，你所看到的人的肤色；幼儿时期，你从儿童读物中或电视节目中看到的人物及关系类型；小学阶段，老师、父母、朋友等传达给你的某些刻板印象；等等。

如果孩子在人生的初期只接触到某一种肤色的人和某一种文化，只接触过狭隘的人际关系，并形成对其他种族的负面刻板印象，那么孩子的大脑就会自动在这些方面区分"我们"和"他们"。必须在生命初期向大脑提供这些信息，才能将它置于大脑的连接上。这种早期的文化"喂养"大概率不会被抑制，也不会被关注，这就意味着，我们成年之后仍然很难意识到它对我们的影响，除非我们有意识地进行识别。

如何测量无意识偏见

如果我们没有面对过某种能够清楚看到大脑自动产生偏见的过程的情况，我们可能都会说自己没有偏见，甚至会发自内心地相信这一点。白人、基督教徒和那些没有身体障碍或精神障碍的人，在文化上被赋予的特权可能会使许多人变得盲目，从而看不到自己（缺乏）的某些思想和行为如何使"他们"遭遇困境。当我们面临某种情况，被迫作出对一个人有利而对另一个人不利的决定时，我们可能会相信自己是公平的。但是，在决定的过程中，偏见往往会悄然潜入，而我们却对此毫无察觉。

认识到我们怀抱着多么严重的内隐偏见，以及我们对哪些群体抱有偏见，是一项艰难的挑战。由于人们普遍不赞成对他人抱有偏见，所以受试者自己作出的个人态度声明并不可信。由此，科学家们开发出了间接测量方法，以避免在测量偏见的访谈和调查中出现社会期许偏差（social desirability bias）。其中，使用最为广泛的间接测量技术是哈佛大学开发的内隐联想测验（Implicit Association Test，简称 IAT）。

内隐联想测验利用分类整理任务，深入发掘几十年的文化"喂养"和个人经验——那些我们并没有意识到的、对大脑的自动处理有影响的东西——从而评估人们对性别、体重等许多特征的态度。

在研究种族问题的内隐联想测验中，实验人员会向受试者分别展示白人和黑人的图片，以及令人愉快和令人不快的词语（比如"灾难""和平""甜蜜""痛苦"等）。第一个任务是要求受试者看到白人的图片或者令人愉快的词语时用左手按下一个按键，看到黑人的图片或者令人不快的词语时用右手按下另一个按键。在第二个任务中，有一部分要求是相反的：看到白人的图片和令人不快的词语时，受试者要用左手按键；看到黑人的图片和令人愉快的词语时，受试者要用右手按键。[①]如果受试者对白人的图片有更强的自动偏好，那么他完成第二项任务时就需要更长的时间，因为他更容易将白人的图片与令人愉快的词语关联在一起。受试者身上存在一条由多年经验和文化"喂养"而形成的认知纽带，在白人的图片和令人愉快的词语之间自动建立起了一种心理"黏性"，而黑人的图片和这些词语之间则缺乏这种黏性。

在参加种族问题内隐联想测验的数百万白人受试者中，约有75%的人对美国白人自动表现出了更大的好感。有趣的是，近50%的黑人受试者也对美国白人更有好感。这表明，内隐联想测验测量出的无意识偏好是由我们在社会化过程中所接触到的"文化饲料"塑造而成的。

如果这些受试者被直接问及他们是否抱有种族偏见，很少会有

---

① 这项测试的重测信度（test-retest reliability）很低，所以测试的创建者建议人们在几周内完成10次测验，然后取平均数为结果。一些研究综述也质疑过受试者内隐联想测验的得分和其真实行为的相关性。

人给出肯定的答案。内隐联想测验被创建后的几年中，有多项研究表明，对美国白人更有好感的人更有可能出现与歧视有关的行为，比如听到种族主义笑话后哈哈大笑；身为医生却不按要求救治黑人患者；在 2008 年美国总统大选中投票给麦凯恩而非奥巴马。

另一种间接偏见测量方法是群体间语言偏见测试（Linguistic Intergroup Bias，简称 LIB），其目的是试图挖掘大脑内部的工作机制。该实验要求受试者观看内群体中的某个人进行某种活动的图片或视频，然后再观看外群体中的某个人进行相同活动的图片或视频。比如，向受试者分别展示白人和黑人帮助老人过马路，以及在酒吧闹事打架的图片或视频。然后，由受试者描述他们所看到的情景。接下来，对受试者在描述时所使用的词语进行分析和比较。在分析受试者描述某个人缺点所使用的词语时，要考察这些词语是针对特定情况、稍纵即逝的，还是根深蒂固、一成不变的。

研究表明，对于侵犯行为，内群体成员更有可能被受试者描述为"弄伤了某人"（表明这是一种暂时的行为，换言之，"我们群体的人很少会这样"），而外群体成员更有可能被受试者描述为"好斗"（表明这是一种更普遍的行为，即"他们群体的人一向如此"）。对于助人行为，研究者观察到的情况正好相反。内群体成员更可能被描述为"乐于助人"（表明这是一种普遍的行为倾向），而外群体成员更可能被描述为"搀扶他人"（表明这是一种临时的行为）。实验人员认为，受试者不会刻意控制自己在描述过程中选择使用哪些词语，因为他们并不知道这是一个关于偏见和刻板印象的实验。但是，通过对他们所使用的描述语言进行仔细的比较，我们会发现，词语选择上的差异可以表明受试者是否存在刻板思维。

内隐联想测验和群体间语言偏见测试被创建时，大脑扫描技术尚未得到广泛的应用。虽然这两种测试已在研究中被广泛应用了几十年，但是如今脑成像技术日益成熟，这意味着心理学家和神经科学家可以绕过人类的有意识输入，直接观察大脑，查看大脑在处理偏见和仇恨的过程中有哪些区域参与了工作。

▌在大脑中定位仇恨

我们已经通过医学弄清了人体的大部分功能。关于人体是如何运转的，我们也掌握了大部分信息，还编写出了人体功能手册。但是人体中有一个部分仍然在挑战着现代科学：大脑。尽管神经科学家已经理解了诸多由大脑功能紊乱症所引发的疾病，比如癫痫和脑癌，但手册中还缺少大脑是如何处理情绪、态度、社会行为等方面的内容。

想象一下，用一本缺少了 3/4 内容的说明书组装宜家的最复杂的组合家具，是什么样的体验？你知道家具被组装起来的样子，每个部分都应该各就各位、各司其职，但你不清楚它们都有什么功能，也不清楚它们是如何组合在一起的。研究仇恨的神经科学家就面临着类似的情况，而且这只是他们所面临的挑战中的极小一部分。他们已经看到了仇恨的结果（甚至可能亲身感受过），他们知道感觉和行动需要大脑的许多部分参与工作，但他们不清楚哪些部分负责处理仇恨及其行为结果，也不清楚它们是如何相互关联的。

神经科学家根据这本不完整的指导手册，已经绘制出仇恨元素在大脑中的地图。棘手的部分是获得诸如偏见、威胁、厌恶、同理心等人类构建出的概念，并找到它们在大脑中的位置，从而理解它们如何结合在一起形成了人类的仇恨意识。20世纪90年代出现了新的大脑成像技术，这项任务便不再那么令人生畏。过去30年里，神经科学家花了很多时间招募经历过仇恨袭击的测试对象参与大脑成像研究。现在，极其昂贵的扫描仪可以在我们受到刺激时拍摄大脑活动的内部图像，这些刺激源自人的面孔、照片或情感符号等刺激物，并记录大脑显示的关于思想的信息——这里使用"思想"一词可能不太恰当。

扫描仪读不懂大脑，至少不会像《星际迷航》（*Star Trek*）中的迪安娜·特洛伊（Deanna Troi）那样会读心术。不过，当受试者看到屏幕上的图像时，扫描仪会记录大脑各个区域的血液流动情况，以及神经元发出的电信号，为洞察大脑的哪些部分可能参与处理活动提供视角。这些研究工作大多是关于种族偏见的，但许多研究结果却可能适用于任何类型的偏见。

处理偏见的部分

最新的神经科学研究表明，大脑中存在一个"偏见网络"，仇恨的认知处理通过这个复杂的神经元网络传播。[1]在世纪之交，最早的一些脑成像研究表明，杏仁核可能会在偏见中起一定作用。杏仁核是大脑中两个杏仁状的区域，分别位于两个大脑半球的底部（见图3.3）。

---

[1] 感谢戴维·阿莫迪奥（David Amodio）和杰伊·范·巴维尔（Jay Van Bavel）教授与我进行关于大脑与仇恨的对话。此处的对话中倘若出现任何错误，均由本人负责。

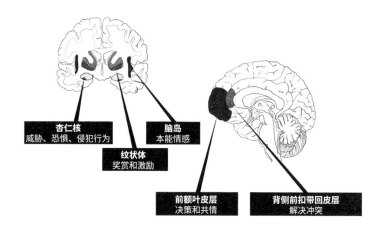

图 3.3 偏见网络

在这些早期研究中，研究人员让白人受试者分别观看黑人和白人的照片，同时利用功能性磁共振成像技术扫描他们的大脑。在此之前，研究人员已经对他们进行过测试，测量了他们的内隐偏见和外显偏见，以便与扫描结果作比较。结果显示，看到黑人的照片时，一些受试者的大脑中有血液开始流向杏仁核，这里似乎会被激活——通过功能性磁共振成像技术，研究者检测到了氧合作用，表明大脑活动有所增加（见附图 1）。就像我们跑步时腿部肌肉需要更多的血液和氧气一样，大脑的某些部分在处理流经感官的信息时也需要更多的血液和氧气。

杏仁核负责触发恐惧和侵犯行为，以应对环境中的威胁，从蜘蛛到潜在的人类攻击者。①杏仁核检测到威胁后，会与大脑的其他部

---

① 本节内容将使用"恐惧"和"侵犯行为"两个词语来描述杏仁核的反应，二者可以互换。恐惧和侵犯行为是发现威胁后的可能结果，与"战斗或逃跑"反应有关。

分通信，启动"红色警报"，即启动"战斗或逃跑"反应。这一反应启动后，我们的心跳会加速，血液被泵向肌肉，我们就开始行动了。

这种极端反应只会在杏仁核被高度激活的情况下才会出现。美国一项早期的开创性研究发现，虽然由于这种激活过于微弱，红色警报无法启动，但扫描仪还是从一些白人受试者身上捕捉到了微弱的信号。这种信号与受试者的内隐联想测验得分呈现相关性。看到黑人的照片时，那些对白人更有内隐性好感的人，其杏仁核的激活程度比看到白人的照片时更强。有趣的是，实验前，所有受试者均表示他们在观念上是偏好黑人的。

这些早期研究距离得出决定性结论还很远，关于杏仁核在偏见和仇恨中所起的作用，仍然存在重大的疑问。因为杏仁核可以进行威胁检测，所以受试者看到黑人的照片时它会被激活，这是否为受试者大脑中存在种族主义提供了最重要的证据？并非所有白人受试者的大脑都有相同的反应，所以是不是某些受试者看到黑人的照片时感觉自己受到了部分威胁？他们是不是因为不想让自己看起来抱有偏见的动机而刻意控制了自己的内心反应？是不是他们的大脑中有一个有意识的部分参与了"人为控制"的过程，因此抵消了杏仁核自动产生的信号？

退出"自动驾驶"模式

杏仁核是大脑中颇为古老的部分，它就像我们的史前祖先一样，不是特别聪明，但是它会飞速地探测到威胁。它进化成一种早期预警系统，能够先于大脑其他部分从环境中拾取信息。我们的祖先面临极端威胁时①（想象一下遇到剑齿虎的情景），信息通过眼睛进入我们的大脑，绕过其他大脑区域，直接进入杏仁核。我们的祖先仿佛切入了自动驾驶模式，在那一瞬间，他要么逃跑，要么向他所感知到的威胁投掷长矛。

继杏仁核之后，我们的前额叶皮层也参与进来。前额叶皮层位于大脑前端，充当执行的角色，具体的处理流程在这里进行（见图 3.3）②，是评估信息、思虑情绪、作出决策的地方。我要去麦当劳还是肯德基？我是走向陌生人并对其微笑，还是和对方保持距离，避免目光接触？如果我告诉朋友我对移民的真实看法，他们会有何感想？

重要的是，当聪明的前额叶皮层发现我们所感知到的威胁实际上温良无害时，会踩下刹车，为行事迅速但愚蠢的杏仁核减速，将大脑从"自动驾驶"模式切换到"手动控制"模式。由于我们祖先的前额叶皮层较小且不太复杂，所以他们的杏仁核能够以惊人的速度任意检测出来自所有地方的威胁，即使是没有威胁的地方也不会放过。这并不是什么大问题，因为未雨绸缪总要胜过追悔莫及。在现代人类中，杏仁核仍然扮演着前期的预警系统角色。但是，在没有食肉动物和敌对部落的情况下③，它还会飞速作出反应吗？

---

① 大约 1.2 万年前，发生新石器革命之前，人类几乎完全依赖狩猎和采集生存。人们普遍认为，这一时期人类生存的主要威胁是动物捕食者、环境危害、敌人（按顺序排列可能是这样的）。

② 前额叶皮层分为几个区域，每个区域都有特定的功能。涉及仇恨的最重要的两个部分是背外侧前额叶皮层（dlPFC）和腹内侧前额叶皮层（vmPFC）。背外侧前额叶皮层是作出理性决定的部分，换言之，它会让我们自问"作出这一决定的后果是什么？"腹内侧前额叶皮层是负责将感受并入决策过程的部分，换言之，它会让我们自问"我的决定会如何影响他人和我自己的情感？"

③ 我们尚不清楚前农业时代中会掠夺其他部落的那些部落能带来多大的威胁。考古学家发现，这一时期的人类遗骸有骨折的，有头骨破碎的，有骨头里嵌着矛头碎片的，这表明他们死于他人之手，是暴力致死的。但这种情景很罕见。人类在开始农耕生活之前自由迁徙，几乎没有财产需要保护。不同部落相遇时可能会合力进行狩猎、采集、分享食物，而不是相互争斗。农业兴起后，人类开始了定居生活，依赖有限的食物来源生存，资源不再平等，暴力才愈演愈烈。

神经科学方面的另外一些研究已经弄明白了大脑在受杏仁核驱动的"自动驾驶"模式下是如何工作的。当研究者再次向白人受试者展示了黑人的照片，并把展示时间由几秒改为几毫秒之后，发现受试者的杏仁核还是发出了威胁检测信号。这一发现令人感到沮丧。快速闪动的照片并没有给前额叶皮层足够的时间识别出人脸，更不用说识别出黑人还是白人了。而杏仁核几乎立即将黑人的照片误认为是潜在的威胁，在脑成像图中，这个区域像圣诞树一样亮了起来（即活动增强）。前额叶皮层无法以足够快的速度识别出照片，完成其工作，这意味着杏仁核可以任意进行有偏见的威胁检测。

杏仁核走捷径的目的是确保我们生存下来，杏仁核并不关心我们所面对的事物的细节，仅仅将它们视作潜在的威胁就足以让我们采取某种行动了，但这种权宜之计是以牺牲准确性为代价的。然而细节可能十分重要，当我们面对的潜在威胁不是一只凶猛的剑齿虎时，让大脑多花点时间来判断对方是敌是友还是有意义的。

在实验室之外，我们看到的对象大多数时候并不是快速闪动的黑人照片，所以我们的前额叶皮层可以处理对象的真实面目，命令杏仁核立刻停止工作。大多数人会出现这样的情况，是因为我们可以不按照自动偏见威胁检测采取行动：要么我们自己本来就拒绝偏见，要么我们迫于社会压力不愿让别人知道我们怀有偏见，或者我们带着偏见思考时会心有愧疚。

神经科学表明，那些在与黑人相遇时出现偏见性威胁反应，并且没有动力去克服这种反应的人，其前额叶皮层要么反应不足，要么以一种不受调节的方式作出了反应，这样一来，杏仁核就会左右他们的行为。他们与黑人在社交场合不期而遇，最有可能出现由焦虑引发的社交尴尬——有偏见性威胁反应的人可能会对黑人有意怠慢，他们面对黑人时会出现更多的皱眉表情，很少有笑脸，说话时出现口误，支支吾吾，甚至会利用言辞对黑人施以微侵犯。除此之外，这种大脑反应还会导致黑人在就业、住房、金融、教育、医疗保健、刑事司法等方面遭受歧视。不幸的是，并不是只有容易对威胁作出偏见反应的人杏仁核容易失控，在现实生活中，那些怀抱善意的人也会发现自己的大脑在检测到威胁时，"自动驾驶"模式战胜了"手动控制"模式。

过度紧张、疲劳、服药或者饮酒等因素都会抑制前额叶皮层控制杏仁核的速度。当疲惫的通勤族在拥挤的地铁上只为同种族的人让座时，当酒吧里一帮醉鬼放下酒杯对刚刚走进来的其他种族的人紧盯不放时，这些人的杏仁核很可能已经因为前额叶皮层表现不佳而失控，从而引发了焦虑。

"自动驾驶模式"的毁灭性后果

2011 年 8 月，29 岁的黑人男子马克·达根（Mark Duggan）被伦敦警察局怀疑同一名犯罪嫌疑人接头并获取枪支。随后，当马克·达根从嫌疑人的住处走出来，乘坐出租车离开时，一辆没有标识的警车跟了上去。在马克从伦敦东部返程的路上，他乘坐的出租车被三辆警车围追堵截并逼停。马克被勒令下车，几秒钟后，他被一名持枪警察击毙。

警方声称马克被枪杀时曾持枪拒捕。枪杀事件发生后，警方在距离那辆无标识警车约 4 米的栅栏外发现了一把枪。法庭听证会上，当时在场的 11 名警察没有一个人报告说看到马克扔枪。那把枪是如何出现在那个地方的，至今仍然是个不解之谜。有两名证人表示，枪是一名警察在马克被杀后从那辆警车上拿出来扔到栅栏外的。

虽然伦敦警察局没有承担过失杀人的责任，但是经过民事诉讼后，他们的确向马克的家人支付了一笔款项，金额不详。在针对马克死因进行的审讯中，一名证人陈述，马克被枪杀时手里拿着一部手机。马克的死引发了英国现代史上最为严重的一场骚乱。

在这起案件中，由于马克的肤色，无论他手里拿的是手机还是枪，警察都更有可能开枪。这一点在全球数百起警察击毙黑人嫌犯的案件中同样适用。

在这些案件中，涉案警察经常声称，如果对方是白人，结果也是一样的——肤色与他们作出的开枪决定无关，但事实并非如此。针对类似情景的研究表明，白人枪手在面对黑人嫌犯时，其大脑前额叶皮层信号更弱。[①] 我们不妨对这一大脑过程极端简化一番：当白人警察面对手持电话的黑人嫌犯时，由于其前额叶皮层信号微弱，使得"自动驾驶"模式下的射击反应不受控制，警察的手指会迅速扣动扳机。当面对手持电话的白人嫌犯时，前额叶皮层信号较强，迫使"自动驾驶"模式退出，导致大脑撤回发送给运动皮层的命令，接着，警察的手指会松开扳机。

一项涉及近 3500 名射击者、综合了 42 项相关研究的元分析发现，人们在作出射击的决定时具有系统性的偏差。较之于白人目标，射击者更有可能迅速地对黑人目标扣动扳机，不管他们有没有携带武器。对黑人持有负面文化刻板印象的射击者表现出了更强的射击倾向。该领域的基础性研究发现，黑人警察表现出与白人警察相同

---

① 这项研究中的射击者是没有受过正规枪支使用训练的学生。下文提到的元分析中所涉及的射击者背景各异，包括接受过枪械使用训练的枪手。

程度的射击倾向，所以，这是一种后天习得的反应。

在与黑人嫌犯进行高风险接触时，射击者大脑的执行控制区域无法足够快地解除"自动驾驶"模式，这可能造成灾难性的后果。既然这一过程是后天习得的，那么我们有希望通过某种形式的逆向学习或逆向洗脑来消除它。

"先天的"与"习得的"

我们已经证实，在实验室中看到黑人的照片时，人脑中的杏仁核会被激活并发送红色警报，而且当需要瞬间作出决定时，杏仁核可以决定我们的反应，继而引发毁灭性的后果。那为什么我们没有看到更多针对黑人的暴力行为呢？

研究表明，杏仁核并非先天就具备这种带有偏见的威胁检测功能，通过恐惧条件反射，它会习得哪些才是威胁对象。杏仁核的这种功能因先天的恐惧和习得的恐惧而得到强化。先天的恐惧很容易理解——与对考试的恐惧相比，我们会更快地理解对蜘蛛的恐惧，对考试的恐惧是我们通过经验的长期积累和文化信息的长期熏陶而习得的。杏仁核对黑人照片作出的反应以及由黑人照片引发的恐惧，都是后天通过经验习得的，不是先天存在的。

一项创新性大脑成像研究证实了这一观点。大脑扫描结果显示，白人受试者观看黑人照片时，给他们播放 N.W.A. 乐队[①]演唱的歌曲《冲出康普顿》（*Straight Outta Compton*），受试者的杏仁核就会产

---

① N.W.A. 是美国"黑鬼有态度"（Niggaz Wit Attitudes）乐队的简称，歌词的内容多为帮派生活、毒品、性，以及对权威，尤其是警察的厌恶。——译者注

生较强烈的激活反应。相比之下，播放"活结"乐队[①]的重金属摇滚歌曲《举世无双》（*Only One*）——通常与白人观众有关——杏仁核并没有产生较强烈的激活反应。[②] 对此只有一种解释：对这些白人受试者来说，说唱音乐是一种有种族刻板印象的线索，因此它是一种刺激因素，会触发带有偏见性质的威胁检测，这是一种文化创造，而不是先天的生物创造。

杏仁核还会与大脑区域中负责记忆的海马体进行交流。在受到极度威胁的情况下，它可以下达指示给主要负责储存非情绪化事实的海马体，将极度恐惧的意识储存在长期记忆中（想想有黑人在街上拔出刀子的情景）。到了另一个场景中，比如在烤肉餐厅看到黑人手持一把类似的刀子时，便有可能触发海马体对街头事件的记忆，继而大脑会向杏仁核发送信号，启动红色警报。这是一种实用的功能，大脑在保护我们免受攻击。但是，在现代社会，误报（在错误的环境中引发恐惧）的概率很高，因为我们所面临的威胁远远少于我们的祖先所面临的威胁。将极度恐惧储存在长期记忆中是创伤后应激障碍（PTSD）的一个特征。认知行为疗法等能够成功地对大脑进行重新调整，以消除过去的创伤所造成的恐惧与当前事件的关联。

逆向而行

了解了带有偏见的威胁检测的习得过程之后，我们可以逆向而行。乍听起来这似乎不太可能实现，但这种过程的存在是一件好事，

---

① 活结乐队（Slipknot）是美国一支重金属乐队，以引人注目的形象、激进的音乐风格、充满活力和混乱的现场表演而闻名。——译者注

② 想要确认这一发现的正确性，需要以黑人受试者为对象进行相同的实验。

因为它可让我们更容易地解决大脑中的先天性恐惧（比如对蜘蛛和蛇的恐惧）。研究显示，在进行偏见测试之前，要求受试者从正面角度想象外群体（如黑人医生或体育明星），他们的内隐偏见程度就会有所降低。对杏仁核的研究还证明，观看黑人名流的照片不会导致大脑出现激活反应，这表明，如果受试者学会从比较正面的角度看待黑人，带偏见的威胁检测的影响就可以被降低。

研究证明，人们到了青春期，即 14 岁左右，杏仁核才开始对黑人的面孔作出反应，这意味着童年时期的大脑发育过程和文化接触会让人们在学习检测威胁时带有偏见。那些同辈群体更多样化的儿童在看到黑人面孔时，杏仁核的激活程度较低，说明 12 岁之前经历的种族混合环境削弱了他们习得带偏见的威胁检测的效果。[①] 一组令人惊讶的结果显示，14 岁及以上的白人儿童和黑人儿童看到黑人面孔时，杏仁核都出现了反应，这表明他们学习这种偏见威胁检测的方式是相同的。这个发现在一项针对黑人成年人的研究中得到了印证。

尽管这些发现令人鼓舞，也证明了外群体和正面形象的关联可以遏制人们习得种族偏见，但是带偏见的威胁检测非常易于形成，且难以消除。即使某人一时设法摆脱了自己对外群体的恐惧，也可能无法做到永久免疫，他的杏仁核将继续从他所接触到的东西中感知恐惧。当文化信息洪流席卷我们的大脑时，从中甄选我们所要接收的信息绝非易事。如果来自外界的、引发原始偏见的信息没有发生改变，那么人们的杏仁核将继续吸收这些信息，大脑便会逐渐回忆起原本已经忘掉的恐惧。那么，当他们遇到黑人时，如果前额叶皮层处于休眠状态（因为缺乏拒绝偏见的动机、极端压力或酒精的

---

① 反之亦然，即如果通过测量杏仁核激活程度而断定某个人内隐偏见较少，这个人就可能更倾向于与多样化的同辈群体交往。

抑制，或者面对危急的情况），他们杏仁核的"自动驾驶"模式就可能导致从焦虑到自卫杀人等种种后果。

基于这一观点，我们认为问题的解决之道不仅在于大脑，还在于社会本身——如果我们想改变杏仁核所接触到的事物，进而消除它在检测潜在威胁时所抱有的偏见，我们就必须改革社会及其制度。

▍那些引发仇恨的大脑区域

有人研究了杏仁核在偏见网络中所起的作用，进而对其作用的普遍性提出了质疑。2008 年，纽约大学的杰伊·范·巴维尔教授与同事进行一项大脑扫描研究后发现，将黑人、白人面孔的照片与团队徽章混合在一起，会使杏仁核的反应从黑人面孔上转移到团队徽章上，这证明团队徽章比黑人面孔更具有刺激作用，也说明杏仁核能够顺应当前的情境，检测出对受试者更加严重的威胁。

各种偏见的强弱程度不同，某些情况下，杏仁核只会对涉及偏见的威胁作出反应（由于长期习得的信息偏差，它会在没有威胁的地方也感知到威胁）。有越来越多的证据表明，在大脑对仇恨意识的加工过程中，杏仁核并不是单独起作用的，它还有可以放大偏见的"犯罪同伙"。

到目前为止，本章讨论的大部分内容都与内隐偏见导致的"推动"行为有关——回避、微侵犯、歧视、正当防卫时所使用的暴力行为。神经科学已经表明，脑岛——大脑深处的倒金字塔形结构（与杏仁核一样，脑岛也是一对）——是处理更极端的偏见和仇恨，从而导致"拉动"行为的部位。在"拉动"行为中，目标会受到侵犯者的积极追逐（见图3.3）。

脑岛具有一系列功能，它在突显网络①中扮演着关键角色，突显网络负责处理周围环境中对我们至关重要的信息——想想看，你是不是能够比陌生人更快地捕捉到伴侣或朋友脸上的情绪和表情？当大脑从痛苦事件中学习时，脑岛会参与并发挥一定的作用——想想你被外群体的人伤害的事件，以及这件事让你对那个群体有什么印象。脑岛还负责加工我们对他人所受疼痛的感知——想想你看到某人被击中身体敏感部位时的情景，以及这一情景带给你的痛苦感受。脑岛还处理各种内心深处的情感，包括极端的恐惧、敬畏、反感、憎恶——想想碰到怪诞的景象或刺鼻的气味时，你心里翻江倒海的感觉。以上这些例子都与大脑对仇恨的加工处理有关。

识别其他种族的面部表情

突显网络由一系列相互联系的大脑区域组成，其作用是让大脑在不同情境中判断什么是对我们重要的东西，进而影响我们随后的反应。简而言之，这个网络会打开"聚光灯"，使我们的注意力聚焦于某一点上，告诉我们如何行事。脑岛在这个过程中所起的作用是，唤起与环境中的重要事物相关的情绪。什么是重要的、由此会产生什么样的行为，却是因人而异的，并且差别巨大。

同样是看到针头，海洛因成瘾者和医生的大脑会发生完全不同的激活反应。海洛因成瘾者的突显网络会立即行动，聚焦于针头，

---

① 突显网络（salience network）由前脑岛（脑岛的最大部分）、杏仁核、纹状体、背侧前扣带回皮层组成。

他们"内心深处"的情绪和对毒品的记忆被瞬间唤醒，产生（经由脑岛处理的）极度的渴望，接着，信号被迅速发送到纹状体，即大脑中处理奖赏、动机和行动的区域（见图3.3）。成瘾者对毒品的渴望便更加强烈，其前额叶皮层也随之开始活跃，于是成瘾者开始疯狂地思考如何能够搞到钱购买海洛因。而对医生来说，由于针头在他的日常工作中司空见惯，所以不会引发强烈的情绪反应，突显网络的"聚光灯"便会跳过针头，几乎不会显示出针头的重要性。

有趣的是，戒毒中的海洛因成瘾者，其突显网络的表现与没有戒毒的成瘾者略有不同，突显网络仍然会聚焦于针头，但是接下来参与工作的不是纹状体，而是负责处理冲突的背侧前扣带回皮层（见图3.3）。背侧前扣带回皮层是执行控制区域的一部分，它让戒毒者忽略情绪记忆和注射毒品的冲动，作出正确的反应，将焦点从针头上移开。

看到他人的面部表情时，我们的突显网络也会被激活。我们是社会性动物，能够敏锐地意识到他人的情绪状态。同事脸上的困惑，家人脸上的悲伤，伴侣脸上的失望，陌生人脸上的愤怒，都会引起我们突显网络的反应。我们识别出他人的表情，感受到他人的情绪反应，记起上次我们在这个人身上看到这种表情的情形，然后决定如何行事。我们会向同事解释我们的商业计划、会安慰家人、会弥补忘记结婚纪念日的错误、会远离陌生人。在青春期，我们的突显网络从他人面部表情中识别情绪状态的能力是最佳的。对大多数青少年来说，这是一段情绪动荡而敏感的时期，他们比大多数成年人更容易发现朋友的苦恼。这其实是一件好事情。

突显网络与偏见网络存在部分重叠。有研究人员想要探究，当受试者的大脑在处理其他种族的人的面部表情时，面部表情本身是否会对处理方式产生影响。他们发现，对内隐联想测验表现出内隐偏见的受试者，更容易在其他种族的面孔上识别出负面情绪，而当其他种族的人的表情模棱两可时，受试者更有可能将其标记为负面情绪。这些受试者看到带有厌恶表情的黑人面孔时，脑岛和杏仁核均会出现激活反应，产生包含注意力聚焦、对图片中厌恶表情作出反应、作出威胁反应在内的高风险组合反应。在对内隐联想测验表现出较少内隐偏见的测试对象中，突显网络的运作方式与前者不同，这些人的脑岛被激活了，但杏仁核仍处于休眠状态。他们的背侧前扣带回皮层会出现激活反应，这表明其大脑正处于解决冲突的过程中。在大脑执行控制区域的调节下，与令人厌恶的黑人面孔相关的情绪会迅速被抑制。

憎恨和感受痛苦

从很小的时候（大约 3 岁）起，我们就会觉得，那些对我们有威胁的外群体会给我们造成更频繁、更痛苦的伤害。但是，与其说这种伤害会更频繁或更痛苦，不如说我们对外群体施加的痛苦更敏感。

当伤害涉及道德观念时，比如仇恨犯罪传达了犯罪者对某种生活方式的反对态度时，脑岛就会与受害者大脑的其他区域合作[①]，以闪电般的速度自动表示反对。在前额叶皮层的智能部分理性地将事情拼凑起来进行分析之前，这种情况已经发生了。受害者的大脑会不假思索地判定这次袭击纯属恶意，并对肇事者和其他相关人员进行负面评估。没有道德维度的暴力攻击（比如来自内群体成员的

---

① 左侧眶额叶皮层和杏仁核。

攻击①）则不太可能产生相同的大脑活动，这意味着受害者感受到的情感伤害可能较小。

当攻击严重时，比如受害者身体受到伤害，他的脑岛则可以与杏仁核和海马体协同工作，将攻击作为痛苦事件和挑战道德的事件纳入长期记忆。人类的这一遗传特征可以让自己在未来避免与类似的潜在掠食者发生冲突。极端情况下，来自外群体成员的既造成痛苦又违背道德的侵犯行为会使受害者对冒犯他的群体产生偏见。

人类的脑岛除了会对自身遭受的直接痛楚进行偏见处理外，还会在目睹他人的痛苦时被激活，当然，它会自动区分种族。来自北京大学的一项研究显示，当大学生（白人和中国人）看到有人的脸被针头扎时，他们的脑岛会被激活，但前提是这张脸与受试者是相同的种族。还有一些对黑人受试者的研究，也验证了这一发现。

然而，当另一个种族的人属于某个高级内群体（superordinate ingroup）时，我们大脑中对该种族给我们带来痛苦的偏见就会消失。如果这些人和我们上的是同一所大学（因此他们属于比种族更重要的高级内群体），那么当我们看到这些人痛苦时，脑岛就会被激活。但是，如果他们所在的大学与我们所在的大学一直都是竞争对手，这将使他们成为我们所排斥的高级外群体，那么看到他们痛苦时，脑岛就不会被激活。似乎有一种等级体系在脑岛中发挥作用。脑岛与杏仁核一样，在特定的环境中都会聚焦于对我们至关重要的东西：当关乎对疼痛的同理心时，身份的重要性可以压过种族差异。

如果其他种族中的某个群体不是高级内群体，我们的大脑便注意不到这个群体的痛苦，这可能会导致严重的后果。我们的情感共

---

① 有一个例外，即内群体成员在道德层面的暴力背叛。

鸣越少，帮助他人减轻痛苦的意愿就越低，向对方分享资源或提供物质援助和情感支持的可能性就越小。这就解释了为什么在白人主导的国家，当慈善机构为非白人国家募捐时，会将捐助对象描述为捐赠者的高级内群体。这些慈善机构会展示其他种族的儿童和他们家人的痛苦，这样可以激活同为父母的潜在白人捐赠者的脑岛。父母身份（代表一个高级内群体）超越了种族身份。这种影响也可以延及祖辈和父辈亲属，很多类似的情况都是这样的道理。

深恶痛绝的仇恨

关于脑岛的研究大多聚焦于它在处理憎恶情绪的过程中所起的作用。实际上，脑岛的进化是为了保护我们免受另一种伤害，即避免我们摄入有害的东西。我们的祖先在饮水和进食之前，会通过味觉和嗅觉来判断水和食物是否安全，脑岛会迅速对轻微的异味作出反应，向胃部发送信号，让人们产生恶心的感觉，随即将食物或水吐出来，从而避免中毒。这种功能在人类身上至今依然存在，只不过脑岛的作用已经不限于此。

普林斯顿大学研究中心的拉萨纳·哈里斯（Lasana Harris）教授和苏珊·菲斯克（Susan Fiske）教授进行了一项大脑扫描研究，想要确定受试者的脑岛是否会被社会地位最低的人激活。在研究中，他们使用刻板印象内容模型（Stereotype Content Model，简称SCM）将人划分为四个类别。该模型以热情度和能力作为两个维度，对人进行刻板印象分类。对具有高热情、高能力的人，比如奥林匹克运动员，我们会引以为豪；对具有高热情、低能力的人，比如老年人或残疾人，我们会报以同情；对具有低热情、高能力的人，比如富人，我们会心生嫉妒；对具有低热情、低能力的人，比如无家可归的吸毒者，我们会心生憎恶。

这个模型并不完美，因为我们不会如此简单粗暴地将人进行分类，但是哈里斯和菲斯克将它应用在大脑成像研究中，其结果相当引人注目。前三个类别的人，即奥林匹克运动员、老年人及残疾人、富人，激活了受试者的前额叶皮层。当受试者想象一个人的处境，并思考这个人会有什么样的情感、信仰、意图、信念时（在心理学上，前面的过程被称为心智化，后面的过程所体现的能力被称为心智理论），这个区域就会被激活，并发挥作用，进而让受试者决定要如何对待这个人。简而言之，当前额叶皮层被激活时，受试者会对思考对象产生情感共鸣，趋向将对方人性化。而最后一类人，即无家可归的吸毒者，不会激活受试者的前额叶皮层，却会激活其脑岛和杏仁核。因此，受试者不会对这些人产生情感共鸣，而会产生厌恶之情和威胁感；受试者也不会将他们人性化，而会将他们去人性化。

其他神经成像研究发现，当白人受试者看到其他种族的人的面孔时，大脑的厌恶反应会被触发。这可能是因为受试者将其他种族的人的面孔与某些文化观念联系在一起，比如饮食习惯、卫生习惯、信仰和仪式等，不论这种文化观念是特定的，还是受试者自己想象出来的。

脑岛构造独特，不会被轻易激活，但是当我们把我们厌恶的特质归因于其他文化的人时，脑岛在成像图中就会亮起来。脑岛被激活，而大脑执行控制区域（如前额叶皮层和背侧前扣带回皮层）却没有被相应激活时，我们对外群体的厌恶感就会增强，情感共鸣就会减少。再加上道德或信仰上的根本性差异，去人性化过程便可能会产生。去人性化过程是产生深切仇恨的先决条件。这种认为外群体算不得人的思想，会使人们顺理成章地以极恶劣的态度对待外群体成员——我们向种族灭绝行为又迈进了一步。

"黑"进大脑激发仇恨

一般说来，人类群体中不会出现同类相残的现象，杀人行为对我们来说并不是理所当然的。针对第二次世界大战参战士兵的研究表明，许多士兵在射击敌方成员时并没有瞄准目标，还有相当多的士兵（据称约有 70%）从未开过一枪。虽然具体数字在研究者中存在争议，但这一分析结果促使军方开始推行心理训练，强化士兵对敌人产生深恶痛绝的仇恨，使他们更容易在战场上杀死敌人。

第二次世界大战结束 20 年后，参加越南战争的美国士兵中有超过 90% 的人曾使用武器伤人。针对士兵的心理训练主要利用了去个体化（deindividuation）、情感转移（displacement）、去人性化（dehumanization）三种心理学技术。

去个体化是一种心理过程，在此过程中，人们的个体感会被剥离，会觉得个人无须为暴行负责，因为他们是群体的一部分。按照这样的观念，在战争中，如果你不杀死敌人，不仅会危及自身，还会危及你的连队。斯坦利·米尔格拉姆（Stanley Milgram）指出，把责任转移到权威人物身上（即情感转移）是一种从众心理过程，士兵们会认为反正杀人夺命的决定是上级军官作出的，这样就摆脱了罪恶感。最后，最令人不安的是，去人性化会将敌人视作"次等人"。受训士兵会把敌人视为蟑螂、寄生虫，将他们的行为和信仰置于自己的对立面。士兵们被告知，敌人吃肮脏的食物；一连几星期都不洗澡，浑身都是汗臭和异味；在敌方社会中，弱势群体连基本人权都会被剥夺；敌人是害虫，是传染病，必须被清除。

如果这种洗脑方式奏效，士兵们面对敌人时，前额叶皮层会保持休眠状态，脑岛和杏仁核则会像烟花一样亮起来。这样一来，剥夺敌人的自由、将敌人全面清除的行动就变得简单了——只需扣动扳机即可。[①]

脑岛与杏仁核一样，为了维持我们的生存而不断进化，但是，在现代生活条件下，它的许多功能对我们的生存已不再重要。当然，当你在公众场合挖鼻孔时，它仍然可以帮助你快速识别伴侣脸上的厌恶表情；当朋友踢伤脚趾时，它仍然有助于我们感受朋友的痛苦；当嗅到牛奶变质的气味时，它帮助我们决定不喝下牛奶。不过，即使我们不那么做，也不大会有性命之忧。

脑岛能够调整它的技能，以适应日益复杂的社会环境，在此过程中，它还会运用生存技巧来与他人互动。由于它就像杏仁核一样，会从接收到的信息中学习，所以它处理信息的过程可能失之偏颇。它可以更容易地捕捉到其他族裔的人脸上的消极表情，因人而异地对疼痛进行不同的记录，限制我们对外族人的同理心，并让我们对外群体成员产生厌恶反应。

简而言之，当带有偏见的脑岛和杏仁核携手工作，且没有大脑执行控制区参与调解的情况下，外群体的成员就会受到敌视。我们会认为他们具有威胁性，看上去怒气冲冲，会给人带来持久的痛苦，不值得同情。我们甚至会认为他们是"次等人"。这些都是带有仇恨特征的反应。

---

① 在网飞公司（Netflix）的剧集《黑镜》（*Black Mirror*）中，由查理·布鲁克（Charlie Brooker）担任编剧，名为《战火英雄》（*Men against Fire*）的那一集精彩地捕捉到了这一过程。士兵们的大脑被植入芯片，被成功洗脑，使"敌人"，也就是影片中的所谓"蟑螂"，看起来不同于人类，从而被士兵轻松消灭。

我们产生仇恨时，大脑的其他部分在做什么？

研究发现，大脑的其他部分也会在处理仇恨意识方面发挥作用。受试者看到和自己同一种族的面孔时，纹状体会更加活跃。这一点很重要，因为它会影响我们如何作出与风险及回报相关的决定。因此，看到与我们同一种族的面孔会让我们觉得与他的互动结果更好，我们会更主动地喜欢他们，而不是其他种族的人。

研究还发现，大脑对同种族面孔和其他种族面孔的反应也不同。大脑的梭状回面孔区负责告诉我们自己看到的是不是一张脸——想想你祖母的脸和一个烤面包机。如果人脑的这个区域受损，那么他就很难辨别出自己看到的对象是什么人（幸运的是，他仍然可以分辨出他的祖母和烤面包机）。若干脑成像研究发现，和看到其他种族的面孔相比，受试者看到和自己同一种族的面孔时，梭状回面孔区会更快地被激活，这就是跨种族效应（cross-race effect）或同种族效应（same-race effect）。当看到其他种族的面孔时，梭状回面孔区被激活的速度较慢，可能因为在这种情况下，受试者将面孔识别为个体的速度比较慢。他们会在一个更为抽象的、类别化的层面定义其他种族的群体，因此他们更容易将这些群体的成员视作另一个独立群体的一分子，而非个体。这对于记忆和区分其他种族的面孔，以及因此形成的刻板印象意义重大。

仇恨是一个充分体现复杂人性的概念，所以想在大脑中找到某个（组）区域用于解释仇恨的产生机制，无异于缘木求鱼。我们不能伸出手指着大脑的某个部位，命令医生将其切除，继而声称负责产生仇恨的区域已经消失。神经科学家曾经试图向大脑呈现可能的刺激因素，以期引发与仇恨有关的反应，进而定位大脑作出反应的部分。研究结果告诉我们，人类对仇恨的概念与大脑对威胁的检测及恐惧（通过杏仁核进行），以及厌恶、疼痛、情绪识别（通过脑岛进行）的习得性处理有关，还与情感共鸣和内部冲突如何影响决策（涉及前额叶皮层和背侧前扣带回皮层）有关。后两者控制了偏见和仇恨，是大脑中最复杂的部分。

从大脑的角度来看，如果我们有拒绝偏见的动机，就没有理由遵照仇恨意识行事。"是我的大脑让我这么做的"这句话听上去并不可靠，因为我们有幸可以借助大脑的执行控制区域猛踩刹车，要知道，它可是所有物种中最先进的"执行控制系统"，即使这个区域受到损伤，仇恨的想法仍然可以被阻止，以防它们转化成仇恨行为。本章开头中的约翰就是这样的。他尽力让自己不被内心充满仇恨的声音左右。

神经科学家不断窥探大脑以寻找仇恨的发生机制。我读过大量相关的文章，这让我对此产生了热切的期望。我也开始研究人类大脑的不同区域，在此过程中，我逐渐产生了一种不同寻常的知觉——我感知到这些大脑区域就存在于自己的灰质中，就像我能感觉到自己的心脏在泵血，自己的骨头在咔咔作响一样。当我看到蜘蛛时，我开始想象自己的杏仁核会产生麻酥酥的刺痛感；当我闻到变质牛奶的味道时，我的脑岛会剧烈颤动。当然，我知道这并不是真正的刺痛和震颤，但我对大脑各部分的意识变强了，这使它们在塑造我的思想和行为方面的作用比以往任何时候都表现得更明显。我必须知道当我看到不同人种的面孔时我的大脑都做了什么，想实现这一目标，只有一种方法，那就是让神经学家介入，用他们的方法窥探我的大脑。

第二部分

　　偏见如同牢笼，将人的观念和情感深深束缚，当人们无法摆脱固有的刻板印象，且极端事件不断对之进行强化时，还有什么能阻止恶意滋生？在偏见和仇恨产生交集的"临界点"，我们该如何有效地遏制它们，以免它们进一步强化，最终"引爆"，为自己和他人带来不可逆的伤害？也许更值得思考的是，面对那些身处幽谷的人们，我们应该如何摒除偏见，在他们的黑暗世界里点亮一片微光。

第 4 章

我的大脑与仇恨

大脑靠文化经验汲取信息，这也意味着，与外群体成员的消极接触会影响我们未来对他人的评价。基督徒如果在交易中第一次遇到犹太人商家，并感觉对方缺斤少两、自己受了欺骗，那他们对犹太人的负面成见可能会越发根深蒂固；一名白人男性如果在伦敦的酒吧外第一次遇到了 3 名黑人男青年，并且他们的互动逐渐演变成暴力，那么他对黑人的负面刻板印象可能会转化成执念。

与外群体成员的初次接触是基础性的。就我而言，我可能会在20 多岁时对黑人男青年抱有成见，因为我在成长过程中与黑人互动的机会有限。我的家乡和威尔士外围的许多城镇一样，都是白人聚居的地方，"白"得不可思议，我上小学和中学的时候，学校里一个黑人学生都没有。

20 世纪 90 年代中期，我在卡迪夫大学学习时，本科时期的课堂上同样没有黑人学生。我通常只能依靠媒体了解黑人的情况，而媒体告诉我的几乎都是负面的东西。当然，我有足够的智力储备去质疑别人对我说的话，但我没有花那么多时间去质疑年轻的黑人男性是否和我有什么不同，这或许并不意外。

▎ 找一个使用脑部扫描仪的神经学家

"但是如果扫描结果显示你有偏见呢？"

这是我的父母和兄弟姐妹向我发出的警告。他们都对我要扫描大脑以寻找偏见和仇恨的想法感到不安。然而，我还是想知道成为神经科学研究的对象是什么感觉，也想知道让一群身着白大褂研究仇恨机制的神经学家扫描、刺激、计算、展示、钻研我的大脑是什么感觉？（在这里，我很高兴地告诉你，我很幸运，我的大脑并没有受到什么刺激。[①]）我已经做好了自己在看到不同肤色面孔时大脑会发出不同信号的准备。人们都怀有内隐偏见，我这样以研究仇恨为职业的人也不例外，但我不确定这些信号对我来说意味着什么。

如果这种差别存在的话，这些信号是不是意味着，我早期所接触的老式媒体宣传，使种族主义的成见在我的大脑中如洪水般充斥着我的杏仁核和脑岛？是不是意味着我几十年前受到的攻击给我的大脑留下了威胁感？如果我大脑中的信息来自这次袭击，那它肯定会影响我的无意识反应。或者是我在杞人忧天，我的大脑也有可能会恢复中立，不偏不倚，不存在偏见和仇恨的迹象？

我给卡迪夫大学大脑研究成像中心（CUBRIC）的工作人员发了电子邮件，希望能够找到帮助我探索的人。中心于 2016 年投入运营，

---

① 科学家在使用侵入式脑电图扫描技术的研究中会用电极对大脑进行实际刺激。

资金充裕,是欧洲最先进的脑成像机构,拥有最先进的神经成像设备。一位名叫扎尔戈尔·莫拉迪(Zargol Moradi)的博士后回复了我的邮件,她曾在牛津大学攻读博士学位。她向我解释,扫描过程将分成两个阶段。

第一阶段是用他们的弥散核磁共振成像扫描仪(Diffusion Magnetic Resonance Imaging Scanner)生成我大脑的整体图像。这种扫描仪使用高能磁体和无线电波来检测大脑中的血液流动情况。通过追踪血液的运动,生成一幅大脑白质的图像。这可以作为一种间接手段测量大脑的活动,因为扫描仪看不到神经元放电,也就是看不到大脑活动的实际过程。

第二阶段,我将在脑磁图(Magnetoencephalography,简称MEG)扫描仪的监测下执行一项任务。脑磁图扫描仪会比弥散核磁共振成像更快地接收到大脑中的信号。它不会去追踪大脑各部分的血液流动情况,而是会观察神经元产生的电信号,也就是直接测量大脑活动。

绘制我的大脑地图

第一次扫描时,我不用做任何测试,只需要午饭后在机器里面躺半个小时就好——起初我认为这易如反掌。然而,成像中心的氛围让我回想起童年时经历的一次手术。莫拉迪博士让我换上病号服,并把身上所有的金属物品都取下来。这更像上手术台了。她警告我,扫描仪磁场强度是地球磁场的 6 万倍,这意味着,如果我身上戴着饰品或体内有金属植入物而不取下来的话,会飞到空中给我造成撕裂性的创伤,甚至可能穿透我的身体。我说我的身体上没有那些东西,焦虑也稍微减轻了一些。

关于强磁场的这番话让我开始思考核磁共振成像技术的工作原理。我们的身体中60%是水分，而大部分水都在血液中。水含有氢质子，一个个氢质子就像一个个微小的地球，有南北两极，并不断绕着轴线旋转。[①]旋转的氢质子和地球一样，也会产生磁场。自然状态下，这些质子在体内随机旋转，但是当暴露在强大的外部磁力下时，它们都会朝同一方向旋转。

核磁共振扫描仪的磁场开启时，血液中水的氢质子就会排列成一行，如同吉他上的琴弦。然后，无线电波以脉冲的形式发射到质子上，使其偏离原本的行列。每次脉冲之后，磁性会把质子拉回行列中，拉回的速度取决于血液中的氧含量。就像用拨片扫过吉他的琴弦时那样。这种"音调"被头部周围的类似耳朵的无线电频率线圈接收，接收的数据将被发送到计算机上进行分析。

第一次扫描之前，莫拉迪博士分外自豪地介绍了弥散核磁共振成像技术设备，称它能绘制出"连接组"（connectome，指大脑中连接了大约860亿个神经元的复杂神经网络）。她告诉我，弥散核磁共振成像技术设备通过追踪大脑周围的水分子，生成的图像质量要比大多数医院核磁共振成像扫描仪高10倍。这一设备相当于神经科学领域的哈勃望远镜。当时世界上仅有3套。

莫拉迪博士一边匆匆记下我的详细情况，一边说："我们会对你的大脑白质构建出一幅完整的图像，同时会密切关注你大脑中假定与偏见相关的部分。"

她称了我的体重，以确定我是否超重——这台机器的承重上限

---

① 如果你还记得学校的化学课，就可能会知道水是由两个氢原子和一个氧原子组成的，原子是由质子、中子、电子组成的。

是 100 千克。令莫拉迪博士惊讶的是，我的体重是 101 千克（我掩饰得很好），博士告诉我，超重程度在可接受的范围内。她随后问了我一系列健康问题，包括我医生的地址。她说："我需要知道这些信息，以防我们发现肿瘤之类的异常情况。"

我想起童年经历的那次手术，心跳开始加速。"深呼吸。"我低声对自己说。

除了控制室里显示扫描数据的一列计算机屏幕外，周围一片静谧的白色。我被带到扫描仪前，研究者们要求我躺下来。戴上耳塞后，我的头被放置到无线电波线圈中，周围被泡沫橡胶紧紧塞住。

莫拉迪博士警告说："尽量不要动，否则我们就得重新开始。"我的手指连上了心脏监护仪，手掌里握着一个小气球。"如果惊恐发作，就使劲捏一下这个东西。"我听到了她的声音，但很模糊。

莫拉迪博士和她的助手走进控制室，远离即将产生的巨大磁场。"准备好了吗？"她通过对讲机问我。

我竖起大拇指，随即慢慢被送到了 7 吨重的磁体内。巨大的磁体启动了，无线电波射入我的脑袋，来自地狱一般的嗡嗡声、哔哔声、咔哒声、砰砰声轮番入耳。莫拉迪博时不时检查一下我的状况，安慰我说："现在只剩下 20 分钟了。"

一切都结束了。我出来时有点头晕，但对自己的表现颇为满意——我没有惊慌，没有动（尽管额头发痒），也没有打喷嚏。我觉得自己是一个完美的测试对象。正如我所希望的那样，莫拉迪博士对我的表现颇为满意，但她最后的评论让这个过程变得不那么完美了。

"看到你的体重，我还以为你的大脑会大一些呢。"[1]

---

[1] 几个月后，她告诉我她是和我开玩笑。我很乐意告诉大家，我的脑容量略高于平均值。

在噪声中寻找信号

我等了两周才到中心进行第二次脑部扫描。莫拉迪博士在脑磁图实验室与我碰面。脑磁信号检测分析系统在这里得到了妥善的保管，可以最大限度减少核磁共振机器的磁场干扰。大脑的磁场非常弱（不到冰箱磁场的 10 亿分之一），为了检测大脑中数十亿神经元中的微小活动，脑磁信号检测分析系统使用的是最世界上灵敏的检波器。

这些检波器被称为超导量子干涉仪，必须保持在 –270℃的恒温环境中，并屏蔽其他磁场，才能正常工作。超导量子干涉仪超级敏感。有人打过一个比方，说它的灵敏度相当于人能够在 AC/DC[①] 的演唱会上听到一根大头针落地的声音。它被用来探测引力波，即宇宙中发生灾难性的巨变事件，比如恒星变成超新星或相距 18 亿光年的两个黑洞相撞所产生的时空波动。[②] 它还被用于探测轴子。轴子是一种幽灵般的粒子，几乎没有重量，是构成宇宙 85% 暗物质的候选粒子。这一技术已经被用于研究癫痫病患者和阿尔茨海默病患者的大脑活动。

奠定超导量子干涉仪的理论基础的是约瑟夫森结（Josephson junction），这一理论是以 1973 年诺贝尔物理学奖得主布莱恩·约瑟夫森[③]（Brian Josephson）的姓氏命名的——你可能对此不会感到意外。我想，与那些宏大的科学事业和成就相比，观察我的大脑，寻找偏见的信号听起来并非难事。

---

① AC/DC，澳大利亚国宝级乐队，以强烈的重金属风格闻名。——编者注
② 2016 年，我在卡迪夫大学的同事们协助下对引力波进行了首次直接观测。
③ 布莱恩·约瑟夫森是英国剑桥大学物理学名誉教授、英国皇家学会院士，因提出并发现通过隧道势垒的超电流的性质，即约瑟夫森效应，获得 1973 年的诺贝尔物理学奖。——译者注

莫拉迪博士在我头上接好 3 个传感器，漫不经心地问："你涂了面霜或眼影吗？"

"没有。"我回答。出于好奇，我问她为什么关心这个。

她解释说："有些化妆品中存在微量金属，尽管量很少，脑磁图传感器还是能够检测到，并且产生痕迹，干扰扫描结果，因此最好在开始之前将你身上的金属全部清除。"

我被领进了一间用金属装饰、头顶挂满电线的房间。脑磁信号检测仪就在这里。一把巨大的白色皮椅子被固定在一个大约 1 米宽、2 米高的高压钢瓶上，钢瓶底部有一个开口，可以容得下我的头，它看起来就像美发厅里大得可笑的兜帽式吹风机。这个罩子里装着超导量子干涉仪和让它处于深度冷冻状态的大量液态氦。

我坐在座位上，被告知尽量将头挤进钢瓶底部的开口。我面前的屏幕亮起来，满屏都是我破译不出的电脑代码。莫拉迪博士解释说，实验开始后，屏幕中间会出现黑色的十字准线。我要做的就是在黑色十字准线变成红色时用右手的食指按下按钮。她把第一次扫描时的警告重复了一遍："头千万不能动。如果动了，数据的读取将会被关停。"

整个实验将持续大约 20 分钟，我想，没问题。莫拉迪博士关上将近 13 厘米厚的金属门，把我锁在磁屏蔽室里。只剩下一个小型扬声器和麦克风，我可以通过它们与外界交流。

"你准备好了吗？可以开始了吗？"她的声音噼里啪啦地从扬声器里传出来。

"准备好了，就等你了。"我有些迟疑地说。

我面前的屏幕闪烁了片刻，电脑代码渐渐消失，出现了"准备开始"几个字。我清了清嗓子以保持镇静。黑色的十字准线闪现在屏幕上，后面是一张毫无表情的白人面孔的图片。十字准线变成了红色。我按了一下按钮，十字准线又变回黑色。然后，那张白人面孔迅速被一张表情愤怒的黑人妇女的面孔取代。十字准线又变成红色，我再次按下按钮。

我开始思考实验的设置。莫拉迪博士是在测量十字准线变红后我按下按钮的速度吗？我的速度是否会受到照片中人的种族和情绪的影响？看到一张黑人男性愤怒的脸出现在红色十字准线前会加快我的反应吗？这能说明什么？这能解释我可能持有的内隐偏见吗？

> 白人男性愤怒的面孔
> 黑色十字准线
> 白人女性不带感情的面孔
> 红色十字准线——按下按钮……

5分钟后，我的头开始发晕。我所能做的就是专注于屏幕上的十字准线：

> 黑色十字准线
> 黑人女性带笑容的面孔
> 红色十字准线——按下按钮……

在我疲惫的眼睛里，这些面孔仿佛渐渐融成了一张脸。我几乎意识不到这张脸的性别、种族和表情。

> 黑人男性不带感情的面孔

黑色十字准线

黑人男性愤怒的面孔

红色十字准线——按下按钮……

20分钟后，屏幕上的变化停止了，沉重的开门声把我带回冰冷的金属房间。我揉了揉眼睛。

"我的姿势保持得还行吧？足够稳定吗？"我问莫拉迪博士。

"很稳定了。机器扫描到，你的背部出现了痉挛，不过这一点误差我们可以弥补。"她一边说一边将探针从我的头上取下来。

实验结束后，我试图询问实验的原理。莫拉迪博士透露，我对红色十字准线的反应速度与衡量内隐偏见无关。这是一个让我集中注意力的过程，意在给我的执行控制区域施加压力。这么做是为了使超导量子干涉装置能够检测到大脑中所有与无意识偏见处理有关的信号。

扫描完成后，莫拉迪博士将数据输入大脑研究成像中心的超级计算机。这台计算机将耗时40小时处理从任务中捕获的所有信息，然后将这些信息与弥散核磁共振成像扫描结果相结合，生成我大脑活动的三维图像。

我的大脑显示出偏见迹象了吗？

在收到大脑扫描结果之前，我参加了两次内隐联想测验，想知道是否会得到一样的测验结果。第一次的测验结果表明，我对黑人面孔的无意识偏好程度略高于白人面孔，而几天后的第二次测验结果表明，我对白人面孔的无意识偏好程度略高于黑人面孔。无意识偏好的范围按照轻微、中等、强烈三个等级划分，因此两次测验结果的差别并不大。我自认为这两次测验表明我对黑人面孔和对白人面孔的偏好是差不多的。[①] 这合情合理，因为我并不觉得自己对哪一方有明显的偏好，而这个测验探寻的是无意识偏见或内隐偏见，所以我接受这两次测验结果。

我乘公共汽车到卡迪夫市中心拿我的脑部扫描结果。途中，我思考了扫描结果对我和本书意味着什么。倘若结果显示我的大脑区域对黑人面孔有反应，对白人面孔没有反应，可能表明我心里存在内隐偏见。我提醒自己，我们都怀有偏见，重要的是我们如何对待这些偏见。而且，"阳性"结果会使本书读起来更有吸引力！

我在一家咖啡馆与莫拉迪博士见面，她给我看了我的大脑图像。图像从正面、侧面、顶部3个方位呈现了我的大脑，其中一些区域被着色，从朱红色到亮黄色，变化不一（见附图4）。

"这些都是被激活的区域"，莫拉迪博士说，"当你看到黑人男性愤怒的面孔时，我们发现了激活反应。"

"这么说，对黑人男性的无表情面孔、表情愉悦的面孔，以及黑人女性的面孔，我的大脑都没有出现同样的反应？"

"没有。"她说。

"对白人愤怒的面孔呢？"我继续问。

"只有面对黑人男性愤怒的面孔时你的大脑才有这种反应。"她澄清道。

这让我有点吃惊。我问莫拉迪博士有哪些区域在成像图中亮了起来，她指着图像上的大脑两侧说："脑岛。"又把手指移到大脑

---

① 如前文所述，该测试并不是测量一次就能得出明确的结果。测试的创建者建议分数周进行 10 次测试，并取平均值。

中央说："还有背侧前扣带回皮层。"

我问她为什么自己的杏仁核没有发亮。

"脑磁信号检测分析系统擅长在神经元放电时探测它们，但无法深入大脑深处扫描杏仁核。"她解释说。

我回忆起我在等待脑部扫描结果时所做的一些研究。如果看到黑人男性愤怒的面孔时，我的脑岛被激活，可能是因为我的突显网络在处理与"关注焦点"有关的深层情绪。大脑的执行控制区域中背侧前扣带回皮层的激活可能与解决内心冲突的需要有关。在其他研究中，脑岛和背侧前扣带回皮层的共同激活与内隐联想测验中内隐偏见较少有关，这与我早期的研究结果一致。

对我而言，黑人男性愤怒的面孔引发了我内心深处的负面情绪，而我大脑的执行控制区域则约束了这种情绪，这似乎是合理的。我之前告诉过莫拉迪博士我遭到袭击的经历，并向她提出过这一假设。

"这可能与仇恨犯罪有关吗？"

"这种共同激活（co-activation）现象很可能与你多年前遭受攻击的经历有关。"她说。

我从自己的背包里找出了一篇刊登在《自然：神经科学》（*Nature: Neuroscience*）上的研究论文，把我用荧光笔标注出的一段话读给她听："我们知道脑岛会与杏仁核对话……两者都与情绪记忆有关。"然后问她："有没有可能，看到黑人男性愤怒的面孔迫使我的大脑回忆起了袭击发生时的情绪？"

她同意这一观点，并补充道："但由于攻击发生在很久以前，你的背侧前扣带回皮层可能已经对脑岛踩下了刹车……"

我顺着她的话说了下去："这让我有理由相信，无论回忆起过去的什么情绪，现在我都没有必要耿耿于怀。"

"有可能。但你必须记住，神经影像学研究需要多个受试者，最好不要依据一次扫描结果轻易下结论。"

尽管莫拉迪博士非常谨慎，但还是有研究证实了我们共同的想法。哈佛大学、哥伦比亚大学、密歇根州立大学的几位心理学家共同设计了一项实验，想要知道如果受试者的恐惧源是黑人男性，那么受试者已习得的恐惧是否比未习得的恐惧更令他难忘。实验的第一阶段，要在受试者观看黑人男女和白人男女面孔图像时对受试者进行电击，同时监测他们的皮肤电反应，也就是生理测量。自然，受试者每次受到电击时，都会表现出恐惧。

这项实验的第二阶段展示的是同样的面孔，但是不施加电击。这一阶段的皮肤触电反应表明，在没有电击的情况下，受试者只有在看到黑人男性面孔时，才会继续感到恐惧。

这项研究得出的结论是，和其他人相比，与黑人男性之间的糟糕经历更令人难以忘记。

正如这项研究所表明的那样，我对袭击的记忆可能因为施暴者的种族而变得更加强烈。脑岛与左侧眶额叶皮层及杏仁核一起，会根据疼痛施与者的身份（对方是内群体成员还是外群体成员），以不同的方式处理疼痛。如果涉及道德层面，情况则更明显。实验中的一瞬间，我不假思索地意识到自己是仇恨犯罪的受害者，立刻对施暴者作出负面评价——他们对我和我的世界观构成了威胁。他们的脏话一说出口，我的前额叶皮层便理智地拼凑出了他们的动机。

这次袭击可能促使我的脑岛、杏仁核、海马体共同努力，将这一痛苦且有违道德的事件嵌入了我的长期记忆中。事后，每当我看到黑人男性愤怒的面孔,这种记忆就会被突然唤起,然后又受到约束。当我努力回想那段时光时,那次袭击成了我仅有的几个清晰的记忆点之一。毫无疑问,那次暴力事件一直困扰着我,但让我没有想到的是,施暴者的种族和性别居然很可能与我记忆的持久性存在某种关联。

这次扫描,新发现的问题比回答的问题还要多。如果我 20 年前没有成为那场仇恨犯罪的受害者,扫描结果会有所不同吗?他们对像我这样的人的偏见会不会让我也对他们那样的黑人男青年产生了偏见?倘若袭击我的人是白人呢?随着这些问题的出现,我开始怀疑脑部扫描能不能解答我的疑惑,能不能使我充分认识我所持有的内隐偏见。莫拉迪博士给不出这些问题的答案也可以理解,在得出确切的结论之前,神经科学在研究偏见和仇恨方面似乎还有很长的路要走。

▌不尽如人意之处

三文鱼之疑

2009 年,国际人类脑图谱学会(Organization for Human Brain Mapping,简称 OHBM)在旧金山(San Francisco)举办了一场会议,会上收到一份史无前例的脑成像研究论文。但这项研究有点不对劲儿。在论文中,科学家们展示了一条死去的三文鱼的大脑功能磁共振成像扫描结果。读到这里,请你们不要怀疑我打了错字。没错,这些科学家竟然从超市买来一条死去的三文鱼,把它放进价值数百万英镑的脑部扫描仪进行扫描。他们的实验做得有模有样，就像真正的神经科学家扫描人类受试者的大脑一样，扫描了三文鱼的大脑，并记录下了扫描结果：

> 这条三文鱼长 45.72 厘米，重约 1.7 公斤，扫描时已经死亡……分配给这条三文鱼的任务包括一项开放式心智化任务。研究人员向这条三文鱼展示了一系列照片，照片中的个体处于某种社会情境中，并包含特定的情绪效价[①]（emotional valence），而这条三文鱼需要判断照片中的个体体验到了怎样的情绪。

尽管这条三文鱼已经死了一段时间，功能磁共振成像扫描还是检测到了它执行任务期间的大脑活动。不出所料，研究结果让与会者议论纷纷并欣然接受。这篇论文是一个对神经成像研究领域（不是那么新鲜）的提醒，即如果不进行统计校正，大脑图像可能会给出错误的研究结果。

世纪之初，不断有研究者声称自己发现了在大脑中能定位仇恨等心理现象的有力证据。任何其他社会研究领域或行为研究领域都没有在这么短的时间内取得如此惊人的突破。事实上，就在三文鱼实验出现的前一年，麻省理工学院的科学家团队就已经对一批在权威期刊上发表的研究提出了质疑。他们对 55 项神经成像研究进行法医统计审查后得出结论，其中 28 项研究的统计数据有误（由非独立

---

① 在情绪二维模型中，情绪效价是情绪的一个维度，在这个维度上，情绪可以是从消极到积极的；这个模型中的另一个维度是唤醒度（arousal），在这个维度上，情绪可以是从平和到兴奋的。人们可以用这两个维度衡量个体的情绪，比如，幸福具备积极的效价和较高的唤醒度，而悲伤或抑郁具备消极的效价和较低的唤醒度。——编者注

性误差所致①），得出了不正确的结果。这些研究的焦点大多是前文提及的杏仁核、脑岛等大脑区域，并声称有证据表明它们与心理状态和行为密切相关。

受到批评的论文作者很快为自己的研究作出了辩护。2009 年，神经科学家们开始广泛使用统计校正法（多重比较校正法②），对错误的结果进行扣减。但这一领域的争议促使科学家们质疑：大脑中的信号到底意味着什么？人们普遍认为，大脑某个区域需要更多的血液，是因为它需要氧气来执行任务，就像我们跑步时腿部肌肉需要更多氧气一样。我们了解人的身体是如何工作的，所以这是一个合理的假设。但是，除了这个假设之外，我们还可以得出什么确凿的结论呢？比如，在之前提到的许多研究中，杏仁核一直被认为是处理恐惧的区域，并被认为与威胁和偏见有关。这些研究都是以同一种发现为基础的，即随着某个维度上测量结果的增加（比如内隐联想测验中的内隐偏见分数），另一维度上的结果也相应增加（比如杏仁核的活动）。由此得出的结论难免过于草率。撇开统计问题不谈，科学家们声称杏仁核激活与测试分数或屏幕上的面孔直接相关。他们是如何得出这一结论的，这本身就是个问题。众所周知，杏仁核激活还与强烈的气味、色情图片、对方团队的徽章有关，最重要的是，还与被塞进扫描仪接受偏见测试的糟糕体验有关——它们都能引发焦虑。功能磁共振扫描仪重达 7 吨，你被送进去扫描时，

---

① 非独立性误差来自大脑成像过程中的两个步骤。第一步，使大脑的多个区域与心理测量（如偏见）的计量标准发生关联；第二步，对发现有高度相关性的区域（如杏仁核和脑岛）的数据进行平均，以产生结果。这种方法只会从"噪声"中选择有呈现高度相关的结果，因而会使研究结果出现扭曲，从而"找到"研究者正在寻找的模式。这和选择偏差（selection bias）问题类似。

② 我们对统计的显著性进行多次测试时会使用这种校正方法，就像在脑成像研究中一样。显著性测试越多，就越有可能发现某个显著性结果是错误的（即呈现"假阳性"——在统计数据中观察到了大脑活动，而实际上却没有发生大脑活动）。

磁力足以将你身体上的金属物品撕扯下来，你心生恐惧，难道这就说明你对功能磁共振扫描仪有偏见吗？答案大概是否定的。

一系列的脑成像研究一旦发现大脑中对诱发偏见的刺激作出反应的区域是相同的，人们便会止步不前，不再到其他地方寻找答案。我们不再追问，因为扫描确认了我们已经知道的东西——偏见和仇恨是存在的，我们甚至可以确定它们在大脑中的位置。

看着我的大脑的活动模式，我开始思考自己在噪声中不断寻找的意义。人类已经习惯不断地从各种图案中发现秩序，即使秩序根本不存在。这似乎是一个不可避免的遗传特征。想象一下，一名神经科学家首次参与有关内隐偏见的大脑成像研究。研究结果显示，与看到白人面孔相比，部分受试者在看到黑人面孔时，大脑中杏仁核的区域会更加活跃，而杏仁核与恐惧和侵犯行为有关。由此我们得出了这样一条结论：部分受试者在看到黑人面孔时，杏仁核会出现激活反应，这表明他们感受到了恐惧或者威胁。我们将其与偏见联系起来，我们不再继续发问。而事实上，我们没有考虑的细节太多了，比如，为什么一些受试者的杏仁核在看到白人面孔时会发亮？为什么大脑的其他部分没有表现出活动？我们对此置之不理，只顾发表论文，然后进行下一项研究。但在第二项研究中，大脑的另一部分——脑岛——亮了起来，这是我们没预料到的状况。我们知道脑岛与痛苦和深层情感有关，于是我们再次将其纳入我们的理论，表示偏见也与这些东西有关。接下来的研究显示，另一个区域，即背侧前扣带回皮层也被激活了，它与解决冲突有关，因此一定与调节偏见有关系。现在，我们的大脑中有了一个"偏见网络"。为了让眼前的模式有意义，当真实数据与我们讲述的故事相矛盾时，我们便会极力贬低数据的价值。

神经科学的这一探索过程导致非同寻常的观点频频出现。2005年，加州大学洛杉矶分校和加州理工学院的一组研究人员声称他们发现了哈莉·贝瑞①神经元。科学家们要求一组癫痫患者观看地标、静物、名人面孔等一系列图片，他们的大脑中被植入了电极以确定癫痫发作源。之后科学家们在一名患者的大脑中发现了一个特别的神经元。只有当患者看到哈莉·贝瑞的生活照和她扮成猫女侠的照片，以及哈莉·贝瑞的名字时，这个神经元才会被激活，而当他看到其他人的照片时，包括其他扮成猫女侠的女性照片时，这个神经元都没有反应。

这是首次有研究分离出与特定刺激相关的单个神经元，这与传统神经科学的普遍看法背道而驰——传统的神经科学认为，大脑中的那个区域没有足够的神经元让它如此工作。但研究人员偏偏发现了一个只有当哈莉·贝瑞突然出现时才会被激活的神经元。这一发现不应该止步于此。尽管科学家们也展示了其他人的面孔图片，还有地标和静物的图片，却无法向受试者展示世界上的所有图片，也许这个神经元还会对另一个与哈莉·贝瑞具有相同特征的图片产生反应。但是科学家们停止了研究，开始精心编造故事用于发表论文。于是我们得到了哈莉·贝瑞神经元。②

神经科学能回答关于仇恨的重大问题吗？

哈莉·贝瑞神经元研究和其他类似的研究依赖于大脑活动的视觉证据。毫无疑问，展示我们大脑内部用彩色像素叠加的精美图片

---

① 哈莉·贝瑞（Halle Berry），美国女演员、导演、制作人。——译者注
② 这个神经元只在一个实验对象的大脑中被发现了，我并不是说我们都有哈莉·贝瑞神经元。

是一种有力的论证方式。凝视自己的大脑扫描图像，看到某些部分被激活和点亮，是一种如此令人陶醉的体验。我下意识地认定莫拉迪博士已经找到了我要找的东西。那一刻，我患上了加利福尼亚大学戴维斯分校的乔·杜米特（Joe Dumit）教授所说的"大脑过度膨胀症"（brain overclaim）。

杜米特教授在《描绘人格》（*Picturing Personhood*）一书中对脑成像之说提出了质疑。我打电话询问他对扫描大脑寻找仇恨意识的看法。他表示，对神经科学家来说，关键的考验是回答这样一个问题："这个结果可以逆推吗？"举个例子：大脑某个区域的特定活动模式可以标示出癫痫症。神经外科医生甚至可以精确定位有问题的区域并将它切除，以减少患者癫痫发作的次数。这就是一个从脑部扫描到诊断进行"逆推"的范例。我们不能用同样的方法寻找大脑中是否存在社会和心理现象的相关证据。神经外科医生不会通过扫描观察受试者杏仁核和（或）脑岛的活动，就得出他有偏见或有仇恨心理的结论。大脑的这些部分会因为各种各样的原因发出信号。因此，由于噪声太多，所以我们无法确定它们被激活是不是因为受试者产生了仇恨心理，这超出了合理怀疑的范围。

由此展开的很多问题，最终都归结到了一个基本问题上——我们能否在大脑中找到那些人类社会所建构的概念，比如仇恨？虽然我们都同意仇恨的存在，但我们无法就其定义达成一致。由于时间和空间的差异，社会上存在多种对仇恨的定义。种族偏见已经被确认存在并被立法禁止，然后是性别、身心障碍、宗教，等等。但是，这些偏见在哪些地方被界定出来了？由哪些机构来界定？这些问题的差异巨大，至今仍然存在。与一些国家相比，英国公民享有一系列权利，这使他们免受仇恨之苦，但这来之不易，直到最近，一些群体才获得平等的保护权。现在，仍有一些群体在争取法律和社会的认可。仇恨的概念还会随着时间和地点的变化而变化。我们怎么能对这样一个看不见摸不着的、由社会建构的概念怀抱期望呢？是不是法律每发生一次变化，大脑就会更新它的线路，从而识别一种新的仇恨呢？如果科学家在人类大脑中发现了一种全新的仇恨形式，法律应该如何应对呢？

我先前谈及"排除合理怀疑"，是想提醒大家注意法庭上所要求的举证责任。如今，神经科学家声称他们已经发现某些大脑特征和可以减轻责任[①]的情形（如犯罪者处于青春期、智力受损、有精神障碍、可能存在物质成瘾问题等）有关。只有当陪审团能够弄清楚"正常的"大脑和"可以减轻责任的"大脑在图像上的差异时，"是我的大脑让我这么做的"一说才能成为更有说服力的辩护理由。大脑扫描图像通常不能作为断案证据提供给法官，因为法官认为这些图像容易引起偏见——看起来引人注目的扫描图像，以及人们感觉中的科学确定性（这种科学性是感觉上的，而非客观存在的），可能会迷惑甚至误导陪审团。

不需要超凡的想象力，我们就可以轻易想象出这样一种情景：有人扫描"危险"人群的大脑以寻找偏见出现的信号，那些看到黑人面孔时杏仁核和脑岛反应强烈，执行控制区域缺乏活动的人，会被认为是心怀仇恨的，将被纳入改造计划中。乔治·奥威尔（George Orwell）在反乌托邦小说《1984》中提出的"思想罪"概念由此成为现实。有鉴于此，在脑神经领域，法律界和科学界还是应该谨慎行事。

---

① 减轻责任（diminished responsibility），即在被告人不完全具备为实施犯罪所需的精神状态的情况下，审理者可以加以考虑，减轻对犯罪的惩罚或者降低犯罪等级。——编者注

超越大脑

大脑扫描技术可以在出现特定刺激时定位大脑活动的具体位置。但是，某个大脑区域被激活究竟意味着什么？如何将某种刺激与其他刺激的反应区分开来？这些问题让人怀疑神经科学家是否有能力揭示我们需要知道的关于仇恨的一切。即使我们能够确定仇恨在大脑中的位置，它又将如何帮助我们解决问题？如果有人的大脑活动显示他们对某个群体怀有仇恨，但他们又坚称自己并非如此，我们该如何应对？我们是相信大脑扫描的结果，还是相信其人其言？如果某个人承认他对某个群体抱有仇恨意识，但他能够控制自己的行为，因此仇恨意识在他这里永远不会成为一种行为，我们又该怎么办？我们是否应该相信，他在任何情况下都能控制自己不会将仇恨思想转变为仇恨行为？如果我们不相信，是否应该像切除癫痫患者的大脑区域那样，切除他们大脑中处理仇恨意识的区域？这将如何削弱这些区域识别环境中其他威胁的能力？

强有力的证据表明，我们倾向于喜欢同类，这是仇恨最基本的成分。但仇恨并不是无法避免，与他人接触时的偏见思维是我们的大脑在后天习得的，而不是与生俱来的。大多数神经科学家都同意，大脑只是仇恨谜题的一部分。大脑图像虽然告诉我们仇恨可能与神经系统有关，却无法向我们说明扫描仪之外的情况——它无法告诉我们哪些个人、社会、经济和环境因素可能会施以影响，进而将我们对"自己人"的较为良善无害的偏爱，转变为对"其他人"的偏见和仇恨。要回答这个问题，我们必须超越大脑，开始探究以群体为基础的威胁。

第5章

群体威胁与仇恨

比扬·埃布拉希米（Bijan Ebrahimi）1969年出生于伊朗，2000年移居英国，与两个姐姐团聚。在此之前，他一直在伊朗照顾年迈的父母。2001年，他获得英国永久居留权，搬到布里斯托尔（Bristol）。他渴望为社会作出贡献，于是在附近一所专科学校学习了水电工和木工技术，但先天的身体残疾、精神问题和语言障碍使他无法顺利就业。为了离姐姐们近一些，他在布里斯灵顿（Brislington）的卡普格雷夫新月街（Capgrave Crescent，下称新月街）定居下来，这是当地为数不多的几个黑人和少数族裔居民区之一。比扬就是在这里遭到了某些白人居民的迫害。

他喜欢园艺，但邻居的孩子总是破坏他种植的花草。他养了一只猫，邻居家养了一条狗。那条狗总是追着他养的猫咬，邻居对此不闻不问。他向政府投诉，邻居又唆使那条狗去咬他。他的生命经常受到威胁。他先后向警方报案大约50次，其中包括5起刑事损害案件、17起袭击案件、7起威胁杀害案件、5起骚扰案件、12起破坏公共秩序案件和 1 起虐待动物案件。他觉得所有侵害行为都具备种族歧视动机，于是经常用手机拍摄视频作为凭证。比扬的一个姐姐目睹了其中一些袭击事件。据她回忆，当地的居民称比扬是"外国佬""蟑螂""巴基佬"①，还叫他滚回自己的国家去。警方指出，在他报告的案件中，有 16 起涉及种族挑衅行为。尽管他三番五次报案，警方却无所作为，只有一次，警方对一个邻居的刑事损害行为处以警告。

周围的邻居多次折磨比扬，但他们似乎觉得这样还远远不足以表达自己的厌恶，一些人开始恶意散布谣言，称比扬有恋童癖。然而，比扬没有任何性犯罪史。这些令人痛心的流言开始在新月街这个小型社区中四处扩散。这期间，24 岁的李·詹姆斯（Lee James），带着他的女友和几个年幼的孩子一起搬到了这里。其他居民煞有介事地警告他要小心"当地的儿童掠食者"。虽然詹姆斯知道比扬的存在，但他们仅仅在几个场合中见过。其中一次是 2013 年 7 月 11 日，星期四，一个温暖的夏夜。詹姆斯一边喝着百威啤酒，一边看着儿女们在草坪上玩耍。比扬从自己的公寓里看到詹姆斯在喝酒，由于他所信仰的文化是不赞成成年人在孩子面前喝酒的，他便决定拍摄视频作为证据。詹姆斯注意到比扬手中的手机，愤怒地走到比扬的公寓中找他对峙。"不准拍我，听到没有……你他 × 的不准拍我的孩子。"詹姆斯喊道。

争执中有人报了警。警察到达公寓后，以破坏治安的罪名逮捕了比扬，却没有逮捕詹姆斯。公寓外聚集了大约 15 名白人邻居围观这场骚动。比扬被押向警车时，众人发出一片欢呼，还对比扬大声

---

① 即"巴基斯坦佬"，是对巴基斯坦人，尤指在英国居住的巴基斯坦人的蔑称，也常用于指代印度人和孟加拉人（带贬义），甚至可以泛指南亚地区肤色较深、信仰伊斯兰教的人。——译者注

辱骂。第二天，比扬被无罪释放，因为警察发现他拍的不是孩子们的照片，而是詹姆斯喝酒的照片。警方意识到新月街的社区气氛非常紧张，于是告诉比扬，如果感到不安全，可以随时打电话报警。比扬在邻居的奚落声中回到家里。邻居们喊道："恋童癖！""你的手铐呢？""你为什么还回来？"他多次报警，但都无济于事。星期六，比扬担心自己的人身安全，一直待在公寓里闭门不出。

夜幕降临后，詹姆斯和朋友们又开始在草坪上喝酒。他们喝得醉醺醺的，大声辱骂并威胁因为担心生命安全而躲在家里的比扬。周日凌晨1点钟，比扬以为折磨他的人都已经入睡了，这才敢出门，给心爱的植物浇水。但詹姆斯此时正要回公寓，恰好看见了比扬。随后两人便开始对峙，继而开始了打斗。一位邻居回忆，自己听到詹姆斯一边踢比扬的头，一边大喊："看我怎么收拾你。"詹姆斯说，他踢比扬的头时"就像踢足球一样……内心怒不可遏"。最终，比扬被詹姆斯殴打致死。接着，詹姆斯在一位邻居的帮助下，把失去生命迹象的比扬拖到几天前孩子们玩耍的草坪上。他怒气冲天，毫无悔意，在众目睽睽之下，将石油溶剂浇到了比扬的身上，然后点燃了尸体。

詹姆斯因谋杀罪被判处十几年的有期徒刑，但是他没有被判处仇恨罪。[①] 因为詹姆斯对谋杀指控供认不讳，所以法庭没有传唤新月街的证人出庭做证，也就无法证明詹姆斯的谋杀动机是对比扬的身体残疾或种族怀有敌意，因此没有足够的确凿证据能够指控詹姆斯的犯罪行为与仇恨有关。

---

① 依据英国1957年的《杀人罪法》（Homicide Act 1957），李·詹姆斯被控犯有谋杀罪，未使用凶器，基本罪行成立，被判处十几年的监禁。指控詹姆斯因表现出或出于对比扬种族或残疾的敌意而犯下谋杀罪时，没有足够的证据。詹姆斯如果被指控并被判定犯有这一罪行，将至少被判处30年监禁。

但是，缺乏具体证据并不意味着仇恨没有在其中发挥作用（见第 2 章）。法官在宣判时表示，人们对比扬有恋童癖的指控毫无根据。相关部门事后对该案进行了审查，得出的结论是，自 2005 年起，比扬一直反复受到骚扰、人身攻击和刑事损害，其中一些程度严重，大部分涉及种族问题。审查还指出，若干案件表明，身体有残疾的男性更容易被错误地贴上恋童癖的标签，并会因此而被人杀害。

庭审过程中，比扬的姐姐玛妮莎·穆尔斯（Manizhah Moores）讲述了犯罪给她们造成的影响：

> 他在英国期间一直住在布里斯托尔，遇到过很多好人。不幸的是，他也受到了坏人的欺凌，日复一日，骇人听闻。称之为种族主义也好，偏见也罢，不管怎么说，我们的弟弟所遭受的一切都是野蛮残暴的……我们认为，当地社区某些成员的这种偏见有助于解释为什么这些事件升级到比扬被踢死乃至当众被焚尸的地步……2013 年 7 月 14 日，比扬被残忍杀害，我们的生活从此改变。没有任何语言可以形容我们所感受到的空虚无助。我们的一部分和他一起逝去了。我妹妹每周都会开车去布里斯灵顿三四次，坐在车里以泪洗面……星期天，比扬的座位空空荡荡。凶手焚烧比扬的遗体，所以我们失去了悼念兄弟的机会，在他安息之前，我们没看到他的遗体。对我们来说，就像比扬被谋杀了两次一样。失去比扬给我们留下一个永远无法弥补的黑洞，我们的生活再也不会回到从前那样了。

对警方处理比扬案件的过程进行审查后，有些人发现了制度性种族歧视存在的证据。警察给比扬贴上了标签，觉得他是一个连环投诉者。新月街那些散布恶毒谣言的白人邻居对比扬提出反诉，他们人多势众，众口铄金，警察选择相信他们。审查指出，尽管比扬被邻居折磨得痛苦不堪，声称可以保护他的警察更是令他苦不堪言，但比扬在与警察打交道时依然始终保持了尊重与合作的态度，举止冷静平和。当地的警察局长承认，警方未能保护好比扬。如果他们没有心怀偏见，能够正确地完成工作，比扬的死亡原本可以避免。调查结束后，2名警察被监禁，4名警察被解雇。共有18名警察被调查，其中不乏警长和督察。

一些早期的科学研究将基于群体的威胁视作偏见和仇恨的主要动机。纵观人类历史，群体威胁是冲突的主要根源——相互对立的部落、军队、国家为了争权夺势不惜兵戎相见。今天，除了高层次的地域和意识形态冲突外，实际的群体威胁在较低层面已不多见。对大多数人来说，群体威胁是想象出来的，从"外群体带来致命传染病和犯罪浪潮"到"外群体窃取我们宝贵的工作机会，彻底改变了我们的国家和生活方式"，不一而足。但即便是想象中的威胁，也会影响群体间的关系，并酿成恶果。

那些煽动乌合之众的头条新闻令人难以招架："300万英国工人成了外国人"，"沙里亚法庭在英国日益突出"，等等。通常来说，想要激发内群体防御反应不需要做太多，只要让民众感知到群体威胁就可以了。新月街的"当地势力"把比扬当作攻击目标，作出了一系列恶行，他们从未受到过警方的质询；警方的沉默很可能会被当地人视作一种默许，变相证实了比扬的确会对儿童构成威胁。这就是李·詹姆斯殴打比扬、致其死亡的全部原因吗？鉴于比扬遭受仇恨虐待的历史，这一解释未免过于简单。

加害比扬的人们有一个共同点。他们认为自己的社区在某种程度上受到了比扬和以比扬为代表的外来者的危害。不然为什么虐待他的人会对他大喊"滚回你自己的国家去"，称他为"外国佬"或"蟑螂"？谋杀比扬是不是一种防御性侵犯行为，为了把他赶走，向他所属"群体"中想来新月街定居的人发出警告呢？

类似的事件在不同的时间和不同的地点不断重复发生，事件背后的科学解释十分明确：自 20 世纪 60 年代以来，在覆盖 28 个国家、涉及 10 多万名调查对象的 100 多项心理学研究中，有一个发现一再得到验证，即强势群体的成员感受到来自弱势群体的威胁时，更有可能表达偏见和仇恨。比扬死亡的悲剧提醒我们，这种现象不止会出现在最初发现它的大学实验室。在实验室之外，这种现象更是痼疾般的存在。

▌群体威胁检测机制

上一章阐明了我们的大脑如何进化以确保人类这个物种的生存。大脑通过让我们与自己所属群体建立牢固的纽带而达到进化的目的，因为这中间能产生信任和合作。

这种结合确保人类能够成功地狩猎和采集食物，以及抵御来自食肉动物、环境和其他物种的外部威胁，这是生存的关键。内群体成员想要提高自己的地位，扩充自己的资源，并且让自己免受外群体的威胁时，就会爆发攻击性，不管这种威胁是真实存在的还是想象中的。

智人适应环境中多种威胁的能力无与伦比，这主要是因为智人拥有更强的大脑，会使用复杂的语言，懂得通过合作解决问题。其他人种，可能身体更强壮，但是无法以同样的方式适应广泛的威胁。威胁反应具有与内群体建立联系的倾向，同样也有随着时间推移而进化的倾向，智人识别威胁的能力，包括识别来自外群体的威胁的能力，有助于确保自身基因能在进化链中代代相传。否则我们的祖先可能早已被异常的气候、动物捕食者或其他人种消灭了。

　　当我们在昏暗的小巷里面对一个更强大的攻击者时，我们会迅速回想来时的路径，寻找逃生路线，谋划如何脱离险境；我们面对市场上的不公平交易时，会调整策略，使用诡计或法律武器来改变这种不公；我们会减少与感染疾病的同事接触，以避免自身受到传染而耽误工作，影响收入。每一种对威胁的适应方式都与情绪反应有关。攻击者引发我们的恐惧感，欺骗者引发我们的愤怒感，传染病感染者引发我们的厌恶感。反复面对类似性质的威胁，这些情绪就会加剧，增加我们的敏感性，提高我们的反应速度，让我们的反应更为激烈。

　　我们所属群体不断受到攻击的感觉（无论这种感觉是真实的还是想象的），不但可以让我们敏锐地意识到威胁，还能让我们看到原本不存在的威胁。就像你每次把购物袋放在副驾驶座椅上，汽车的安全带警报都会响起一样，我们检测威胁的机制也异常敏感，甚至会发出错误警报。小巷里的那个人不是挑衅者，而是问路的外地人；市场上的那个商贩不是骗子，只是找错了钱；那个同事没有感染可怕的病毒，只是宿醉未醒，头痛欲裂。

　　但是，是什么导致一些人对潜在威胁迅速作出反应并得出极端结论呢？也许那个外地人是黑人，身穿套头卫衣；那名商贩是个犹太人，戴着一块昂贵的手表；那位同事是一个少数族裔人士，刚从某个流行病高发区旅行回来。每个人都可能是外群体的成员（取决于你自己的身份），每个人都会有某些明显的群体性特征，这些身份和表现会使我们能够（错误地）快速对人们进行分类。

视觉线索与我们大脑中的负面刻板印象存在关联。我们的威胁检测机制几毫秒内就能够被这些视觉线索触发。黑色的皮肤和套头卫衣就等同于暴力、恐惧；犹太人就等同于贪婪、欺诈；少数族裔和糟糕的食品卫生就等同于健康风险，这些都让我们感受到憎恶和威胁。如果以刻板印象和错误的解读作为基础对威胁进行错误的分类，便有可能产生偏见。外地人迷路了，会感觉自己不受欢迎；商贩被冤枉，会感觉自己名誉受损；少数族裔同事则感觉自己被排挤。

人类的"威胁检测仪"对生存至关重要，但现在它们已经陈旧过时，不再适应需求。我们被一个类似于烟雾探测器的生物性系统所累——因为我们总觉得未雨绸缪要胜过追悔莫及，所以我们把这种生物性系统设计得特别灵敏，以至屡屡反应过度。但是，发生错误警报的可能性在人群中的分布并不均匀。那些没有认识到自己的生理习性会影响行为，不懂得要抵抗大众媒体的洗脑，不知道要以合作取代竞争的人，更有可能在根本不存在威胁的地方发现威胁，而且往往带着一丝偏见。

▍我们的生理习性与威胁

2010 年，阿姆斯特丹大学的学生收到一封电子邮件，有人邀请他们参加一项奇怪的心理学实验。邮件中提到，受试者必须是男性，每人将获得 10 欧元的奖励，这项实验研究的是药物对人的决策力的影响。邮件的署名者是卡斯滕·德·德勒教授（Carsten De Dreu）。之后约有 280 名荷兰男性参加实验，经过一系列的问题测试，烟民、酗酒者、吸毒者，以及正在接受精神疾病药物治疗的应征者都被排除在外，最终适合的应征者减至 70 人。

受试者于中午前后抵达德·德勒教授的实验室。他们被要求坐在隔间里的电脑前，以确保在实验过程中看不到其他人。接着他们要阅读一份知晓实验内容的声明并签字表示同意。然后，实验人员给他们发放了鼻腔喷雾剂，并让他们在专业指导下自行用药。一阵猛烈的吸气声之后，电脑屏幕开始闪烁，这些受试者开始了一系列的校准测试。

大约 40 分钟后，真正的实验开始了。电脑屏幕上跳出了一项关于"道德选择困境"的任务。受试者要回答 5 个假设性问题，每一个问题都涉及高危情况下的抉择，且都没有标准答案，而受试者的选择将决定他人的命运，比如：

1. 一辆有轨电车正朝 6 个人驶来，如果不采取行动，6个人将会全部死亡。操纵转辙机可以使电车改道，只会造成 1 个人死亡。

2. 6 名探险者被困在洞穴里。一名探险者卡在出口处，洞口太小，单人无法通过。按下按钮可以炸开洞口，让其余探险者逃脱，但会炸死被卡住的人。

3. 一艘船沉没了，6 名水手被困在海上。他们都游向救生艇，但救生艇只能安全承载 5 个人。留下 1 人可以挽救 5 条生命，但被留下的那 1 个人会溺亡。[①]

----

① 这些都是道德选择困境任务中常见的场景，在此仅作为例证，说明荷兰男性受试者所执行的是什么样的任务。

对于每一种情景，科学家们都详细说明了那名牺牲者的特征，以观察受试者更可能牺牲内群体成员还是外群体成员。为模拟内群体状态，那名被牺牲的人还会有一个常见的荷兰名字，比如德克（Dirk）或彼得（Peter）；为模拟外群体状态，那名被牺牲的人会有一个常见的阿拉伯名字或德国名字，如穆罕默德（Mohammed）或赫尔穆特（Helmut），而获救的 5 个人则没有姓名。70 名荷兰男性受试者被随机分配成两组，分别参加内群体和外群体的测试，这样每组成员的偏见差异不会影响总体结果。

结果显示，两组受试者的选择明显分成两派。有一半的受试者不愿意牺牲德克或彼得，更倾向于杀死穆罕默德或赫尔穆特，而另一半受试者对这两种名字都没有偏见，在选择时没有明显的倾向性。为什么有一半人更倾向于保护内群体而非外群体呢？两组受试者都是随机分配的，所以出现这种倾向，不太可能是这些人本身就对阿拉伯人或德国人抱有偏见的缘故。

还记得实验前受试者吸入的鼻腔喷雾剂吗？其实一半受试者吸入的是催产素，即我们坠入爱河时或女性怀孕时大脑释放的那种化学物质，而另一半受试者吸入的是安慰剂。那些吸入"爱意魔药"的人更有可能选择拯救自己群体中的某个成员而牺牲外人。德·德勒教授由此发现了第一个证据，证明我们人体自然产生的激素可以助长人类的民族中心主义。

我们在前文中证实了，威胁检测机制严重依赖于大脑的某些区域，一些化学过程会影响这些区域的工作方式，有时这些化学过程会把我们变成超灵敏的"烟雾探测器"。人们普遍认为，催产素可以加强信任和同理心，减少人们的攻击性。但德·德勒教授的实验表明，催产素并不是让人对外群体成员心生爱意的"魔药"。

这个实验揭露了这种"柔情荷尔蒙"的黑暗面。德·德勒教授认为这种化学物质所具备的双重人格般的特性是在人类的进化过程中形成的。人类为了生存，需要让所在群体运转良好，群体成员通过互相信任可以产生资源，而不是为了个人利益过度消耗资源。人类也由此进化出了判断可信之人和不可信之人的能力。群体内部的信任度越高，合作就越好，也就越利于群体成员的生存，那些融合度较低的群体则会逐渐消亡。

无论"我们"和"他们"之间的分界线到底是什么，催产素都会使得我们对"我们"更偏爱。吸入催产素后的一小时内，我们就会变得对内群体更加信任，更乐于合作。但这种关爱是有限度的。德·德勒的研究表明，我们只会与"我们这帮人"拥抱，而不会去拥抱那些明显属于外群体的人。这种现象被称为内群体偏好（ingroup favoritism）。

催产素会促使人类在必要时牺牲"他们"以保护"我们"，德·德勒教授和同事们获取该证据之后，在接下来的实验中又向前迈进了一步。他们想观察，催产素除了助长内群体偏好效应外，是否还会让受试者更有可能主动伤害"他们"，即实施外群体贬损（outgroup derogation）行为。这里存在一个重要的区别，因为外群体贬损行为不仅会出现在我们必须在"我们"和"他们"之间作出选择的时候（比如在"道德选择困境"中），也会发生在不需要作出这种选择的时候。换言之，外群体贬损行为会使我们更接近仇恨。

此外，这次实验还让两组受试者都参加了内隐联想测验。与"道德选择困境"测试相比，内隐联想测验的优势在于它测量的是无意识偏见，因此不必考虑受试者是否会撒谎。在"道德选择困境"测试中，一些实验对象看到荷兰名字和阿拉伯名字后，可能会意识到该实验的真实性质——是在测试偏见的程度，那么，由于大多数人都受到社会期许偏差的影响，他们可能会有意识地改变自己的选择，让自己看起来不那么怀有成见。而内隐联想测验则绕开了这个问题（参见第3章对无意识偏见测量的论述）。结果表明，科学家们的思路是正确的。吸入催产素的荷兰男性明显比吸入安慰剂的荷兰男性更容易将负面词语与阿拉伯人联系起来，而不是与德国人或荷兰人联系起来。这是存在外群体贬损的表现。但这一发现是否足以说明催产素增强了人们对外群体的偏见和攻击呢？不完全是这样。

德·德勒教授和同事们基于经济学中的囚徒困境理论进行了另一项实验。实验中，受试者必须在不能与另一名"囚徒"交流的情况下决定是否与对方合作。如果双方都乐于合作，他们都会得到更高的回报，但如果有一方背叛另一方，即只有一方选择合作，那么背叛的一方得到的回报会较少，另一方则什么都得不到——这意味着受试者对遭人背叛的恐惧可能会压倒对更高回报的渴望，继而会选择主动背叛对方。德·德勒教授将受试者分配到不同的小组，并设定了不同的奖励等级，以减轻受试者担心自己所在群体会处于劣势的恐惧。与吸入安慰剂的受试者相比，吸入催产素的受试者与外群体合作的可能性要小得多，但只有当研究人员通过实验条件刻意让受试者对外群体产生很强的恐惧感时，这一结果才比较显著；而受试者对奖赏的渴望并没有给他们的行为带来同样的影响。因此，实验表明，催产素会刺激人类对外群体进行防御，但只有当外群体被视为威胁时才会如此。正如德·德勒教授所言，催产素会促进"照料和防御"行为。

德·德勒教授团队又设计了另一场类似经济博弈的实验，让各个小组相互竞争，一部分小组成员吸入催产素，另一部分没有。实验证明，服用了这种"魔药"的人更容易与内群体成员协同合作，精准攻击其他小组，他们更容易在其他群体最弱、威胁最小的时候将对方视作攻击目标。这是催产素会在提升进攻效率方面发挥作用的第一个证据——外群体的威胁较低时，人们才会发动攻击。

随着研究的进一步深入，催产素在群体关系中发生作用的证据也越来越多。初步的实验结果表明，催产素可以促进人类对外群体的攻击行为。但是，如果没有这种含有催产素的鼻腔喷雾剂，人类什么时候会产生这种激素？我们知道，人们坠入爱河时，身体会产生催产素；那些初为人父母的爸爸妈妈们，在逗自己的宝宝甚至别人的宝宝时会变得傻乎乎的。有证据表明，人们举行文化仪式时，体内也会分泌催产素，比如新西兰全黑队①在进行英式橄榄球比赛前表演哈卡舞的时候。而当人们面对充满威胁的外群体成员时，体内也会释放催产素，同时激发出攻击性。

催产素可能会在仇恨产生机制中发挥作用，特别是当犯罪者可能正在分泌催产素的时候（比如他们正在照顾自己年幼的孩子），以及当他们感受到明显的外群体（比如其他种族的人）威胁时。

作为威胁性的种族他者的比扬

在前文提到的比扬·埃布拉希米被害案件中，大家已经了解到，比扬是恋童癖的说法纯粹是人为捏造的谎言，其目的就是为了将他妖魔化，进而把他归为"他者"。但是李·詹姆斯一再辩称自己的犯罪诱因是比扬的恋童癖身份，而不是比扬的种族或身体缺陷。针对詹姆斯的陈述，以及法院采信其证词的行为，几个支援比扬的慈

---

① 全黑队（All Blacks）是新西兰橄榄球国家队。——译者注

善机构写信给英国总检察长，正式提起申诉，称比扬在新月街遭受了某些白人居民的仇恨偏见，法官却对此视而不见、置若罔闻。

这些慈善机构的指责态度严肃，一针见血，极具说服力。多年来，比扬经常因种族原因遭受邻居们的侵犯——他们散布毫无根据的谣言，称比扬是恋童癖，他们以及他们的仇恨动机与比扬被害脱不了干系。比扬遇害前，在给詹姆斯和比扬的冲突定性上，只存在一些有限的证据，而法庭只根据这些证据推断了詹姆斯的犯罪动机，却没有传唤任何一个来自新月街的白人目击者，所以没有人出庭证实詹姆斯在实施暴力行为时，或者在几天前与受害者互动时使用了涉及种族歧视的语言。从科学的角度来看，虽然可接纳的证据不足，但这并不能排除詹姆斯对比扬种族或身体缺陷的仇恨在其作案动机中所起的作用。

如果让特拉维夫大学的迈克尔·吉利德（Michael Gilead）教授和尼拉·利伯曼（Nira Liberman）教授来检查这起案件，他们会考虑詹姆斯照顾孩子的角色是否与比扬的种族身份相互作用，导致了这一致命后果。他们的研究着眼于看护动机系统（caregiving motivational system）对外群体偏见的影响。人类养育和保护子女要花费大量的时间，其他物种在这方面的付出远不如人类。人类儿童出生时很脆弱，容易受到伤害，而且这种状况要持续多年，因此人类逐渐进化出了相应的看护方式，帮助自己的群体应对外群体的威胁，从而得以繁衍生息。

吉利德教授和利伯曼教授设计了一项实验，测试身为父母的人是否会更容易对外群体的人表达偏见。这项研究从美国和以色列招募了近1000名成年人。研究者让一半受试者详细回忆自己孩子出生几天内的情形，或者观看婴儿的照片，使他们"进入状态"。另一半受试者的任务是回忆过去几天他们所看到的电视节目，或者观看乡村的图片。结果表明，那些看护动机系统被激活的受试者，对阿拉伯裔以色列人和阿拉伯裔美国人表达种族主义态度的可能性更为显著。

吉利德教授和利伯曼教授的实验表明，照顾孩子会使我们在面对群体威胁时产生更强的偏见。为了进一步验证这一结论，两位教授进行了另一项研究，让部分受试者带着孩子来到实验室。他们将受试者分为两组。第一组有 66 名女性，都带着 5 岁以下的孩子，大部分是婴儿。第二组有 64 名女性，她们的孩子被留在家里。随后要求两组受试者阅读同一篇新闻报道。文章内容为非洲移民潮及相关的犯罪问题（强奸、谋杀、入室行窃等相当具有威胁性的犯罪行为）。读完之后，研究者要求受试者对政府的难民政策发表意见，比如"政府应该驱逐所有非洲难民"，"政府每年应该允许更多非洲难民入境"。实验发现，与孩子不在场的妇女相比，怀抱婴儿的妇女明显更倾向于同意驱逐难民。

父母，尤其是身边带着幼子的父母，在进化形成的看护动机系统的作用下，会对来自外群体成员的威胁保持高度警惕。那天比扬给詹姆斯拍照时，詹姆斯的孩子们正在一旁的草地上玩耍。因此可以说，詹姆斯对比扬的反应在一定程度上受到了这种机制的影响。比扬被误贴上"儿童掠食者"的标签，可能是触发这种机制的第一个诱因，上述科学实验表明，比扬的种族可能是触发这种机制的第二个诱因。

要知道，詹姆斯搬到新月街之前，比扬就已经被贴上了"儿童掠食者"的标签。因此，我们必须追问，是什么原因引发了关于比扬的谣言。如果比扬是白人，并且没有身体残疾，那些制造和散布谣言的居民是否也会以同样的方式妖魔化他？如果不会，那么谣言的产生必定与比扬的残障和伊朗难民这一身份有不可分割的关系。比扬的种族（可能还有他的身体缺陷）会被一些人视作威胁，于是便有人制造谣言，说他是"儿童掠食者"，让他显得对所有人都具有威胁。但是，为什么比扬的这些身份只令少数邻居感受到了巨大的威胁呢？这个问题依然有待进一步探究。

▌社会、竞争与威胁

1954 年，心理学家穆扎费尔·谢里夫（Muzafer Sherif）假扮营地管理员，带领一队美国白人中产阶级家庭的 11 岁男孩，前往俄克拉何马州（Oklahoma）强盗洞州立公园（Robbers Cave State Park）参加夏令营，公园位于桑博伊斯山（Sans Bois Mountains）的山麓。这些男孩在旅行前互不相识，所以谢里夫让他们参加了增进感情的锻炼活动——捡柴火，打水，造木筏。几个男孩执行任务时看到一条响尾蛇，于是将自己的队伍命名为响尾蛇队。他们还为新命名的队伍制作了一面旗帜，在营地升起来。团队的凝聚力让孩子们觉得他们仿佛拥有了整座公园。

不过，这种安全感即将受到挑战。男孩们不知道的是，谢里夫已经把第二个小组——雄鹰队，作为响尾蛇队的直接竞争对手安排在这里。这就是著名的"强盗洞实验"（Robbers Cave Experiment）。这项实验旨在证明群体之间的偏见和冲突是由对有限资源的竞争所引起的，而不是个体的种族、身体障碍、精神障碍等因素。谢里夫亲眼见证了 1913 年至 1922 年希腊种族灭绝的暴行，这是他证明这一理论的动力。当时，希腊在奥斯曼帝国的统治下，被土耳其人残忍地屠杀了近 75 万平民。谢里夫与同时代的其他心理学家不同，他抛弃了心理学实验室，决定在野外真正的自然状态下进行实验。

响尾蛇队和雄鹰队规模相同。研究的第一阶段，两队人马彼此分开，互不相干。几天时间里，队员们都发展出了对本队的身份认同，每个队的男孩们也都表现出他们属于同一个内群体的迹象。研究的第二阶段为两个群体之间萌生仇恨奠定了基础。首先，他们意识到了彼此的存在。他们听到树林里传来陌生人的声音，但只闻其声，不见其人。男孩们最初认为另一个群体的人可能属于不同的种族——这反映了 20 世纪 50 年代美国的时代特征。他们的第一反应就是挑战对方，把他们吓跑。双方都用带有种族歧视色彩的蔑称互相对骂，喊叫声在森林中回荡。待到两组人看清楚对方，意识到双方属于同一族裔时，他们想象中的种族威胁旋即被彼此能够领会的其他微小差异所取代——"骗子"雄鹰和"娘娘腔"响尾蛇。但这些分歧的本质已经无关紧要。

然后，科学家们以夏令营顾问和看护人的身份，给响尾蛇队和雄鹰队下达了竞争任务，并强调只有其中一支队伍可以获得奖励，奖品是那个年代 11 岁美国男孩最珍视的东西，比如糖果、折叠式小刀等，以此挑起群体间的对抗。两队男孩几乎进行了所有你能想象到的营地比赛：搭帐篷、丢沙包、打棒球、拔河等，竞争非常激烈。科学家们还搞起了唱歌、即兴表演、打扫木屋卫生等评比活动，故意不公平地打分，以增强双方队伍的紧张气氛。响尾蛇队早期的连胜严重打击了雄鹰队。一天夜里，两支队伍的首领正式宣战。

雄鹰队降下响尾蛇队的旗帜，并将其点燃，又把烧焦的旗帜重新升起。这个时候，科学家们不再暗中操纵，而是退出来静观其变。响尾蛇队展开报复行动，劫掠了对方的营地。此举激怒了雄鹰队，扬言要动用武力报复。于是，混乱终于降临，战斗一触即发。科学家们赶紧进行调停，为确保无人受伤，暂时关闭了营地。至此，谢里夫已经证明了他所提出的观点，即两群具有典型美国特征的原本善良的白人男孩，如果被迫争夺稀缺资源，就会互相憎恨，继而暴力相向。

在谢里夫的实验中，响尾蛇队和雄鹰队之间的竞争固然构成了主要威胁，不过，两个群体自然形成的不同的文化特征也使两队产生了分歧。雄鹰队成员习惯裸泳，很少骂人；响尾蛇队则羞于裸泳，但爱说脏话。这些特征对各个群体都是宝贵的，任何对这些习俗的威胁都会招致报复。无论是雄鹰队成员说脏话，还是响尾蛇队成员裸泳，都会被视作变节和被敌方渗透的象征。

内群体和外群体持有的不同价值观和信仰体系是历史上许多冲突的根源。我们在第二章讨论了仇恨的道德层面——挑起冲突的一方往往自认为是在进行一项正义的运动，目的是纠正袭击目标的错误信仰，或肃清那些信仰的根源。相较于对资源的威胁，对文化或生活方式的威胁是可以独立存在的，尽管两种威胁往往相互交织，错综复杂。

新墨西哥州州立大学的沃尔特·斯蒂芬（Walter Stephan）和库奇·斯蒂芬（Cookie Stephan）将这两种类型的威胁——他们称之为现实威胁（realistic threats）和象征威胁（symbolic threats）——结合在一起，形成一个概念，称为整合威胁理论（Integrated Threat Theory，简称ITT）。在整合威胁理论中，两种类型的威胁都可以在群体层面和个人层面上起作用。也就是说，内群体成员可以感知到个人或群体（共同）受到某外群体的威胁。当他们感知到某种威胁是来自外群体成员的时候，比如移民在当地就业，或者买下当地倒闭的酒吧将它改造成清真寺，内群体成员就会因此感到恐惧和愤怒。但并不是只有真实存在的威胁才会产生这种效果，仅仅是对威胁的感知，包括邪恶的政客故意制造的威胁感，就可能导致群体之间的关系剑拔弩张。在全球范围内，整合威胁理论已被证明可以预测人们对其他种族、性别、国籍群体的负面情绪，甚至是对癌症患者或艾滋病患者的负面情绪。

生活环境和威胁

谢里夫的竞争威胁理论，以及现实性威胁与象征性威胁，都是在一定的背景下起作用的。对于前文提及的每一个被误解的"外人"——外地人、销售员、宿醉的同事——更复杂的背景可能会让他们的命运更加糟糕。政治、经济、社会、健康状况都会增加我们的脆弱感，导致威胁感加剧。因为政治人物玩弄分裂辞令、散布移民威胁论，我们的"威胁检测仪"在遇到穿套头卫衣的外地人时会偏离判断标准；因为经济衰退、资源匮乏，我们感到被傲慢的销售员欺骗时，我们的"威胁检测仪"就会失灵；因为社会对健康风险缺乏容忍，错误信息满天飞，我们的"威胁检测仪"会误认为那个宿醉的同事将给我们带来一场致命的灾难。

全球经济衰退的背景下，比扬这样的人经常被贴上标签，被视作威胁。在某些白人邻居的眼里，他是伊朗难民，在许多人依赖国家福利获得房产的地方占用稀缺的住房资源。他还是一名残疾人，这意味着他可能领取额外的福利，当地人对此也会产生不满。适逢经济紧缩时期，对难民的优待使有些人更加深信，比扬这样的人威胁到了"当地人"（英国出生的白人）的生活方式。比扬希望住在两个姐姐家附近，所以留在了一个几乎没有少数族裔的住宅区里，这使他的处境更加恶化。

研究表明，白人居多的地区和不同种族杂居的地区，仇恨犯罪发生的概率相同，因为当身为"他者"的陌生人进入时，经济威胁的感觉会更加凸显（见下文）。因此，环境首先使比扬成为新月街上某些居民眼中的"双重威胁"——一个身体残疾的移民，占用了本地人稀缺的资源，于是他被恶意贴上"儿童掠食者"的标签，进而成为某些本地居民眼中的"三重威胁"，最终遭到杀害。

我们对威胁的感知总会受到环境的影响。科学表明，环境越恶劣，我们感受到的威胁就越多、越极端。一项针对 12 个欧洲国家的研究发现，经济衰退且拥有大量少数族裔移民的国家，其种族偏见程度远远高于经济发展强劲的国家。经济衰退、敌对的政治环境、恐怖袭击、疫病流行只是少数几个可以过度激活人类威胁检测机制的背景（详见第 7 章）。当这种过度激活发生在某个地方，且那里存在某个明显具备威胁性的外群体时，就会在群体间促生带有偏见的敌对状态。

为了创造合适的环境和一系列分歧，从而生成威胁，谢里夫精心设计了这一丛林实验。他创建了两个具有强烈身份认同感的群体，事先确保两个群体之间没有接触；他限制资源，只有竞赛获胜才能赢得奖励。在真实社会中，没有科学家来操纵这些条件，也没有这个必要，因为这些都会自然产生。

2007 年至 2009 年的经济大萧条，以及过去几十年英国煤炭、钢铁、汽车制造业的衰退，对一些城镇的影响比对其他城镇的影响更大。经济衰退与外来移民增加这两个因素相互叠加，创造出一种不良的社会和经济环境，使当地居民认为移民对他们构成了现实威胁和象征威胁。在一些地区，本地人就业率低，而移民就业率较高（尽管这种高就业率是暂时的，且具有不确定性），这些因素加剧了威胁感的产生。

在英国，几乎所有受到非工业化和移民双重影响的地区都在伦敦以北。许多非工业化地区被英国保守党政府选为寻求庇护者的疏散区，承担了大到不成比例的负荷。近 60% 的寻求庇护者被安置在最贫穷的城镇。遇上经济衰退时期，当地的资源压力进一步加剧。在 2005 年至 2015 年这 10 年间，英国境内，凡是移民比例大幅增长的地方，由种族和宗教引发的仇恨犯罪都呈现出了稳定的上升趋势。增长率最惊人的是西约克郡（West Yorkshire），那里的仇恨犯罪率（每千人）已经达到与伦敦相同的水平，明显高于英国的平均值。

这 10 年间，西约克郡的移民比例几乎翻了一番。2016 年，有 2369 名寻求庇护者居住在西约克郡的 5 个行政区内（郡议会中工党占多数）。与之相比，在与北约克郡（North Yorkshire）北部接壤的 8 个行政区（郡议会中保守党占多数），寻求庇护者的人数为 0。东欧人也会移民到这些地区。他们大多数是年轻人，技能水平很低，无法流畅地用英语交流。据估计，居住在伦敦的波兰移民中，2/5 拥有高等学历，但在移民到英国较贫困地区的波兰移民中，只有 1/4 的人能达到相同的学历标准。语言障碍导致当地人和移民之间缺乏互动，从而造成其他障碍。这些障碍助长了本地人对威胁的感知，因为双方没有共同语言，很难达成共识。在伦敦这种本地人与移民互动频繁且可以使用共同语言进行交流的地方，人们感受到的威胁显著降低，接纳度和宽容度明显高于较贫困的地区。

柯克利斯（Kirklees）是西约克郡第二大种族多样性地方议会区，有 21% 的居民为非白人，10% 的居民是在外国出生的。2016 年，当被问及 "不同种族的人在你所属的地区相处融洽——你是否认同这一说法" 时，柯克利斯地区只有 53% 的居民表示认同。[①] 在东迪斯伯里（Dewsbury East），认同率降至 41%。相比之下，英国全国平均认同率为 85%，伦敦卡姆登（Camden）的认同率为 89%。卡姆登有 34% 的居民为非白人，40% 的居民是在外国出生的。低认同率是少数族裔和白人双方融合失败导致的，是融合不良的表现——英国地方议会和国家政府企图让少数族裔和白人融合到一起，但他们双方都表现出了抵制，并各自为营，互不接触。

柯克利斯的迪斯伯里（Dewsbury）被英国媒体称为英国多元文化政策的 "失败之地"。一系列种族歧视事件和相关的地方新闻报道对此处的失败起到了推波助澜的作用。极端保守主义组织利用这里糟糕的种族关系，从中牟利。1989 年，因为白人儿童被送往亚洲人占多数的小学就读，当地发生了种族骚乱，这起事件便与英国国家党（British National Party，简称 BNP）有关。2013 年，保卫英国联盟（English Defence League，简称 EDL）的集会险些引发极端伊斯兰爆炸袭击事件。幸好发现及时，恐怖分子才未能如愿。2016 年，英国下议院议员乔·考克斯在伯斯托尔（Birstall）附近的村庄被一名右翼极端分子杀害。而 2005 年 7 月 7 日伦敦爆炸案的一名凶手就来自迪斯伯里，2015 年前往叙利亚的英国最年轻的自杀式炸弹袭击者也来自这里。迪斯伯里因此声名狼藉。

① 2016 年的《柯克利斯当前的生活》（Current Living in Kirklees）社会调查结果如下：非常同意占 14%；倾向于同意占 39%；既不同意也不反对占 34%；倾向于不同意占 9%；强烈反对占 3%。根据 2011 年的英国人口普查中的定义，非白人包括混血 / 多重族裔群体、亚裔 / 亚裔英国人、黑人、非洲 / 加勒比海 / 非裔英国人，以及其他少数族裔；出生在外国的英国人不包括出生于爱尔兰共和国的英国人。

以上不仅是融合失败的信号，也是群体互不信任、彼此孤立的信号，其严重程度引发了"我们"与"他们"互相对立的威胁感。以迪斯伯里为例，人们视"他们"为威胁的感觉越是强烈，公共话语就变得越是极端。在最极端的情况下，当地白人可能会说，出现恐怖主义和恋童癖团伙应该归咎于当地的穆斯林；而当地的穆斯林则会说，仇恨犯罪上升和传统价值观消亡应该归咎于当地的白人。当论调两极分化严重且被广泛接受时，诸如保卫英国联盟、英国国家党、英国独立党（United Kingdom Independence Party，简称 UKIP）、英国脱欧党（Brexit Party）之类的政治团体就会利用这种敌意，提出极端政策，比如禁止穆斯林穿布卡罩袍①、驱逐外国出生的居民，等等，而当地人几乎不会反对这些政策——在言论不那么对立的地方，这些政策是不会被大众接受的。极端保守派的目标是创造条件或利用现有条件，使舆论进一步右倾化。当地人开始广泛接受那些威胁穆斯林生活方式的极端政策，这也使得激进意识形态的支持者有了可乘之机，这会将一向和平的社区成员转化为潜在的恐怖分子（详见第 8 章）。

亲历者如此说

我在写本书的过程中，有机会协助英国广播公司（BBC）制作一部探讨仇恨犯罪率上升的纪录片。节目组委托我分析统计数据，他们的成员则在全国各地奔走，寻找受害者、施暴者、民族主义运动招募的新成员，对他们进行访谈。在离迪斯伯里不远的一个小镇

---

① 穆斯林女子在公开场合穿着的罩袍，主要由长袍、头巾和面纱组成。——译者注

上，一名年轻人表示愿意与节目组谈谈他对这个国家所面临的"问题"的理解。他所说的大部分内容与谢里夫和其他心理学家概念化的威胁类型相吻合。当被问及为什么西约克郡的种族仇恨受害者多为东欧人时，詹姆斯（化名）是这么回答的：

> 人们正在失业……就业竞争极其激烈，贫困加剧，失业率上升。现在，有很多工业区的工厂大量关停。那里的人们失去了让自己家乡变得强大的东西，失去了自己的生活方式……然后他们看到，最后的几份工作也消失了，没有了，给别人了，不幸的是，其中一些人受到误导，找错了发泄愤怒的对象。

关于"移民创造了经济增长"这一观点，詹姆斯回应：

> 这些人（政客）将继续尽可能多地让移民涌入英国，因为这是他们计划的一部分。他们会声称移民能促进经济增长、能给英国带来财富，但事实并非如此。移民可能会扩大经济规模，但会使街上的普通人境况更糟，使等候入院就医的名单和全科医生的候诊名单更长，使孩子们的班级规模越来越大，使空间更狭小，交通更拥堵，通勤时间更长。

在詹姆斯看来，针对东欧人的仇恨犯罪可以用人们感知到的现实威胁来解释，这些威胁都产生于他们最在意的方面，比如就业、医疗服务、教育等。正如整合威胁理论所指出的那样，现实威胁还与象征威胁有关。在一些地区，工业的发展象征着当地人的身份，失业即意味着身份的丧失，于是这些地区的声誉在某种程度上受到了移民的威胁，被移民削弱。詹姆斯满腹牢骚地表达了自己的看法：

> 走进布拉德福德的大街小巷，你会看见到处都是穿着布卡罩袍的人，你会看到这些人带来的光怪陆离的商店，你会看到巨大的清真寺，每到周五，成千上万的人涌入清真寺。这里已经不是英国，甚至不是欧洲。我并不是说这些人不应该存在，世界上有适合他们的地方，但不是英国……所有来到这里的移民，都被允许宣扬他们自己的文化和生活方式，被允许拥抱他们自己的传统。可是，如果你是英国白人，你很可能会因为仅仅想要悬挂圣乔治十字架或庆祝圣乔治日，而被指责为种族主义者。

棕色人种的涌入所带来的那些"布卡罩袍""光怪陆离的商店""巨大的清真寺"，在詹姆斯看来都是威胁的象征，它们威胁到了他心目中英国和欧洲原本应该有的模样。他在采访中说的话大多翻来覆去，语调是小心翼翼的，似乎生怕偏离了打好的草稿。他承认自己有备而来。这并不奇怪，因为他觉得自己会在国家级电视台上露面（实际上对他的采访从未播出）。这或许也可以解释他为什么煞费苦心地否认自己是种族主义者。

> 当你使用种族主义之类的措辞时……这些措辞不会真的对我有影响，我不承认这个词……因为它是一个有关意识形态的词，只是用来让持有合法观点的人闭嘴的，它没

有思想分量，是一种消声策略……我想把这一点说得非常清楚——我不因为任何人的文化、肤色、族裔而仇恨他们，我只是不相信每一种文化、肤色、族裔的人都有权利在英国或欧洲生活。

我们暂且将詹姆斯的政治立场放在一边。他并不是唯一对经济衰退、"英国性"的丧失、外国出生的移民入境率增长表示担忧的人。但大多数人没有像詹姆斯那样把这些现象结合起来。对于那些对这些威胁高度敏感的人而言，经济衰退和感知到的文化环境的变化无关其他，唯独与移民有关。

在英国，那些入境移民和仇恨犯罪的数量都出现显著增长的地区，并不都像西约克郡那样拥有工业历史。因此，非工业化带来的经济阵痛和英国工人阶级身份面临的挑战，在解释这些地区针对少数群体的犯罪时并没有什么帮助。与西约克郡相比，埃塞克斯郡（Essex County）的人口特征几乎完全相反。埃塞克斯郡是保守党支持者的中心地带，经济繁荣程度为英国第二（仅次于伦敦），当地的农业、电子工业、制药业、金融业发展俱佳，就业率很高，平均工资高于该地区和英国全国的平均水平，91% 的人口为白人（英国平均为 87%）。截至 2016 年，当地只收留了一名寻求庇护者；我在撰写本书时，全郡也只接收了 60 名寻求庇护者，首府切姆斯福德（Chelmsford）只有 6% 的居民是黑人和少数族裔，7% 的居民是外国出生的。郡内的莫尔顿镇（Maldon），白人更多——只有 2% 的居民是黑人和少数族裔，3% 的居民在外国出生，寻求庇护者一个都没有。然而，在 2005 年至 2015 年期间，莫尔顿镇的移民率还是增长了一倍多。从脱欧公投的结果来看，莫尔顿选区支持脱欧与不支持脱欧的比例为 63∶37，与全郡表决一致（埃塞克斯郡的 14 个选区没有一个愿意留在欧盟）。另外两个镇，即卡斯尔波恩特（Castle Point）和瑟罗克（Thurrock）的投票结果分别是 73∶27 和 72∶28，分别属于支持脱欧投票数第三高和第四高的地区。这两个选区位于埃塞克斯郡的最南端，全郡为数不多的寻求庇护者大多居住在这里。英国脱欧公投后，埃塞克斯郡种族仇恨犯罪和宗教仇恨犯罪随之而来，仇恨犯罪率上升至 58%，成为英国仇恨犯罪增幅最大的地区之一。

埃塞克斯大学阿丽塔·南迪（Alita Nandi）博士的研究团队指出，生活在白人居多的地区的少数族裔，更有可能报告自己遭遇种族歧视。这种现象在对极端保守团体支持度较低的多文化地区（如伦敦的一些地区）不那么明显，但在对极端保守团体支持度较高的多文化地区（如西约克郡）则比较明显。综上所述，在多元文化融合程度较低地区和单一文化程度较高的地区，仇恨犯罪的诱因非常相似。在这两种环境中，多数派群体都觉得有必要保护自己的群体免受外来的少数派群体的威胁。

节目制片人还采访了 3 个来自英国东南部沿海城镇的人，他们都自称是仇恨犯罪分子。其中两个叫道格（化名）和菲尔（化名）。我们从二人的谈话中可以断定，他们与詹姆斯很像，现实性威胁和象征性威胁是他们对移民实施仇恨犯罪的动机。

> 道格：你觉得在你自己的家乡、自己的城镇、自己的地盘，被种族隔离了，你明白吗？……你有一种被赶出家园的感觉，你觉得自己从一个挺好的地方被挤出去了，你在那里长大，曾经觉得那里很安全，而现在，你感觉不到安全了。

采访者：所以你觉得，在你感受到威胁之前，其实并不反对这些人？

道格：对，不反对，完全不反对。你知道，他们刚来这里的时候，零零星星的，散落在各个地方，这没有问题。然后突然间，就像现在，我们就变得好像不是英国人了，我们反倒成了这片土地上的少数民族。你知道，这不对劲儿。

采访者：那你有没有拿起法律武器进行抗争？

菲尔：当然，我拿起过武器，当然拿起过武器。

采访者：你是怎么做的？

菲尔：我把他们打得屁滚尿流。

采访者：把他们打得屁滚尿流？

菲尔：对，太他 × 对了，不然还能做什么呢？你懂我的意思，这是唯一，这是我们唯一能做的事，你懂我的意思吗？

道格：我的意思是，在我看来，到头来，他们来这里只是为了一件事，那就是抢走我们的福利，抢走我们的住房……占我们的便宜。我就说，咱们这里曾经是大不列颠，现在只剩不列颠，再没有什么伟大的了……

采访者：但你不是种族主义者？

菲尔：不，不，不，不，不，听着，听我说完。我有这样的朋友，穆斯林，有色人种，这一类的人，没错。我只是对移民是种族主义者，没错，移民。因为事实很简单——看看他们对我们的国家做了什么吧。没错，他们来了，来搭我们的顺风车。他们绝对看不起我们。当这种事发生的时候，你怎么可能不变成种族主义者呢？你明白我的意思吗？我不是在开玩笑。

道格：都是被他们逼的，他们把咱们变成了种族主义者。就像我说的，对黑人或者信什么宗教的人，我都不是种族主义者，不论他们想信仰什么宗教，那都是他们的事，他们自己决定好了。但是那些上船、下船，随随便便来到这里，骑着咱们脖子拉屎的人，没错，是他们让你成为种族主义者的，因为你觉得他们是人渣。

菲尔：嗯，你懂我的意思吗？很多人已经受够了，忍不下去了。你懂我的意思吗？这一定会把我们每个人都聚到一起的。这基本上会导致……哦，我倒不是说会发生种族战争，我知道这听起来很蠢，没错，但我等不及那一天了，你明白我的意思吧？

道格：对，对，这多少就是咱们以前处理事情的方式，就是暴力，暴力行为。我就是要让他们明白他们不受欢迎，我们不希望他们在这里，我们受够了。

青少年犯罪者声称，他们要保护自己的地盘不受来自"异域"的外人的侵犯，他们这么说的目的是让自己的犯罪行为合理化。这也是世界各地的种族犯罪者惯用的借口。美国于1972年首次提出的"捍卫社区"的概念，有助于解释这种行为。人们因为担心外来者的入侵会威胁到社区的认同感，于是采取防御行动，这种行动很可能表现为针对少数群体的仇恨犯罪。这一理论在纽约和芝加哥都得到了证实。与西约克郡衰败的工业区不同的是，在纽约和芝加哥验证这一理论的地区都很富裕，白人居多。这与英格兰东南部许多地区非常相似。

统计分析的结果进一步支持了这样一种观点，即使在相对富裕的条件下，当外群体被视为威胁时，仇恨犯罪发生的概率也会大幅增加。一般的犯罪会在社会组织混乱、经济凋敝的地区猖獗，仇恨犯罪则与一般犯罪不同。来自美国的证据表明，仇恨犯罪，尤其是针对少数族裔和移民的仇恨犯罪，似乎也会在社会组织有序、生活富裕的地区爆发。这些地区的犯罪者担心外来者会带来污染，使他们的生活方式变得糟糕，比如使他们高档的房产贬值，把颠覆性想法传播给他们的学龄子女，和他们的女儿约会，等等。

在理解其他种族的外来者所构成的威胁时，白人下层阶级和白人中产阶级之间有很多共同点。调查显示，无关社会阶层和居住地，白人对伊斯兰教徒普遍存在误解。还有证据表明，不管工资高低、资历深浅、从事专业性和管理性职业还是从事服务性职业和体力劳动，人们对待移民的态度同样消极。对富裕的群体来说，移民所带来的，更多的是（对价值观的）象征性威胁，而不是（对自身经济利益的）现实性威胁。

人们不仅会在少数族裔人口众多、经济困顿、政治极端的地区感受到外群体的威胁，并且会因为感受到这种威胁而实施仇恨犯罪。在人口结构和政治经济环境与之相反的地区，人们也可能会因少数群体的存在而产生同样的被威胁感。在英格兰北部的前工业城镇，少数族裔不过是代人受过的替罪羊，很容易因为当地出现不良事件而受到惩罚。即便在富裕的英格兰南部，人们也会因为了解到其他地区发生的事情而担心，如果他们不捍卫"自己合法拥有"的东西，同样的厄运就会降临到他们身上。由于这些潜移默化的影响，人们对外群体产生负面的刻板印象，在并没有威胁的地方也会生出被威胁感。

文化机器、群体威胁与偏见

　　史前时代，远古人类的威胁检测机制所获得的信息是未经中介传播的——我们目睹谁杀死了我们的亲人，谁窃取了我们的食物。自从语言诞生以来，信息的传播已经被掺入了杂质，到了现代，信息更成了武器，被用于制造大众恐慌。那些错误或虚假的信息被源源不断地输送给我们，助长了我们对外群体的偏见。

　　偏见是我们大脑中对来自外群体的人的印象。在我们与他们互动之前，这些印象便会告诉我们关于他们的一些信息——他们的文化、气质及威胁程度。刻板印象之所以高效，是因为它们利用的是高度分类后的信息，而不是所有信息。刻板印象也会让人感到安慰，因为它会让世界和陌生群体变得可以预测。但是，刻板印象多半对现实进行了夸大和扭曲。

　　新月街的居民对伊朗残障难民比扬怀有偏见，将他置于"英国白人"文化传承的对立面，不去花时间了解比扬的真实为人，也不去了解他们是否有相似的价值观、理想或苦难。如果他们肯去了解，就会发现双方其实有很多共同点，使他们产生对立的偏见也会消弭。他们非但没有这样做，反而推波助澜，继续给更多的人灌输负面刻板印象，让所有人都相信比扬是异域入侵者、救济金窃取者、儿童掠食者。

　　是什么导致了白人邻居对比扬持有这样的刻板印象，使比扬成为白人邻居眼中的威胁？在某种程度上，这是白人邻居自己的"英国白人文化"导致的。广义上来说，文化指的是我们的思想、价值观、历史、宗教、语言、传统和社会行为等。它在我们年幼时就通过我们的父母、亲戚、朋友、教育系统、宗教、媒体（包括纸质媒体、网络媒体和广播）等途径传递给我们。一个国家可以容纳多种文化，但是我们提及文化时，所说的通常是符合大多数人生活方式的主流文化。英国的人口由本地人（包括二代以上的移民）和来自世界各地的移民组成，他们每个人都认同自己的文化传承，也认同源自故土的更宽泛的价值观。此外，还有一些与地区和身份相关的亚文化，它们是英国的主流文化与社区文化价值观相互适应后的产物。人们可以认同主流文化的某些部分，而在社区特有的亚文化的某些方面，则会偏离主流文化。这可能会出现主流文化拒绝偏见，但某些亚文化支持偏见的情况。当亚文化限制群体内的人与群体外的人彼此接触时，偏见就会成为社会痼疾，并肆意发展。

我们总是拿他人的文化或对他们所在群体的刻板印象来与我们自己相比较，一旦出现偏差，我们就会迅速作出判断——我羡慕他们的文化能够让人很好地平衡工作和生活；我尊重他们文化中对家庭的重视；我厌恶他们的文化中食品卫生问题和对待动物的方式；我对他们文化中对待妇女的态度感到震惊……我们作出这些判断的依据，很少是对方所在群体提供的，或者是通过其他群体的成员或机构获取的，恰恰相反，这些依据通常来自我们自己的、由主流群体及其机构组成的文化机器，因而看法往往是扭曲的、无知的。

有时候甚至是有意为之的，比如在文化战争中。冷战期间，美国和苏联的文化机构彼此针锋相对，大搞政治宣传。二战后，美国中央情报局（CIA）斥巨资投建欧洲的国际电视基础设施（Eurovision，即欧洲电视网），并鼓励向西欧出售美国节目，以广泛传播美国文化。这场文化战争的目的是让一个群体及其生活方式主宰另一个群体。对美国来说，不能靠宣扬爱国主义达到这一目的，就只能让非美国人（即欧洲人）站在美国人这一边，于是便从他国的文化和意识形态方面做文章。

最近一段时期，不断有政客刻意散布关于其他群体的虚假信息，以此增强民众对该群体的负面刻板印象，制造威胁感，为竞选活动赢得支持。2016 年美国总统大选期间，唐纳德·特朗普刻意制造穆斯林威胁论、墨西哥人威胁论；2016 年脱欧公投运动期间，奈杰尔·法拉奇（Nigel Farage）等人刻意制造移民威胁论；2018 年巴西大选期间，雅伊尔·博索纳罗（Jair Bolsonaro）刻意制造少数族群对本地居民的威胁论。

大多数情况下，对其他文化的歪曲是由信息缺乏、产生误解或不愿意获取细节等造成的。对年幼的孩子（哪怕只有 5 岁）来说，父母、朋友或老师，都能够成功地给他灌输负面刻板印象——无论是有意还是无意。年龄稍大的孩子会开始将威胁感和恐惧、反感、蔑视、憎恶等负面情绪与刻板印象联系起来。毫不意外，在某些分裂的社会中，孩子长到 3 岁，就能够表明自己忠诚于某种宗教，长到 6 岁，就能够表达出对与自己信仰不同的人的恐惧、厌恶和威胁了，这种刻板印象大多是因为缺乏接触。在这些地区，只有不到 4% 的人就读于有多种族学生混合的学校，也很少有人会在课后与不同宗教信仰的人交往。

在塑造刻板印象和刻意制造威胁感方面，最具影响力的文化因素就是媒体。广播、电视、流行音乐和新闻对少数族裔文化的描述，就像我们的父母、朋友、老师的观点一样，可以深深植入我们的头脑。某种程度上是因为，这些媒体是为了娱乐而生的，它们穷尽一切手段来吸引大众的注意力，并尽可能使之长久。我们大多数人显然更喜欢看电视或欣赏音乐，而不是同父母或老师聊天。但媒体也会误导我们。

许多人都记得《至尊神探》（*The Dick Tracy Show*）、《猫和老鼠》（*Tom and Jerry*）、《独行侠》（*The Lone Ranger*）、《乔尼大冒险》（*Jonny Quest*）、《兔八哥》（*Looney Tunes*）等影视作品，其实它们或多或少都歪曲过其他文化，很多现在已经停播。如果你通过流媒体服务平台观看这些节目，还能在里面看到对其内容的警告。当然，它们首播的那个时代已经很久远了，但同时也证明了，我们对他人的理解会被这些相当天真的节目所影响。

更令人震惊的是那些出现于 20 世纪六七十年代的英国喜剧，它们会把种族威胁当作笑点。许多英国读者都记得 BBC 第一频道的《至死方离》①（*Till Death Us Do Part*）中的阿尔夫·加尼特（Alf Garnett）。此人常常发表种族主义诽谤言论，抱怨自己害怕黑人的"污染"，从而成了偏执者的英雄。这部电视剧持续播出了 10 年之久，还有许多以阿尔夫为主角的衍生剧，直到 1998 年才结束。一些英国读者可能还会记得斯派克·米利根（Spike Milligan）曾出演过一部系列喜剧。在那部喜剧中，斯派克·米利根经常涂黑面孔，扮演巴基斯坦人戴立克（Daleks），并在剧集中杀死宠物，将它们做成咖喱。斯派克·米利根后来制作了英国独立电视公司（ITV）的《咖喱薯条》（*Curry and Chips*）。在剧中，他再次把脸涂黑，扮成一个巴基斯坦裔爱尔兰移民，为此他还得到了"巴基佬帕迪"②（Paki-Paddy）的绰号。英国独立电视公司偏好种族主义喜剧，这种偏好在《爱邻如爱己》（*Love Thy Neighbour*）中体现得淋漓尽致。这部剧讲述了一个来自西印度群岛的家庭是如何侵占一对英国白人夫妇的草坪，并对他们的领地构成威胁的。这部剧的主创者觉得，让白人主角给"入侵者"

---

① 片名源于婚礼誓词"直到死亡将我们分开"。——译者注
② 帕迪（Paddy）是对爱尔兰人的蔑称，即爱尔兰佬。——译者注

贴上愚蠢等标签是很幽默的事情。

对此，这些节目的编剧们辩称，他们的作品是在讽刺英格兰中部的某些白人男性，因此不会加剧种族歧视。但问题是，大多数观众感受不到这种嘲讽意味。1974 年，BBC 发起一项针对 563 名儿童和 317 名家长的民意调查，结果显示，大多数人都认同种族主义人物所表达出的感受，而他们本应对这些感受不以为然。剧中那些白人种族主义者本该成为恶作剧中的笑柄，最终剧情却让人觉得他们的行为情有可原、可以理解。面对其他种族角色时，这些白人角色的焦虑、态度和行为让观众产生了情感共鸣（无论是成人观众，还是儿童观众）。他们的观点在主流电视上被不断赘述，不断强化。BBC 隐瞒了这份调查报告，担心它会破坏编剧们的辩护之辞，反而证明了这些作品会助长观众对其他种族和文化的狭隘态度。

出品过程中持续存在着系统性偏见，缺乏由少数群体扮演的、没有刻板印象的角色——这二者在很大程度上导致了影视作品中出现扭曲现象。美国是世界上媒体行业最发达的国家。约 41% 的美国人口由少数族裔组成。2018 年至 2019 年，美国院线上映的热门影片中，有色人种扮演主角的影片约占 28%，而 10 年前这一比例约为 11%。在 2018 年至 2019 年间上映的好莱坞电影中，约有 30% 的影片，其演员阵容中少数族裔的比例，接近或超过了美国总人口中少数族裔的比例，不到 10 年前，这样的影片占比居然可低至 10%。2019 年，白人演员仍然占据好莱坞电影角色的最大份额（67%），而黑人（16%）、拉丁裔（5%）、亚裔（5%）演员的比例，明显比这些族裔当时在美国总人口中的比例低。在 2018 年至 2019 年的广播电视节目中，情况要好一些，在略高于 50% 的节目（10 年前约为 10%）中，少数族裔演员的比例接近或超过了现实中的比例，黑人、拉丁裔、亚裔演员约占演员总数的 40%。

并非所有媒体都会将其他族裔的负面刻板印象视为威胁并推波助澜使之洪水横流，也有些节目给了少数族裔以积极正面的形象。1968 年，《星际迷航》中的柯克上尉（Captain Kirk）和乌胡拉中尉（Lieutenant Uhura）的拥抱在当时引发了轰动，据说这是电视上首次播出跨种族之间的情谊（后来人们发现电视上其实早就出现过跨种族之情了）。很快，有更多的电视节目也大胆地步入了此前很少涉足的领域。这些电视节目和其他一些先锋电影、新闻节目都在这方面有了很大的进步，充分体现了他们对少数群体更包容的观点（尽管情况并不尽如人意）。

在对坊间传闻进行考察后我们发现，观众每天观看、阅读和收听的节目内容可以塑造他们的思维方式。相信很多人都在闲暇时间和脾气暴躁的长辈有过这样的交谈：他们滔滔不绝，发表的评论都欠缺论证，他们的言辞充满一知半解和各种偏见。当我们提出疑问时，他们便说是从某个地方比如电视上得到这些消息的。我们对此不屑一顾，并感叹，在由朋友和熟人组成的"自由气泡"① 中，竟然还存在这样一台无所不能的文化机器，能令人们不假思索地产生如此偏颇的看法。广告和营销公司依靠这样的文化机器兜售产品；政客不惜花费千万巨资，靠这样的文化机器获得选票；政府在危急时刻依靠这样的文化机器传播安全信息。但科学能解释媒体的影响力吗？

心理学家已经证明，观看以偏见为噱头的喜剧节目会使观看者的行为向坏发展：有研究人员发现，男性受试者阅读或听到涉性别歧视的笑话后，向事关女性权益的组织进行捐赠的意愿降低了，

---

① "自由气泡"（liberal bubble）指人们身边通常都是一些与他们意见相似的人，这会让人们的思维和观点产生局限性。——编者注

且削减对这些组织的援助资金的意愿增强了，而中性的笑话则没有这样的作用；还有研究者发现，受试者听过关于性别歧视、反穆斯林的笑话后，会变得更能接受对女性、穆斯林的歧视。这些心理学家得出结论，之所以会出现这样的现象，并不是因为喜剧让受试者产生了偏见，而是因为幽默会让受试者暂时放松下来，不再刻意压制他们本身就持有的某些偏见——一般情况下，迫于普遍的社会压力，他们原本会习惯性地抑制这些偏见。关于性别歧视、种族歧视的笑话，都是可以影响人们行为的"偏见释放器"。

文化机器可以制造分裂，也可以拉近来自不同背景的人之间的距离，哪怕他们素未谋面。打破负面刻板印象的热门节目能够提高观众对其他群体的接受度，减少偏见。研究表明，普通观众可以与虚构的"少数族裔"角色产生共鸣，尤其是当这些角色经历不公的时候，这有助于增强人们的观点采择[①]和同理心。这个过程甚至能够影响人的态度和行为，让人产生肉眼可见的变化。德国的一项实验证明，观看那些讲述移民成功融入西方社会的电视节目，能够增强人们对移民的宽容度，减少针对移民的仇恨犯罪，而观看单一本土文化内容的电视节目，则起不到这样的效果。

文化机器显然可以制造和消除负面刻板印象及其相关威胁。我们都受到了信息操控者的蒙蔽，但很少有科学家会同意这一点。除了大多数尚且无法明辨是非的儿童之外，我们未必会对媒体宣传的内容信以为真，我们肯定会筛选。那些求知若渴的、拥有平等主义世界观的人，都会质疑媒体刻意传播的消极刻板印象，会选择接受积极的一面，希望正面的东西有助于建立更公平公正的社会。同样，

---

① 观点采择（perspective taking）指推断他人心理活动的能力。——编者注

那些拒绝知识、认为世界是残酷丛林、相信弱肉强食的人，会拒绝媒体传播的积极刻板印象，并利用消极刻板印象来加强他们对不平等关系的倾向性。当然，总有一个犹豫不决、摇摆不定的中间群体，即那些习惯让别人替他们做主、缺乏时间、与现实脱节、能力欠缺的人。对这些人来说，媒体的影响力是巨大的。

▌威胁感的消除

谢里夫的强盗洞实验其实还有第三阶段。在成功使两组男孩之间的竞争和威胁感上升到必须诉诸暴力的程度后，科学家们引入了最后一项操纵手段。这项研究的主要目的是，测试共同挑战是否能激发群体间的合作意愿，从而消除前几周形成的所有威胁和仇恨。

第一个超然目标①是恢复被科学家切断的营地供水。起初，响尾蛇队和雄鹰队试图各自单独解决这个问题。他们沿着供水系统追踪到山上，找到了水箱。水箱的阀门被科学家们藏在旁边的一块石头下。接下来，实验要求两个小组轮流清理岩石。他们仍然不愿意互动。时值盛夏，酷热难耐，这项艰苦的工作令男孩们叫苦不迭，就在这时，一处两周前刚刚修筑起来的墙体又倒塌了，这对男孩们来说无疑是雪上加霜。后来他们发现，如果两队合作，组成人链，就能更快地清理岩石。

当天吃晚饭的时候，双方消除彼此间敌意的迹象非常明显。第一项集体活动的巨大成功令科学家们十分惊讶。但他们不动声色，

---

① 超然目标（superordinate goal），心理学术语，指只有两个或更多的人合作才能完成的任务。——译者注

又策划了第二项活动。他们告知男孩们，当晚可以看电影《金银岛》（*Treasure Island*），但是租这部影片需要钱，而大家先前凑的经费已经花完，所以两队都要贡献出一点租金。起初有人反对。"让他们付钱。"一些男孩说。接着，雄鹰队的一名队员建议均摊租金。所有人投票赞成了这一提议。研究人员认为这是两队人马迈向和平的第二步。

后来，一场暴风雨不期而至，这为实现第三个超然目标提供了机会。两支队伍当时都在湖边露营，下雨前只来得及搭起一顶帐篷。天空雷电交加，两个队只好在同一顶帐篷里一起过夜——幸好雷电让他们保全了面子。最后，科学家们计划前往下一个地方旅行，并告诉男孩们两队要分别乘坐各自的巴士。男孩们听到这个消息后都很兴奋，但问题又来了，其中一队人的车出了故障，走不了了。"我们可以坐一辆车去。"其中一个男孩提议，所有人几乎都没有异议，他们便一同出发了。实验的最后一幕是这样的：两个队的男孩们一起喝汽水，一起在州界线上合影，一起在返程时高唱理查德·罗杰斯（Richard Rodgers）和奥斯卡·汉默斯坦二世（Oscar Hammerstein Ⅱ）的《俄克拉何马》（*Oklahoma*）。

谢里夫的团队之前还做过一个类似的实验，大概可以算是强盗洞实验的先导实验。在那个实验中，男孩们也被分成了两支队伍——蟒蛇队和黑豹队。尽管科学家们竭尽全力操纵局势——相互偷窃物品、撕下旗帜、拆毁帐篷、损坏财产，并将责任嫁祸到对方队员身上——虽然不道德的怪事层出不穷，并且越来越过分，可是没有一个男孩上钩，两组人始终拒绝开战。男孩们找不到解释这些怪事的理由，便开始质疑科学家们。换言之，科学家玩的把戏被他们识破了。

这两个实验的关键区别在于，在先前的实验中，蟒蛇队和黑豹队早已经认识并相互了解。而谢里夫在第二项研究中小心地规避了这一因素。响尾蛇队和雄鹰队在初次接触时彼此是完全陌生的。虽然谢里夫认为第一次实验是失败的，当时也没有发表实验结果，但蟒蛇队和黑豹队之间的和谐还是能够说明一些问题。群体之间的积极接触实际上会减少"我们"与"他们"之间的对立感。即使面对强大的竞争威胁，如果双方群体相识，矛盾和仇恨也不太可能产生。在这种情况下，消极刻板印象的影响力不可能持续很久，而其他的力量往往也是无用的（详见最后一章）。

▌超越威胁

我们这个星球上曾经充满敌意和斗争，在所有的物种中，人类拥有最发达的威胁检测机制，因此才在这个星球上站稳脚跟。现在这个星球上的环境空前安全，但这种机制在人类的身上依然存在，迫使人类继续如惊弓之鸟一般时刻想要探测到威胁。我们大多数人坐在安全的、有空调的家里，无须忍受严寒和酷暑，不用担心被冻死或被热死，也不用怕被食肉动物吃掉。这些都是我们的祖先曾经面临的艰巨挑战，因此他们不得不全然依赖如烟雾探测器一般敏感的威胁检测机制生存下去。但这一机制没能赶上现代生存环境的变化速度，所以我们过时的生物机能和心理机能往往会无中生有地探测出威胁。

对威胁的感知是偏见和仇恨的基础。然而，并不是所有感知到外群体威胁的人都会走上街头实施仇恨犯罪，即便他们身处经济衰退的大环境中，体内充斥着催产素，又痴迷于观看 20 世纪 70 年代的英国种族主义喜剧。谢里夫向我们展示了仇恨和由此产生的攻击性在本质上是一种群体现象，对群体的威胁比对个人的威胁更能激发人们作出反应（除非对个人的攻击被视为对群体的攻击）。谢里夫也因此而闻名，但他没有在研究中强调第二次试验中两个队的某些成员脾气很暴躁这个细节。其中一些人成为队伍的头目，带领队伍参战，镇压一切反对的声音。另外一些男孩为此感到不安，中途离开了营地——可能他们不认为来自对方成员的威胁值得所有人大动干戈。新月街上也有这样的居民，他们虽然是内群体的一员，却并没有参与妖魔化比扬或迫害比扬的行动中。并不是每个人都觉得受到了外群体的威胁，也并不是每一个感受到威胁的人都会去实施仇恨犯罪。但那些犯下仇恨罪的人，通常会将目标群体所构成的感知威胁视为其犯罪的动机。

我在前文中对我们的生存基础进行了概述，这些基础包括人类的生理和心理组成，以及个体广泛暴露于文化，进而从中学习的过程——它也是人类早期社会化的一部分。单独来说，这些核心因素不太可能导致与仇恨相关联的行为，但它们是让仇恨萌芽的必要条件。接下来，我将从法医学视角探查关于仇恨犯罪触媒的科学，深入分析仇恨犯罪触媒如何将人类一步步推向罪恶的深渊。首先，我将针对犯有仇恨罪的人，探讨他们的个人历史，审视他们童年时期所经历的创伤，以及他们所遭受的沉痛的个人损失如何直接导致他们暴力行为的产生。

第 6 章

创伤、包容与仇恨

1980 年 8 月中旬，约瑟夫·保罗·富兰克林开着他那辆褐红色的科迈罗①，从宾夕法尼亚州小镇约翰斯敦（Johnstown）出发，沿着 80 号州际公路行驶大约 3100 千米后，在犹他州盐湖城（Salt Lake City）的一家汽车旅馆停了下来。令旅馆接待员惊讶的是，富兰克林要求旅馆给他提供一个没有黑人睡过的房间。接待员注意到富兰克林身上有带种族主义色彩的文身，意识到自己最好还是不要过多追问，便找了一个满足条件的房间，把钥匙交给了富兰克林。富兰克林办好入住手续后，便开着车在城里转悠，想了解周围的情况。在回汽车旅馆的路上，他从路边找了一名性工作者，并载着那名性工作者返回旅馆，他们的闲聊逐渐变成了关于种族融合问题的讨论且越来越激烈，富兰克林把黑人称为"愚蠢的猿猴"，问她知不知道"黑人皮条客"经常在哪里出没，以及盐湖城是否有跨种族情侣

---

① 科迈罗（Camaro）是通用汽车公司旗下雪佛兰（Chevrolet）品牌的一款跑车。——译者注

经常光顾的场所。第二天，那名性工作者离开前，富兰克林告诉她自己是"三K党杀手"，还说，如果她愿意，自己可以帮她杀了其他皮条客。那名性工作者没有理会富兰克林的提议。

几天时间里，富兰克林利用各种假身份不断在多家汽车旅馆间流窜，收集关于这座城市的信息。他了解到，自由公园周围的居民区种族混杂。8月20日，他到自由公园踩点，与另一名性工作者交谈，询问她对非裔美国人的看法，之后返回汽车旅馆。当天晚上9点钟左右，他驱车回到自由公园。他把车开得飞快，中途走错了路，不得不掉头，又闯了个红灯，最后把车停在十字路口旁的空地上，然后拿起一把步枪徒步走进公园，在芦苇丛中找到一处合适的地方，作为伏击点。

当天晚上，黑人男性特德·菲尔茨（Ted Fields）和戴维·马丁（David Martin）开车接上了白人女性卡玛·英格索尔（Karma Ingersoll）和特丽·埃尔罗德（Terry Elrod），四人决定去自由公园慢跑，特德和卡玛前一天在那里跑过。晚上10点左右，特德跑在前面，其余三人跟在后面。富兰克林发现了他们，他以高大的芦苇为掩护，单膝跪地，小心地端起步枪，瞄准了目标。

戴维的右臂首先被击中，特丽的手臂随即也被弹片击中。特德停下脚步，回头看见两个朋友正抱着受伤的手臂，血流到了草地上。接着，第二颗子弹穿透了戴维的胸腔，从他的背部飞了出去。戴维转身想逃跑，第三颗子弹又从背后击中了他。他身体一软，摔倒在地。特德冲了过去，托住戴维鲜血淋漓的身体。

"哦，天哪，特德，我不行了。"戴维呻吟着说。

两名女子惊慌失措，试图把戴维拖到人行道上，特德连忙叫她们逃命。卡玛逃到安全地带后，回头看见特德正试图把戴维移出狙击手的视线范围。接着，枪声再度响起，特德应声跌倒在地。后来，富兰克林连开两枪，分别打中了特德的心脏和肺部。

富兰克林确信受害者已经死亡后，跑回停车的地方，把步枪扔进后备箱，开车出了城。两名目击者在确定富兰克林不会再射击后，冲到戴维和特德身边进行急救。但救护车赶到时，特德已经死亡。数小时后，戴维在医院去世。

富兰克林前几天遇到的几名性工作者听到了城市上空响起的枪声，当她们得知受害者是黑人时，立即想到凶手可能就是富兰克林。由于担心自己因卖淫被捕，她们不敢向警方举报。警察花了一个月时间才找到富兰克林，将他绳之以法。

盐湖城自由公园种族主义狙杀案并不是富兰克林犯下的首个案子。自20世纪70年代末开始，他便开始履行"杀死白人之敌"的使命。他经常选择跨种族情侣作为袭击目标，目的是保持白人种族的"纯洁性"。他还把目标对准了犹太人，并供认自己曾企图谋杀色情业巨头拉里·弗林特（Larry Flynt），导致其部分瘫痪，只因为弗林特在《皮条客》（Hustler）杂志上刊登了跨种族情侣的照片。

富兰克林最终供认，自己为了完成发动种族战争的使命，已经夺走了20多条人命。从田纳西州到威斯康星州，从密苏里州到佐治亚州，从俄克拉何马州到印第安纳州，从俄亥俄州到宾夕法尼亚州和弗吉尼亚州，他一路疯狂杀戮。富兰克林在死囚牢房等待行刑时，称自己已经放弃种族主义观点，并试图向愿意倾听的人作出解释。他将自己的所作所为归咎于成长经历，尤其是他专制的母亲。他声称童年经历给自己造成了巨大的精神创伤，并且扭曲了自己对黑人的看法。富兰克林因罪孽深重，于2013年11月20日被执行死刑。

进化塑造了我们大脑的工作方式，进而影响我们的行为。那些触及人们痛处的事件也会影响人类的行为。事实上，正是因为那些事情让我们太过痛苦，所以我们才能够记住它们，那就是我们的过去。我们的矛盾、焦虑、失去和创伤的历史共同塑造了我们与他人互动交流的方式。

过去的经历与我们密不可分，并成为我们行为的主要驱动力。尽管不同的人之间有很多行为因素是相同的，比如大脑的工作方式，但对"暗巷中的陌生人"的反应是不一样的。每个人都背负着各自的成长经历不断前行，这意味着我们对每件事的反应都带着独特的个人色彩。我们只有承认这些深刻的、独特的甚至是创伤性的过去，才能全然理解一个人的行为。

这种社会心理犯罪学行为分析法，对于理解部分由不平和沮丧感引发的犯罪，比如恐怖主义犯罪和仇恨犯罪，尤为有用。入室抢劫和盗窃等工具性犯罪①通常可以被理解为更广泛的社会和经济作用力的产物，经济衰退、国家福利削减、失业增多、学校开除率上升、收入不平等以及租赁住房存量不足等因素结合在一起，可以在很大程度上解释工具性犯罪的方差。这种犯罪通常是理性的——"我没有钱，非法获取财物比合法获取财物更容易，被抓住的概率也很低"。但这些驱动因素并不能解释仇恨犯罪中如此之多的差异。对我们来说，大多数仇恨犯罪似乎都是非理性的，因为它们往往是由犯罪者隐藏的挫败感所驱动的。想发掘仇恨犯罪的原因，就要研究犯罪者的过去。

通过深入挖掘犯罪者的历史，我们可以发现是什么样的成长经历和创伤让仇恨滋生。一些犯罪的行径令人发指，我们可以将这些恶

---

① 工具性犯罪（instrumental crime），指为达到特定目的而实施的罪行。——译者注

行视作他们个人经历的结果，即人性化地理解他们，而非简单地把他们妖魔化，认为他们"性本恶"。如果我们认为他们其实与普通人无异，只是成长经历致使他们作出恶行，就能对他们的行为作出合理的解释。

▌"普通"仇恨犯罪者

此前很少有仇恨犯罪者直接参与到科学研究当中。被判处仇恨罪的人很少承认自己的罪行中有"仇恨"因素，因此，当他们被要求参与研究时，要么一口回绝，要么婉拒。大多数人表示，他们对受害者的攻击与种族主义或任何其他偏见完全无关。实施仇恨犯罪并同意接受研究的罪犯通常为男性，并且都是有组织的仇恨团伙的成员——他们极端暴力，肩负"使命"，因此有表达意愿。样本选择上的偏差可能意味着这些研究只能反映少数仇恨犯罪者的情况。[①]

曼彻斯特大学教授戴维·加德（David Gadd）是研究普通种族暴力罪犯的少数犯罪学家之一。2008 年，他采访了 15 名有暴力行为的白人男性，他们都来自英格兰西米德兰兹郡（West Midlands）的特伦特河畔斯托克（Stoke-on-Trent，下称斯托克）。当地经济严重衰退，人口构成飞速变化，形成了极其有害的社会环境，于是，当地人把少数族裔当作出气筒。

---

① 因为缺乏其他类型仇恨犯罪者的个人历史数据，所以本章将主要探讨种族仇恨犯罪。由于白人女性仇恨犯罪罪犯数量较少，所以本章将仅仅探讨白人男性罪犯。尽管如此，本章中提出的概念和论点也适用于其他类型的仇恨犯罪者和女性罪犯。

加德的访谈对象中有两个人——格雷格（Greg）和斯坦（Stan），二者均为化名——堪称普通仇恨犯罪者的代表。[①] 格雷格是年轻人卷入防御性仇恨犯罪的一个典型案例，属于第一章所述的"推动"类仇恨犯罪，即当他感觉到自己的领地被侵犯时，就会回避、惩罚外群体成员；而斯坦的案例代表的是更令人不安的"拉动"类仇恨犯罪，已经发展出极右主义意识形态倾向，他的行径更具报复性和使命导向。

格雷格

　　格雷格接受采访时只有 16 岁。他从未被判处过仇恨罪，尽管他声称自己并不持有种族主义观点，他却因种族主义暴力行为而远近闻名。在他还小得连父亲都不认识的时候，母亲就因为频繁被家暴而选择了离婚，后来他由母亲和继父抚养，很少见到亲生父亲，偶尔会看到父亲开着一辆豪车到处跑。格雷格承认自己非常惧怕继父，他们之间很少交流。格雷格和同母异父的弟弟关系很僵。他发现弟弟和母亲争吵并推搡母亲，便抄起铁棍把弟弟暴打了一顿。他和继兄莱尼（Lenny）的关系要亲近一些，莱尼比格雷格大 5 岁。格雷格 9 岁时，莱尼便引诱他吸食大麻。格雷格 14 岁时，莱尼又诱使他从事毒品交易。格雷格和其他弟弟妹妹不是很亲近，他认为他们太爱"多嘴"。

　　格雷格与母亲的关系很复杂。他试图充当母亲的保护者，攻击所有威胁她的人。他同母异父的弟弟的女友与他母亲起了冲突，于是他攻击了女孩，也因此被指控殴打他人，被迫离开了自己家所在的住宅区，被安置在一个寄养家庭中。一开始这让他非常不安，因为他从未离开过家。但与寄养家庭相处一段时间后，他开始觉得这

---

① 感谢加德教授就他的研究和访谈对象与我进行了讨论。本章所引用的访谈均摘自加德教授所记录的原始文本，以及一系列详述加德教授研究报告的出版物，引用已经获得加德教授的授权。

是一件好事，这让他暂时从混乱的处境中脱身，得以喘息。在寄养家庭的生活很有规律，有人理解他、照顾他，没有令人厌烦的兄弟姐妹，还有自己的独立空间。然而，好景不长，几个月后，他不得不回到母亲和继兄身边。格雷格想保护母亲，但也会抱怨母亲无法养活他。他曾说过，在他小的时候，母亲不肯给他买漂亮的衣服和运动鞋。

格雷格在学校也不断制造麻烦，他与同学打架，攻击校长，还用椅子砸老师。最终，他被学校开除，转到了一所寄宿学校，再次远离家人。这一惩罚手段对他产生了意想不到的效果，他开始变得守规矩，因为他得到承诺，如果行为端正就能回到原来的学校和家中。但是他的良好表现只是昙花一现，回到之前的学校后他又开始欺负同学，特别是一名捷克男生。有4个少年打算教训他一顿，他最终遭到袭击。之后他多次威胁报复，因此再次被学校开除。他不以为耻，反而变本加厉，疯狂地实施各种违纪违法行为——毒品交易、入店及入室行窃、盗车兜风，等等，不胜枚举。15岁时，他养成了吸食可卡因的恶习，每天的开销高达200英镑。

格雷格每天都要吸食可卡因。他的正常生活已分崩离析。他众叛亲离，朋友避之唯恐不及，母亲拒绝和他说话，女友给他下了最后通牒。他深陷抑郁、酗酒和暴力的旋涡中，无法自拔。他和当地的亚裔孩子长期存在冲突，通常情况下他只是对那些孩子恶语相向，但有一次，他的一个铁哥们对其中一名亚裔男孩进行了身体攻击，他也卷入其中，这导致格雷格因恶性种族攻击罪被逮捕和起诉。尽管这场地盘之争让人认为是因种族主义而起，但格雷格并不承认自己持有种族主义观点，他称其他外来的亚洲人和黑人为"模范少年"，尤其是那些向他购买毒品的人。

尽管格雷格坚称自己不是种族主义者，但他曾公开承认不喜欢寻求庇护者，因为他觉得这些人正在侵占他的城市。他承认自己故意破坏了一名土耳其男子的汽车，还扔瓶子砸了他家窗户的玻璃，以此回应这场"入侵"。导致格雷格这种行为的决定性原因是，他注意到这名土耳其男子在和小区里的一名白人女性约会。他在事后说："我只是想，这个厚颜无耻的混蛋，夺走了我的白人女人……不是我的女人，而是我的种族。"据他回忆，扔完瓶子后，他感到非常振奋。他说："当时我兴奋不已。"

格雷格说："我每次看到白人女人和亚洲小子或者土耳其小子在一起时，都会有这种感觉。但我不介意黑人男性和白人女性在一起，他们想要多少白人女人都可以。只不过那些来自亚洲国家的人、土耳其人、阿尔巴尼亚人——随便你怎么称呼他们，我见不得他们跟白人女人搞在一起。"

格雷格此举立刻招来了报复，那名土耳其男性挥舞着铁棍开始对他疯狂追打。格雷格的母亲闻讯赶到现场，在冲突中，她的头部受到重击，被送进了医院。格雷格回忆说，母亲被击中头部后他动过杀人的念头，他说："这事让我耿耿于怀，我的脑袋被弄得一团糟……要是我抓到他，一定会杀了他……要是由着我的性子，他早就躺在棺材里了。"

在女友的帮助下，格雷格的生活最终回归正轨，他不敢想象自己失去女友会怎么样。女友怀孕后，女友的母亲曾强迫她离开格雷格，面对风风雨雨，他们俩始终同舟共济，一起经历了很多。格雷格认为女友是他的整个世界。"她是我最亲近的小东西（原文）……她帮我渡过很多难关，处处关注我、为我好……不图任何回报……如果没有她，我一定会蹲监狱……要么会伤害别人……要么会回到老路上，进行毒品交易，我最终会在那条路上伤人夺命。"在他看来，如果失去女友，他肯定就毁了。后来，他设法成了一名戒毒志愿者，让自己免于牢狱之灾。

斯坦

斯坦接受采访时年仅 19 岁，他因种族仇恨行为而违法，他曾参与极右翼活动，对少数族裔使用暴力。斯坦的家庭情况与格雷格相似，父亲在他出生后就抛家弃子，据说去了另一个家庭，养那个家里的"好儿子"（换言之，斯坦并不是个好儿子）。斯坦的母亲后来也不断恋爱，和一个又一个男人约会，他们个个都有暴力倾向，其中一个男人甚至当着孩子的面拼命掐她的脖子。5 岁的斯坦当时躲在沙发后面，多亏他跑了出来，举起鱼缸砸在那个男人头上，母亲才捡回一条命。斯坦记得，警察破门而入后，所有邻居都盯着他看。

斯坦 8 岁左右时，开始在学校里对同学和老师进行性骚扰。他还有严重的暴力倾向，再小的事情都会让他暴跳如雷。他曾不止一次把老师锁在储藏室里，还威胁过校长。斯坦曾目睹自己的母亲睡觉时被强奸，此后他对性的看法进一步扭曲。他试图抑制这些念头，但收效甚微。母亲不断换男友，不断被家暴，之后开始酗酒。有一次，母亲在殴打斯坦的过程中，身上的睡衣不慎滑落，还被斯坦的一帮朋友看到了。这些经历都给斯坦带来了极为严重的负面影响。

他宣称自己是"地道的小种族主义者"，并于 15 岁时通过互联网加入英国极右翼组织"民族阵线"。这个组织成了他的靠山，组织里的成员照顾他，给了他在自己家里感受不到的安全感。中学时期，斯坦参与了一场涉及亚洲学生帮派的斗殴，他称之为"白人对抗巴基佬"。他在采访中说："这些巴基佬到处乱窜，还说'你们对我们无计可施，我们他 × 的拥有这个星球'……他们就他 × 是一群小偷、乞丐……我讨厌他们拉帮结派。"斯坦还承认，他和民族阵线的朋友们相互配合，参与了当地的大规模械斗。他说："当时到处都是血，有个人奄奄一息，没他 × 的人管。说真的，这真他 × 邪恶。有人被刺伤脖子，有人被踩踏在地上。太疯狂了。（哈哈大笑）人们横冲直撞，那场面真乱。（哈哈大笑）我把他们都打了……他们所有人都挨揍了。"

一段时间后，斯坦觉得自己的女友受到了一名来自科索沃的男子的冒犯，愤而袭击了对方，险些因此入狱。受害人被打得很惨，只能通过吸管进食。斯坦对此毫无悔意："这件事……我没什么过意不去的。就是觉得很好笑，很热闹。我打断了他的下巴，打塌了他的鼻子。我觉得很好笑。我喜欢打架，真的喜欢，我也不清楚为什么。"

斯坦入狱前的最后一次暴力行为针对的是一名亚裔男子。一位与斯坦有过亲密关系的年轻白人女性，拒绝了一位亚裔男子的示好，遭到了该男子的攻击。这让斯坦怒不可遏："我想，去他 × 的吧。我咽不下这口气。巴基杂种……我身边刚好有根台球杆……我就对他说：'可以点餐吗？'……他低头找菜单的时候，我抄起了台球杆。'我让你尝尝这个'，砰，砰，砰，我照着他的脑袋狠狠地打了三四下，然后就跑了。"斯坦被指控犯有若干项罪行，涉及严重的种族威胁行为、寻衅滋事、实际身体伤害、刑事损害等，最终获刑两年。接受采访时，他正在服刑。

加德教授采访的其他 13 名罪犯与格雷格和斯坦一样，都是情感受伤、被社会边缘化的贫困青年男性。这些特征在很大程度上并不能将他们与一般的非仇恨犯罪者区分开来，而有所区别的是他们处理情绪问题的方式。童年时期的情感创伤会阻碍个体的心理发展，在这种情况下，正常的应对机制要么失灵，要么存在缺失。没有应对机制形成的防护网，大多数非仇恨犯罪者在面对看似极端的外部压力时都会责怪自己、家人或朋友。但对格雷格和斯坦来说，责怪普通人远不及责怪其他种族的人更简单便捷。

格雷格和斯坦的过往经历有相似之处，这有助于解释他们走上种族主义暴力之路的原因。他们两人都表达了对父母，尤其是对父亲的排斥感和失落感。格雷格从未与父亲正式见过面，只见过他开着奔驰兜风。谈及父亲，他说："……他甚至不知道我是谁，所以我并不觉得烦恼……要是他想找我，就会联系我的。"斯坦相信父亲离开是为了培养那个"好儿子"，那个好儿子后来成了一名成功的销售代表。父亲与斯坦断断续续有一些联系，但他 9 岁之后，父亲就不再探视他，也没有给出任何解释。几年后，父亲给正在服刑的斯坦写过信，还给他寄过几次包裹。但斯坦获释前后父亲的缺席又激起了斯坦的愤怒和厌弃情绪。"你他 × 的……去死吧，你这个混球。"他在采访中依旧对此耿耿于怀。

格雷格和斯坦的经历都是"拒绝那些拒绝者"的典型案例，他们试图阻挡再次被拒绝的痛苦。但是，将童年时期被拒绝的深刻痛楚掩盖起来是隔靴搔痒的做法。在之后的生活中，若遇到不稳定的状况或遭受压力时，他们伤口表面的创可贴随时都会被撕下来，旧伤疤会被随时揭开。当痛苦的根源——比如斯坦缺席的父亲——无法成为攻击目标（在某种程度上，这意味着重新"包扎伤口"）时，伤者就会寻找替代目标。在格雷格和斯坦的案例中，替代目标就是移民、土耳其人和亚洲人。

以上两个案例中的母亲都是反复遭受家庭暴力的受害者，她们的儿子都目睹了让母亲伤痕累累的暴行，有时还会受到牵连。格雷格的父母因父亲的暴力行为而分道扬镳，斯坦的母亲先后交往了多个家暴者。幼年时期反复目睹家庭暴力事件，会侵蚀儿童心理健康发展所需的纯真、人身安全感和爱。受虐的母亲在儿子眼里显得极度脆弱无力，因此，儿子在充满暴力和男性化的世界中长大后，也很难认同自己的母亲。

这两个案例中的父亲都抛妻弃子，母亲在情感上和身体上都无法扮演好保护者的角色。格雷格责怪母亲使他卷入犯罪，指责母亲有钱却不养他："……妈妈从来没有给我买过任何东西，我只好去偷……我看到过她打开鼓鼓的钱包，里面都是钱。"他还觉得，自己被继兄欺负、被学校开除、小小年纪就在家中接触毒品，都是因为母亲没能保护他。尽管如此，格雷格依然想要保护母亲，恨不得杀死那个挥舞铁棍意外击中她的土耳其人。因为早年遭受虐待和性暴力，斯坦对人际关系和爱的认知受到摧残。邻居和朋友也目睹了这些虐待行为，这令他感觉羞耻，使他产生杀死肇事者的凶残念头——这些想法后来被投射到他认为对白人女性进行性掠夺的亚裔受害者身上。

容纳失败

理解格雷格和斯坦这类人的种族主义行为，关键是理解他们的情感问题。他们都缺乏归属感，从小就找不到情感寄托。亲人的嫌恶带给他们的痛苦和失落感，加上保护者无法提供他们需要的安全感，导致他们寻求其他支持途径。既然母亲尽不到责任，格雷格便开始进行毒品交易和轻度犯罪，以此养活自己，后来，又转向扮演母亲角色的女友寻求安慰。斯坦与异性的关系受到童年经历的困扰，于是他采取了另一种做法。可以说，他是被"民族阵线"收养了，这个组织成了他的替代家庭。斯坦在采访中这样说："我知道有个庞然大物环绕着我，就好像我知道我得到了保护一样，我的背后似乎立着一根大权杖，你懂我的意思吧……他们支持我，而且……他们会照顾我。"

寻求替代性支持是童年心理发展过程中容纳失败的反应。在精神分析学中，容纳指的是父母因为孩子太小而无法理性处理导致其身体或情感痛苦的事件，于是为孩子提供精神供养的过程。试想一个蹒跚学步的孩子第一次摔倒时擦伤了膝盖，孩子不知道到底会有多疼、疼痛是否会停止、擦伤是严重还是轻微。而在场的负责任、有爱心的父母会迅速安慰孩子，并解释这只是一次小小的擦伤，疼痛不会加重，很快就会停止。父母承认并"容纳"幼儿的痛苦，会使幼儿合理看待痛苦，渡过难关。对于蹒跚学步的孩子来说，有父母充当"容器"，疼痛会变得不那么难以忍受。久而久之，当孩子将父母的应对策略内化后，倘若再次发生擦伤，孩子对这种容纳的需求就会降低。精神分析学家认为，我们与父母、爱人、密友之间持续一生的容纳过程，对我们心理稳定感的发展至关重要。

我们从斯坦和格雷格这类暴力种族主义者身上可以看到，从他们的童年早期到青春期再到成年早期，容纳过程一而再再而三地失败，在没有人关心他们或没有人能够关心他们的情况下，糟糕的经历和感受"未经容纳"，一直处于令人不安的原始状态，痛苦得不到疏导。试想，在斯坦的成长过程中，有谁能够容纳他对家庭暴力的恐惧，有谁能告诉他暴力会停止，情况不会变得更糟，后果可以控制？他的母亲做不到这一点，她一次次地与虐待她的男友同居，一次次地抹杀了容纳斯坦的恐惧的可能；那个在斯坦家庭中扮演父亲角色的人也做不到这一点，斯坦甚至目睹了那个人趁母亲昏睡时对母亲施以强奸。我们再来想象一下格雷格的童年世界，父亲虐待母亲后一走了之，母亲无法保护他，因此他遭受了继兄的伤害，然后被学校开除，走上了犯罪的道路。他的心理发展受到了怎样的影响？他两次被迫从家中搬离，先是和寄养家庭一起生活，后来又被送到寄宿学校，这进一步剥夺了他容纳无力感和脆弱感的机会。

加德教授所研究的其他仇恨犯罪者也有类似的经历——童年受虐、生活贫困、无家可归、被排斥、被遗弃、丧失至亲、患上精神疾病、吸毒、酗酒——每一个因素都具有破坏性。正如这些研究所揭示的那样，多种因素结合在一起，无疑会阻碍这些人成年后的应对能力。压力大的时候，他们无法容纳自己的痛苦，就有可能实施种族主义暴力。

仇恨，精神创伤的容器

大多数人都能把自己的偏见限制在脑海中，在它影响行为之前，对它进行理性的分析，使它逐渐消退。这种能力需要我们具备良好的心理稳定性，尤其是我们与外群体成员存在矛盾的时候，这需要我们自童年时期就能从父母身上习得这种在矛盾中不做争辩的心理应对机制。这样一来，成年之后遇到压力时，我们就可以调用和部署这些功能。而斯坦和格雷格这样的人，由于成长过程中的容纳失败，没有发展出这种在极端环境下或压力巨大时能够遏制偏见的心理机制。

忽视、冷落、过分批评、反复无常的家庭环境会让孩子产生深刻的挫败感,会使他们认为世界是不平等的,只能通过侵犯支配他人,或者屈从和依附他人来应对。格雷格和斯坦的家庭环境都是如此。格雷格和斯坦将童年创伤草草掩埋,问题没有得到处理,也没有人为他们感到痛心。对他们来说,把厌弃、不足、嫉妒、愧疚等无法平复的强烈情绪发泄到那些最初伤害他们的父母身上,是无法想象的事情。于是,他们把怨气发泄到那些他们认为比自己弱小的人身上,即少数族裔和移民身上。种族仇恨为他们提供了一个家,或者说一个"容器",来安置他们过去的创伤所带来的无法平复的挫败感。其他种族的人成了他们更便捷的目标,使他们能够非理性地投射自己的挫败感。

格雷格看到土耳其男性和白人女性在一起时,感觉怒火中烧,但他原本可以退后一步,三思而后行,而不是冲动地砸对方的玻璃。事件发生后,他也可以对自己的行为进行复盘,换位思考,应该认识到母亲受伤各方都有责任,应该就事论事,靠协商解决分歧,而不是动辄诉诸暴力。但和斯坦一样,格雷格不具备这种能力,无法用这些方法控制局面,应对与其他种族的冲突。简而言之,格雷格这样的人看待世界的方式与多数人不同。

面对土耳其男子,格雷格在心理上采用的应对策略带有种族歧视色彩,由此我们可以看出,格雷格认为这是一场强者(英国白人)和弱者(移民到英国的棕色人种)之间的战争;他将这场战争合理化——他认为,在一个不平等的世界里,土耳其男子势必会侵犯他的合法财产(即白人妇女),为了维护自己的财产,他和对方必有一战;他从自己的角度出发进行思考,认为采纳他人的观点就等同于承认自己的软弱。他认为母亲是被对方故意打伤的,而非意外。他通过行动发泄沮丧的情绪,因为他无法用语言明确地表达自己的心理诉求。

面对与外群体成员的冲突，这样的应对方式起到了立竿见影的效果，它似乎让格雷格与土耳其男子之间区分了高下。用格雷格的话说，就是"让他明白了自己算个什么东西"；也让格雷格和斯坦产生了凌驾于受害者之上的力量感。这种力量感是他们自小便无法获得的，让他们深深着迷。在某些男性看来，从支配他人的行为中寻求力量感，有助于提升他们的男子气概——这让格雷格感觉自己更像个男子汉，能超越自己以往的社会形象。

格雷格和斯坦在童年时期遭受的创伤根深蒂固，属于个人创伤。人们在成年时期也会经历创伤，导致他们将仇恨作为容器。同时，他们也都谈到了成年后的失落感：失去工作、得不到尊重、生活方式被改变——这些都是去工业化城镇中的常见现象。这些失落感可能波及整个社区，并可能导致多种应对方式。有的属于集体行为，比如对移民到来之前的旧时代的颂扬；有的属于个体行为，比如个人对种族混合问题的过分关注。有时候，集体和个人的挫败感还会混合，比如那些声称引进移民会带来风险的政治宣传，会让人们对移民产生普遍性的敌意，这可能会和深刻的个人挫败感融合到一起。

从对格雷格和斯坦的访谈中，我们可以明显看出，他们试图将自己仇视少数族裔的行为合理化，认为少数族裔应该为他们所遭受的痛苦负责。他们被童年创伤所塑造的内心情感世界，与他们眼中家乡所遭受的外部危机相互碰撞。他们根深蒂固的排斥感、不满足感、嫉妒感、罪责感，与移民问题和种族问题非理性地交织在一起，因此认为移民和外来族裔是白人失业、贫困、不健康、身份被侵蚀的根源，是他们生活中一切意外损失的根源。

与英国的许多地方一样，斯托克于 20 世纪八九十年代饱尝了去工业化所带来的痛苦。20世纪50年代，当地著名的陶瓷产业雇佣规模高达7万人，后来萎缩到不足1万人。和英国全国和各个地区的平均水平相比，该地的就业、薪资、教育水平一直较低。出现经济衰退的同时，该地外来移民的数量也急剧增加。2000年斯托克被指定为避难者疏散区后，这一现象更加明显。这里的印度人、巴基斯坦人、孟加拉人的人口总数从1991年的5224人增加到2011年（采访格雷格和斯坦三年后）的13855人，增长了165%。与此同时，该地的白人人口下降了7%，因为当地有子女的家庭和受过教育的人都搬走了，纷纷前往其他城镇或城市定居。人口结构的迅速变化引发了强烈舆论，人们为这是阻碍当地居民过上"美好生活"的原因。斯托克被本地居民描述为倾倒"垃圾外国佬"的"垃圾场"，类似的称谓还有"战区""非洲""孟买"。年轻的白人居民认为"贫困的外国鬼子"是这个城市衰落的直接原因，"巴基佬"和"土耳其佬"因此经常遭到这些白人居民的漫骂。[①]

格雷格和斯坦做了他们觉得自己唯一能做的事情，即让那些他们认为应该对骚扰和暴力负责的人承担责任，以此减轻自己的软弱感、厌弃感和羞耻感。一名移民少年在当地政府所建的住宅区中遭到袭击，能够让他们短暂地获得丧失了的控制感和自豪感，而丧失其实是由于他们将个人悲剧与社群悲剧非理性混合导致的。对他们来说，实施种族暴力行为不仅是为了征服外群体，也是为了获得男

[①] 正如斯坦的案例所示，极右势力很快便开始利用这种强烈的敌意。在当地2008年的地方性选举中，如今已奄奄一息的BNP曾经一举获得60个席位中的9个，成为议会中仅次于保守党的第二大联合党。不过这一成功只是昙花一现，仅仅在两年后，新成立的保卫英国联盟就在该市举行了有史以来规模最大的示威游行。英国独立党在全民公投前站稳了脚跟，用反移民言论动员选民。斯托克以约69%的投票比例支持脱欧，在所有城市中，其支持脱欧的票数最高，因此赢得了"脱欧之都"的称号。斯托克与许多脱欧派占多数的地区一样，随着公投结束，种族和宗教仇恨犯罪数量也开始呈明显的增长趋势，与上一年同期相比飙升46%（英国全国的平均增幅约为29%），是10年以来增幅最大的一年。

性的力量感和自豪感。

童年创伤和不断加剧的社区问题相互作用，或许能够解释为什么一些"普通人"在坚称自己没有偏见的情况下实施了仇恨犯罪。这类犯罪者往往会极力否认自己怀有偏见，而另外一些最荒诞最恶劣的仇恨犯罪者（即出于某种使命感的谋杀），却毫不讳言自己怀有偏见，并敢于公开承认。对于这些穷凶极恶的仇恨犯罪者，调查他的成长背景能够帮助我们理解他的犯罪动机吗？

▍"特殊"仇恨犯罪者

美国种族主义狙击手

约瑟夫·保罗·富兰克林与许多连环杀手不同，他从不为寻求性快感而杀人。这一点使他有别于特德·邦迪（Ted Bundy）、外号"波士顿扼杀者"的艾伯特·德萨沃（Albert DeSalvo）及彼得·萨克利夫（Peter Sutcliffe）等人。富兰克林只为意识形态而杀人——他认为白人的纯洁性受到了黑人和犹太人的污染。20世纪70年代末，他走遍美国，一个人开始了一场长达3年的种族战争，对那些他认为给白人至上主义带来威胁的人进行跟踪和射杀。

富兰克林原名小詹姆斯·克莱顿·沃恩（James Clayton Vaughn Jr），在一个亲情淡漠、父母虐待成性的家庭中长大，自小饱受折磨。詹姆斯和自己的哥哥以及几个同父异母的姐妹一样，每天都会遭到父母的毒打。他的父亲老詹姆斯·克莱顿·沃恩（James Clayton Vaughn Sr）是个酒鬼，酗酒无度，经常离家放纵自我，一走就是几个月。他的母亲海伦（Helen）是德裔。据报道，海伦的父母曾支持纳粹，并曾虐待过海伦。海伦同她的父母一样，冷酷、固执、待人严苛。她对子女实施恐怖性管教，对詹姆斯尤为苛刻。詹姆斯吃饭时，她总是狠狠地扇他耳光，对他咆哮："坐直了，注意吃相。"詹姆斯和母亲如出一辙，常常会模仿母亲的侵犯行为。他会折磨小动物，比如绑住猫的尾巴，把它倒吊在晾衣绳上。

据他的姐妹们回忆，詹姆斯是父母的重点虐待对象，整个家庭也始终处于暴力的旋涡中，凌虐如同家常便饭。孩子们经常目睹母亲被父亲毒打，母亲甚至被父亲殴打到流产。海伦除了日常对儿女施暴之外，还常常不给他们饭吃，导致他们营养不良，发育迟缓。据报告，几个孩子成年后均出现了心理健康问题。

老詹姆斯酗酒成性，很难找到稳定的工作。为了他的工作，一家人四处迁徙，但是他每一份工作都干不长。孩子们也无法稳定地接受教育、交朋友。后来，一家人终于在亚拉巴马州（Alabama）莫比尔（Mobile）实行种族隔离的伯德维尔（Birdville）住宅区定居。不过，此时老詹姆斯早已抛妻弃子，不知道去哪里了。

就在这个时候，7岁的小詹姆斯骑自行车时遭遇了一场事故，导致他视力受损。这场事故也在一定程度上改变了他的一生。他责怪母亲在事故发生后没有照顾好他。他觉得，如果处理及时，自己的视力是可以保住的。然而，视力的残障并没有阻挡他对枪支的热爱。他过生日时，哥哥送给他一把枪作为礼物，又带他到附近的树林里教他打猎。他练就了一手好枪法，几乎弹无虚发。据詹姆斯回忆，少年时期，他身上永远都带着枪。枪成了他的拐杖，也成了他弥补视力障碍、消解自卑感的武器。

9岁到11岁这段时间里，小詹姆斯简直成了书虫，贪婪地阅读一个又一个童话，躲在故事中逃避家人的虐待。他一直独来独往，几乎没有朋友，最后他连兄弟姐妹都不再搭理了。他拒绝和他们共用水杯，即使洗得干干净净；他们坐过的椅子，小詹姆斯也要垫上一块布才肯坐下。

詹姆斯就读于当地最大的中学，目睹了第一批黑人学生入学，这让他感到既委屈又气愤。由于亚拉巴马州官员坚决反对，学校取消种族隔离的行动姗姗来迟，这导致民权组织和警方之间暴力冲突频发。这一时期，詹姆斯的家庭内外都充斥着暴力，他深陷其中。与此同时，他对极右意识形态产生了兴趣，开始如饥似渴地阅读《圣经》和《我的奋斗》（Mein Kampf），极右意识形态伴随他的青春期肆意生长。他经常想象自己和同情纳粹的外祖父母相见的场景，或者盯着远房亲戚身穿希特勒青年团（Hitler Youth）制服的照片出神。他通过书籍了解到，基督教有好几个分支，于是他选择了信奉一个以白人至上主义为核心思想的极端教派。

1968 年，18 岁的詹姆斯结婚了，不久就有了孩子。但就像很多童年遭受过极端暴力虐待的人一样，詹姆斯也时常殴打妻子，致使这段婚姻不到一年时间便宣告破裂。这是他的家庭生活第二次出现波折，他索性放弃了再婚的念头，离开了亚拉巴马州，想另寻一个家园。他先是加入了华盛顿哥伦比亚特区的美国纳粹党（American Nazi Party），后来转投亚特兰大的美国州权党（National States Rights Party），最终又回到亚拉巴马州，加入美利坚联合部落党（United Klans of America），那是当时最著名、最暴力的一个三 K 党组织。在此期间，詹姆斯正式更名为约瑟夫·保罗·富兰克林，以纪念极端种族主义者、纳粹党人保罗·约瑟夫·戈培尔（Paul Joseph Goebbels）和美国开国元勋本杰明·富兰克林（Benjamin

Franklin）。富兰克林开始学习应对"一触即发的种族战争"所需的必要技能，一心成为一名为白人而战的独狼战士。1977 年，富兰克林在犹太社区发动数次爆炸袭击，均以失败告终。之后，他辗转美国各地，恣意发动 20 起疯狂的狙杀行动，直至 1980 年因自由公园谋杀案被捕。[①]

执行死刑的几天前，富兰克林表示对自己过去的行为后悔不已。他声称自己从小被父母忽视，贫困交加，惨遭殴打，身世悲惨，发育不良，他觉得自己对黑人的看法至少比普通人落后 10 年。他怪罪自己的母亲，却没有怪罪自己的父亲。

伦敦的钉子炸弹客

戴维·科普兰在童年时期并没有经历过虐待或家庭暴力，与约瑟夫·保罗·富兰克林极不正常的教养方式相比，他的家庭生活可谓完美无瑕。戴维·科普兰出生于 1976 年，父亲斯蒂芬（Stephen）是工程师，母亲卡罗琳（Caroline）是家庭主妇，家中兄弟三人，科普兰排行老二。在父母和众多老师的眼里，他都是安静、善解人意、有教养的好孩子。他身材矮小，深居简出，这与他避世内敛的性格很相称。13 岁左右时，由于担心他发育迟缓，以及睾丸发育不全，父母送他去医院检查。医生为他做了全面的体检，自然也检查了他的生殖器。他为此感到羞愧难当，对父母恼羞成怒。

科普兰 19 岁那年，他弟弟过生日的那天，父母爆发了一次剧烈的争吵，并结束了婚姻。当晚，母亲离开家一走了之，第二天早上，

---

① 富兰克林被判犯有 7 起种族谋杀案，但他供认自己实施了 20 起种族谋杀案。

父亲把这个消息告诉了科普兰。科普兰怒不可遏，发誓再也不和母亲说话，也不再提起母亲。此后他变得更加内向，开始借酒浇愁，不再与家人和朋友沟通。他父亲觉得，是父母离异导致科普兰的心态急转直下，并患上了精神疾病。

高中毕业时，他在考试中通过了7门课程，接着又在专科学校修完了一门电工课程，便开始求职，结果屡屡碰壁。正是这个时期，他的话语中开始透露出一丝偏见的迹象——他指责移民抢走了那些好职位。1997年，他离开家，在伦敦地铁（London Underground）找到了一份工作，做工程师助手。他租了一间廉价的出租屋，既当卧室又当起居室，因为对伦敦不是很熟悉，所以他下班后大部分时间都足不出户，偶尔会去猎艳。他曾加入极右翼政党 BNP，当他发现这个组织不肯使用武器时，便很快脱离了。

1996年，埃里克·鲁道夫（Eric Rudolph）针对堕胎权等发动了一系列袭击，其中之一就是用管状炸弹在百年奥林匹克公园（Centennial Olympic Park）实施的亚特兰大爆炸案。这是一个关键的时刻——科普兰由此萌生了袭击伦敦的想法。此后，他如饥似渴地阅读不同版本的希特勒传记，以及描述美国暴力革命和种族战争的书籍，还有从网上下载的一本关于恐怖分子的指导手册。在犯下可怕的罪行之前，他还曾去找全科医生看病，声称自己"疯了"。医生给他开了抗抑郁药。

人们在科普兰出租屋的床上发现了恐怖主义的宣传册，按照上面的建议，科普兰开始履行用炸药发动种族战争的使命。他连续制造了几颗钉子炸弹，分别于1999年4月17日、24日、30日，先后在布里克斯顿（Brixton）、砖巷（Brick Lane）、苏豪区（Soho）引爆，目标是黑人、孟加拉人等群体。这3次爆炸共喷射出数千颗约10厘米长的钢钉。发生在布里克斯顿的袭击造成 48 人受伤，发生在砖巷的袭击造成 13 人受伤，而发生在苏豪区的袭击造成的伤亡最为惨重。科普兰将苏豪区的爆炸地点选在一家酒吧，时间选在周末的晚上。当时正值银行假日[①]，酒吧内人头攒动，人们挤在密闭的空间里，炸弹的威力得到了最大程度的爆发。酒吧内共有 79 人，3 人遇害，其中一名死者安德烈娅·戴克斯（Andrea Dykes）怀有 4 个月身孕，另外两名死者尼克·穆尔（Nik Moore）及约翰·莱特（John Light）是她的朋友。酒吧中的人没有一个能毫发无损地避险，许多人失去了四肢或眼睛。

苏豪区爆炸案发生后不久，警察在科普兰的出租屋中将其逮捕。屋内散落着炸弹制造设备、各种极端组织的宣传资料和会员卡，还有若干涉及他自己的爆炸事件和世界各地其他暴行的新闻剪报。警方报告称，科普兰对自己发动的 3 次袭击供认不讳。此外，他还承认自己正在策划更多的袭击，并用冷酷的军事辞令描述他的行动，大谈其"使命感"和预期中的"伤亡"人数。

科普兰被捕并接受了医学鉴定，布罗德莫精神病院（Broadmoor Hospital）的 5 名精神科医生诊断他患有偏执型精神分裂症，病史可追溯到青少年时期。他向精神科医生讲述了自己的往事，还说他相信自己是上帝的使者，在受审后会被"全能者"拯救——这是妄想信念和失去理性等症状的典型表现。

但检方邀请的第六名精神科医生认为，不能因为科普兰妄想自己是上帝的使者就断定科普兰患有精神疾病。他诊断科普兰患有人

---

① 英国法定公共假日，银行在假日中会关闭，暂停所有交易。——编者注

格障碍。在阅读了科普兰出租屋内的宗教和政治资料后（其他医生没有充分注意到这一点），这名医生得出结论——科普兰只是在背诵其中的段落。科普兰的行为明显偏离了文化预期，但他并没有表现出什么症状能够显示他患有严重的精神疾病。科普兰与精神分裂症患者不同，他能够充分理解现实。

科普兰最终否认自己有病。候审期间，他写信给笔友帕齐·斯坎伦（Patsy Scanlon），称自己"无端"服药，"骗过了所有的医生"，并称自己"不是一个怪物，而是一名优秀的恐怖分子，是一个为信仰舍生取义、挺身而出的人"。帕齐·斯坎伦并非科普兰所倾心的那朵孤独的英国玫瑰。事实上，"她"的实名是伯纳德·奥马霍尼（Bernard O'Mahoney），真实身份是一位犯罪作家。这位作家会以虚假身份诱使罪犯与他通信，吐露犯罪实情，为控方收集供词和证据。尽管布罗德莫精神病院那5名精神科医生可能会说，精神分裂症患者常会否认自己的病情，因此他们的诊断不一定不成立，但科普兰写给"帕齐·斯坎伦"的信在审讯中还是成了证据，这些信件证明，科普兰并没有患上严重到可以减轻其罪责的精神疾病。

最终，检方认定科普兰的健康状况符合审判条件。他有明辨是非的能力，有意志力和自由选择的能力。他头脑清醒，能够制造炸弹，在制造过程中并没有把自己炸飞，也十分清楚自己行为的后果。陪审团得知，他花了1500英镑购买烟花和雷管，并以类似闹钟的机械装置作为炸弹的定时器。他在出租屋附近的一块空地上进行过一系列试验，通过操控化学物质的剂量，观察炸弹的爆炸规模，以确定能否最大程度地制造伤亡。袭击那家酒吧后，他前往当地一家酒店，通过电视新闻观看爆炸现场的情况。他承认，在听到有一名孕妇因此丧命时自己感到了不适。陪审团裁定他犯有谋杀罪，他被判处终身监禁。

一名负责报道此案的《卫报》记者写道，科普兰在法庭上只表露过一次情绪。当时，他自称患有精神疾病，所以承认误杀罪而不承认谋杀罪。他的话引发旁听席上一阵阵骚动。人们大喊："可耻！""把他押下去！"一个女人泪流满面地喊道："杂种！杂种！"科普兰抬头看了一眼那个流泪的女人，脸上露出得意的神色。

理解"特殊"仇恨犯罪者

大多数形式的极端暴力行为都会让人感到困惑，连环谋杀则会让人产生强烈的恐惧感，因而降低我们思考犯罪动机的意愿。我们想弄清楚凶手的动机时，心中难免产生"我在替凶手开脱"的罪恶感。所以我们更愿意认为那些实施疯狂杀戮的人都是"疯子"，不可理喻。

诊断凶手患有精神疾病，据此解释其罪犯行为，一切疑惑都能简单地搪塞过去，但这也剥夺了受害者家属寻找真相的权利。我敢说，精神错乱这一诊断会掩盖某些实情，而普通人对这些有基本的知情权。无论催生犯罪动机的境况有多么罕见或不寻常，想要把它们拼凑在一起，我们都要冒着风险把凶手人性化。他们所处的环境是人类经验的一部分，不管它们看起来多么恐怖或离奇。

富兰克林显然遭受了种种容纳失败、身体虐待、毁灭性的伤害、破坏性的营养不良等诸多方面的痛楚，并在青春期开始出现患有人格障碍症的迹象。科普兰声称受到家人的"精神折磨"，屈辱地接受生殖器检查，父母的离婚让他难以接受。虽然与富兰克林的经历相比，科普兰的经历平淡得多，但创伤的影响往往与个人的应对能力有关，科普兰的抗压力阈值可能相对较低。

格雷格和斯坦的种族主义行为无法与富兰克林和科普兰的可怕罪行相提并论。那么，运用社会心理犯罪学来理解他们的动机是不是画蛇添足？我们可以看到，富兰克林和科普兰的父母并没有容纳他们的童年创伤，因而他们的情绪始终处于未经疏导的、难以控制的状态。这可能会抑制他们与外群体成员交流时处理压力的能力。在之后的生活中，他们的创伤所引发的怨恨可能已经从真正的根源（即他们的父母）上，转移到其他不那么强大的对象（即少数族裔受害者）身上。与格雷格和斯坦一样，种族仇恨可能已经成为容纳他们的极端失落感的容器。

如果这一分析能够充分解释富兰克林和科普兰犯下的多起谋杀案，那么我们理应看到更多大规模的仇恨杀戮事件。富兰克林的兄弟姐妹也经历过和他类似的童年创伤，但事实证明，他们并没有成为种族主义杀手。这又应该如何解释呢？科普兰的成长经历在某种程度上给他造成了精神创伤，但是这样就能够解释他发动爆炸袭击的原因吗？也许我们还需要一些额外的信息，它们就藏在这两个人的性格当中。

性格、精神疾病与仇恨行为

众所周知，父母对我们性格的塑造有着巨大的影响。当你的伴侣说"你就和你的母亲一样"或者"你就和你的父亲一样"时，他们多半没有说错。一项针对双胞胎的研究表明，性格既是由父母的遗传基因决定的，也是由养育环境决定的。我们所接受的养育方式会强化我们的生物学特征，在这一点上，多数人不能例外。

这是不是意味着，富兰克林和科普兰从他们的父辈、祖辈那里继承了偏见和仇恨？偏见和仇恨并不算是人格的一个方面，我们找不到可以遗传的种族主义、性别歧视基因，或者任何涉及其他偏见的基因。然而，某些人格因素是可以遗传的，其中一些因素可以在催生偏见和仇恨中发挥作用。

某些严肃科学研究证实了这一点。我们从来自 9 个国家、涉及 2 万余人的 71 项研究中获得了证据，结果表明，某些人格特征与偏见之间存在着间接联系。这些研究大多着眼于"大五人格模型"（Five-Factor Model），许多人在职场的团队协作中都参与过基于这一模型的测试。虽然我们的测试结果千差万别，但是"大五人格模型"中的五种特质（外倾性、宜人性、责任心、神经质和开放性）还是占了我们性格的 50% 以上。

右翼权威主义（Right-Wing Authoritarianism，简称 RWA）量表和社会支配取向（Social Dominance Orientation，简称 SDO）量表是两个经典的偏见预测量表。倘若要求富兰克林和科普兰完成这两个量表，他们应该都能得高分。右翼权威主义量表衡量的是受试者在多大程度上认为，违背价值观的行为以及地位稳固的当权者使人们缺乏安全感，进而威胁了社会秩序和社会现状。量表的得分越高，说明受试者越相信这个世界存在固有的危险，只有遵循一套主导规则才能控制危机。社会支配取向量表衡量的是受试者对不同类别人群之间不平等关系的接受程度，包括对一个种族支配另一个种族的接受程度。得分越高，说明受试者越相信世界是一个存在残酷竞争的、弱肉强食的丛林，群体等级制度的存在是自然的、不可避免的，也是可行的。

右翼权威主义量表和社会支配取向量表与"大五人格理论"中的开放性和宜人性两种特质密切相关。虽然思想封闭（开放性差）、过于自私自利（宜人性差）的人并不一定都会成为种族主义者，但是他们更倾向于认为这个世界是只奖励强者的。富兰克林和科普兰更是坚信这一点，所以他们与周围的世界隔绝开来。再加上他们的父母在他们的社会化过程中强化了这些因素，以及他们的成长环境中普遍存在的偏见态度，更是创造出了滋长仇恨的沃土。但是，并没有明确的证据表明他们的父母确实表达过偏见态度，即使有过，为什么他们的兄弟姐妹和他们有着相同的祖先及成长环境，受到的影响却比较小呢？

也许我们还是要从精神疾病中寻找这一问题的答案。尽管目前我们尚不确定富兰克林和科普兰在犯罪时是否患有精神疾病，但童年创伤可能干扰了他们情绪反应、情绪唤醒和控制冲动等能力的正常发展。

童年的严重创伤史会造成生理性的后果。童年时期的压力因素，比如目睹儿童被虐待，以及其他反复的暴力行径等创伤性事件，会触发糖皮质激素的释放，这在一定程度上会启动"红色警报"，引发"战斗或逃跑"反应。充斥着糖皮质激素的年轻大脑会对杏仁核产生放大效应，使其更加抗拒执行控制区（前额叶皮层）的影响——这一区域能对我们的行为起到踩刹车的作用，反过来又会使人对刺激产生的恐惧心理形成长期记忆，这种由糖皮质激素激发的恐惧记忆非常难以消除。糖皮质激素会在个体面对问题时鼓励个体作出具有破坏力的习惯性行为，并使个体的冒险行为增多，因为在压力下，人们难以接受能够影响行为的新信息。研究表明，糖皮质激素还会助长自私心理，降低同理心和情绪调节能力。

童年创伤带来的影响并不局限于特定的时间和地点。在之后的生活中，长期的恐惧记忆一旦被触发就会重新出现，初始的那种压力反应和大量的糖皮质激素会再次产生，这不利于人们作出理性的决策，反而会鼓励人的破坏性行为，于是我们会更迅速也更便捷地采取愤怒和攻击的态度来应对。因为攻击行为可以降低压力和糖皮质激素的水平，让我们感觉舒服一些。

对于这种现象，还有一个有趣的旁注。一项研究表明，当女性遇到的压力因素与男性相似时，女性和男性的反应是不同的。女性不太可能选择"战斗或逃跑"，更有可能选择"照料和结盟"（一种旨在为自己和孩子创造安全环境的养育行为）。

童年创伤带来的情绪伤疤也会重塑大脑的生理结构。针对 PTSD 的研究表明，压力事件其实可以改变某些大脑区域的大小，影响人们在日后生活中的行为反应。杏仁核会扩张，引发焦虑；海马体会萎缩，导致学习效率低下。和普通人群相比，PTSD 患者更有可能在没有威胁的情况下出现"战斗或逃跑"反应，更有可能存储与其初始记忆关联不大的恐惧记忆。

这种扩张和萎缩形成一种可怕的混合体，使创伤性恐惧记忆可以被其他景象和声音唤醒，无论这些景象和声音多么温良无害，都会让原始的痛苦经历闪回重现，令人无处可逃。

众所周知，PTSD 患者会出现行为混乱的症状，其中一些患者具有攻击性，严重者具有难以控制的暴力倾向。当然，并不是所有目睹过家庭暴力或曾经遭受虐待的儿童都会患上 PTSD。但是，如果家庭暴力和虐待持续发生，也没有照料者"容纳"创伤，那么出现 PTSD 相关症状的概率就会急剧增加，在儿童反复受害的情况下，即便有照料者"容纳"了这些痛楚，也会出现相同的结果。若加上贫困、营养不良、精神病史、吸毒、酗酒等因素，这种概率就会直线上升。

在富兰克林被定罪的年代，科学界对 PTSD 的理解尚处于初级阶段，不太可能会有精神科医生指出 PTSD 是一个可能的减刑因素。富兰克林在被行刑前表示，虐待影响了他的心理发展，导致他对黑人的看法变得扭曲。考虑到他的妹妹说自己由于童年时期遭受的虐待而患上了 PTSD，而他的兄弟一生都在精神病院进进出出，富兰克林的话并非不可信。科普兰受审时，人类对 PTSD 的认识更加深入了，但没有一位精神科医生认为他的经历可能会导致 PTSD 的发作。科普兰与富兰克林不同，他被诊断患有偏执型精神分裂症，但这没有让法官信服并认定他不适合出庭受审。他供述自己神智正常，还骗过了精神科医生，这也削弱了精神疾病诊断的权威性。

深入挖掘仇恨犯罪者过往的创伤有助于揭开他们真正的犯罪动机。虽然格雷格、斯坦、富兰克林和科普兰的症状从轻微到极端，轻重不一，但是他们都有未获容纳、未经解决的童年精神创伤。他们的心理能力被削弱，成年后难以应对负面情绪的爆发，所以才会以仇恨作为容器来解决问题，其表现就是对少数族裔的攻击。这种基于社会心理犯罪学方法的分析似乎能够更好地解释格雷格和斯坦的罪行，而解释富兰克林和科普兰的多起仇恨谋杀罪行时则显得说服力不足。对于这些更为严重的仇恨犯罪，可能会有其他因素在发挥作用。富兰克林和科普兰的犯罪档案显示，他们热衷于接触极端主义资料和组织。互联网上唾手可得的极端主义内容无疑对科普兰起了作用。触发条件，即刺激他们形成扭曲世界观的各种事件，也起到了明显的作用。

第 7 章

触发事件与仇恨的消长

2008 年 11 月初的一个周六，7 名高中生按照约定在纽约州萨福克县（Suffolk County）富裕的海滨小镇帕乔格（Patchogue）会面，玩一种名叫"踩豆子"① 的变态游戏，他们几乎每周都玩，游戏目标是纠缠和袭击拉丁美洲人。这 7 名少年自称高加索帮。这一天，他们在距离汉普顿（Hamptons）40 分钟车程的小镇上开始了狩猎之旅。他们先是到当地的公园里喝酒，吹嘘 5 天前如何打晕了一名拉丁裔男子。然后他们从公园出发，在黑暗的街道上潜行，搜寻袭击目标。傍晚时分，他们殴打了一名拉丁裔男子，并用气弹枪对另一名拉丁裔男子反复射击，并不停地折磨他。

午夜时分，厄瓜多尔裔非法移民马塞洛·卢塞罗（Marcelo Lucero）和老校友安杰尔·洛哈（Angel Loja）在火车站的停车场与

---

① 踩豆子（beaner hopping），是一种袭击拉丁裔美国人的"游戏"。墨西哥饮食中，斑豆（pinto beans）和其他豆类食材十分普遍，所以美国俚语中的 beaner 指墨西哥人或有墨西哥血统的人。——译者注

这伙人不期而遇。这 7 名少年一边用带有种族歧视色彩的蔑称朝他们喊话，一边将他们团团围住。其中一个男孩打了马塞洛一记耳光。马塞洛抽出腰带自卫，像挥动掷石绳①一样在空中挥舞起来。那伙人里的一名成员——17 岁的高中运动明星杰弗里·康罗伊（Jeffrey Conroy）躲闪不及，被皮带扣击中了头部。他恼羞成怒，拔刀刺向马塞洛胸部，马塞洛不幸身亡（见附图 8）。马塞洛已经在美国生活了 16 年，一直从事着低薪工作，努力攒钱，原本计划下个月离开美国，回到家乡瓜拉塞奥（Gualaceo）给家里人盖一座房子。

人们发现康罗伊腿上有带着纳粹符号的文身。他向警方承认自己持有种族主义观点，时常访问宣扬白人至上论的网站。②据调查，他还参与过其他 8 起拉美移民遇袭案，并将一人捅伤。康罗伊因仇恨犯罪被判处 25 年监禁，其余 6 名男孩分别被判 5 年至 7 年不等的有期徒刑。

美国南方贫困法律中心调查了马塞洛谋杀案，发现这不是一起孤立事件。萨福克的拉丁裔移民长期遭受当地居民的仇视，地方官员和警察对此视而不见。当地居民会向受害者吐口水，扔水果和玻璃瓶，受害者驾车在路上会被人恶意别车，会被人持棒球棒抢劫及殴打，甚至会在家中遭到枪击。这些事件中，多数袭击者都是年龄不足 20 岁的白人男性。

我无意中在《纽约时报》上看到了一篇题为《官员说，青少年暴力"运动"导致长岛杀戮》（Teenagers' Violent "Sport" Led to

---

① 掷石绳（bolas）是南美洲人的一种武器，一般由三块石球和一根绳子组成，主要用于打猎。——编者注

② 康罗伊的律师表示，康罗伊之所以承认自己持有白人至上主义观点，只是为了避免与可能会因他的罪行而攻击他的囚犯关押在一起。

Killing on Long Island, Officials Say）的文章，文章中提到了这起仇恨犯罪案件，引起了我的共鸣。它是仇恨犯罪游戏化的一个例子。一系列发生在美国东西两岸的仇恨犯罪有什么共同之处吗？我对此产生了好奇，开始追本溯源，试图寻找它们之间存在的某种固有模式，以确定这些同一时间扎堆爆发的仇恨袭击事件是否属于独立现象。

我发现，美国各地仇恨犯罪突然激增的例子反复出现：1992年4月，针对白人的仇恨犯罪激增；1993年2月，针对穆斯林的仇恨犯罪突然上升；1995年10月，针对黑人的仇恨犯罪激增；2001年9月，针对穆斯林的仇恨犯罪突然再次上升；2008年的第四季度，针对拉丁裔的仇恨犯罪激增；2016年的最后一个季度，针对穆斯林、拉丁裔、黑人的仇恨犯罪突然飙升。我又查看了其他国家的情况：2002年10月，葡萄牙、波兰、芬兰对移民的态度急剧恶化；2004年3月，西班牙各地对移民的态度发生剧烈转变，变得非常消极；2005年7月，英国针对穆斯林的仇恨犯罪急剧上升。

这些关于仇恨犯罪激增及反移民态度增强的案例都有一个共同点：情况恶化之前都发生过触发事件，从而激发了社会对外群体的偏执情绪。少数人会受到触发事件余波的影响，偏见变得更加严重，他们一时无法消化这些情绪，便觉得有必要用暴力将这些情绪疏解到那些他们认为与触发事件有关的人身上。

萨福克发生的马塞洛·卢塞罗被杀案，让种族仇恨犯罪激增，而当时正是美国首位黑人总统奥巴马被推选出来后不久。

探查到这些事实的时候，我知道自己的认识还只是停留在表面，想要确定人们对触发事件的反应正是仇恨犯罪动机之谜的一部分，我还需要求助于科学。而接下来几年中的发现却令我更加忧心——在当代历史中，世界各地仇恨犯罪数量激增，而变化曲线上的众多峰值都是在重大政治选举、法庭诉讼、恐怖袭击或政策变化发生之后出现的。

▍发现仇恨的触发条件

街头事件和仇恨

FBI 的数据使我们能够精确地找出多个与美国警方记录的仇恨犯罪峰值相吻合的触发事件。这些数据虽然不完整，也没有捕捉到每一起仇恨犯罪事件（参见第 2 章），但是它们依然有助于观察犯罪数量随着时间的推移而形成的变化趋势。[①] 其中一起事件发生在 1992 年 4 月的反白人仇恨犯罪高峰出现之前（见图 7.1）。

1991 年 3 月，黑人建筑工人罗德尼·金（Rodney King）在洛杉矶因超速驾驶被警察驱车追逐。警察将他拦下后，要求他下车接受检查。4 名警察以金伸手拿武器为由用泰瑟枪对他进行电击，并挥舞警棍对他进行殴打，共击打 56 次之多，还踢了他 7 脚。这场人身侵犯持续了 8 分钟。有 12 名警察旁观，但没有人上前制止。金全身多处骨折，头骨破裂，大脑受损。事件发生后及涉事警察受审期间，全球各地的电视台都在播放由案发现场的路人所拍摄的殴打全过程视频。

---

① 粗略地说，那些一直都会向 FBI 报告仇恨犯罪的警察部门，以及那些一直都不怎么向 FBI 报告仇恨犯罪的警察部门都会持续他们的做派（很少出现例外）。考量连贯性要求人们检视报案情况随着时间变化的趋势，而非警察部门履行报告职能的情况是有所改善还是出现恶化。

1992 年 4 月 29 日，由 9 名白人、1 名拉丁裔、1 名亚裔、1 名混血组成的陪审团成员宣布，参与殴打的警察无罪，他们被予以释放。当时洛杉矶中南部的黑人社区正因为失业、犯罪、警方过度执法等问题而民怨沸腾，这一判决无异于雪上加霜。于是，判决下达后数小时内，暴乱应声而至，并持续了 5 天。

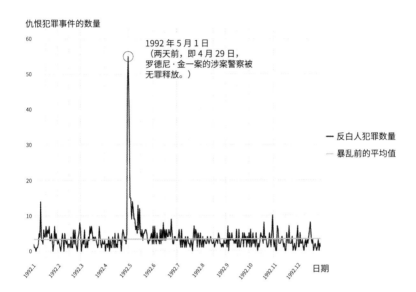

仇恨犯罪事件的数量

1992 年 5 月 1 日
（两天前，即 4 月 29 日，罗德尼·金一案的涉案警察被无罪释放。）

—— 反白人犯罪数量
—— 暴乱前的平均值

日期

图 7.1　1992 年罗德尼·金一案下达判决后，美国各地反白人仇恨犯罪统计图

在其中一起骚乱事件中，白人卡车司机雷金纳德·丹尼（Reginald Denny）驾车经过，黑人暴徒向他投掷石块，他被迫停车，然后被拖出车外，暴徒用羊角锤和煤砖攻击他；另一起骚乱事件中，白人摩托车手马特·海恩斯（Matt Haines）被一群黑人暴徒从车上拽下来并开枪打死。俄亥俄州立大学教授瑞安·金（Ryan King）团队分析后发现，反白人仇恨犯罪数量的激增并不局限于洛杉矶一地，这

表明触发事件在美国各地都产生了影响，新泽西州和加利福尼亚州同样可能出现了强烈的抵制行动。① 从仇恨犯罪的角度看，骚乱爆发后的8天是当地白人在那一年度过的最危险的日子。1993年4月，美国联邦法院将罗德尼·金一案作为联邦民权案件再度审理。两名警察被认定侵犯了罗德尼·金的公民权利，获刑30个月，另外两名警察被洛杉矶警察局解雇。

　　1993年至2001年期间，美国发生的每一次袭击事件都与反穆斯林和反阿拉伯仇恨犯罪的急剧上升有关，其中，"9·11事件"的影响最大。每次袭击发生后的几天和几周内，反黑人仇恨犯罪数量保持稳定，这表明仇恨犯罪的变化趋势存在明显的针对性效应——美国公民正在对与袭击者（或人们所推测的肇事者）具有相似特征的人展开报复。以"9·11事件"为例，袭击发生后，反黑人、反亚裔、反拉美裔的仇恨犯罪数量其实有所下降，而反穆斯林的仇恨犯罪数量持续激增，时间长达一个多月，其影响力远超其他恐怖袭击事件。1992年至2001年间，FBI记录了691起针对穆斯林和阿拉伯人的仇恨犯罪（考虑到报案和记录仇恨犯罪时存在遗漏问题，实际数字可能要比这个大得多）。其中有约66%的仇恨犯罪是在2001年9月11日至12月31日期间出现的。可见，"9·11事件"影响巨大，它促使反穆斯林仇恨犯罪出现了美国近代史上最大幅度的激增。

　　巴拉克·奥巴马和唐纳德·特朗普当选美国总统之日，均为美国仇恨犯罪激增之时。不过，特朗普当选的影响要显著得多。② 1992年

---

① 瑞安·金等人证实，他们的调查结果并没有反映出判决下达后警方的记录有所增加。

② 2008年和2012年奥巴马两度当选总统后，仇恨犯罪的增长幅度要小得多，这可能与少量美国人体会到的威胁感增强有关。这位黑人总统入主白宫后，人们对移民和2008年的金融危机充满担忧，在这背景的加持下，三K党和保守公民委员会（Council of Conservative Citizens，简称CCC）掀起了一股新的仇恨浪潮。

到 2019 年期间 FBI 的仇恨犯罪数据显示，特朗普胜选是美国 2016 年第四季度仇恨犯罪激增的最可能的解释（见图 7.2）。[①] 为了排除其他可能的影响，经济学家们消除了一系列复杂的因素影响，包括谋杀率、婴儿死亡率、囚犯处决率、失业率、实际警察支出、种族人口统计特征、城乡人口统计特征、乙醇总消费量、州参议院和州众议院民主党人的比例，以及其他恐怖袭击等，甚至季节性波动因素（仇恨犯罪更可能发生在夏季，因为夏天有更多人外出活动），他们发现这些因素都不是那么重要，还证实了"特朗普效应"的存在。[②] 据估算，特朗普入主白宫后，全美每季度额外增加了约 410 起仇恨犯罪案件。也就是说，自特朗普获胜之日起至 2017 年底，美国额外增加了 2048 起仇恨犯罪案件。与发生在佛罗里达州奥兰多和加利福尼亚州圣贝纳迪诺的恐怖袭击事件相比，特朗普获胜在煽动仇恨犯罪方面的影响力要大 33 倍。

对于这一现象，我们该如何解释呢？特朗普 2016 年的竞选活动充斥着偏狭情绪，可能会煽动原本就怀有偏见的少数群体，激发他们实施暴力。特朗普称墨西哥移民是不法分子和强奸犯，质疑奥巴马的血统，在网上发布评论指责希拉里·克林顿（Hillary Clinton）

---

① 将图 7.2 所示的去趋势化仇恨犯罪数据集按照构成要素分为几种仇恨犯罪类型时，反季节性趋势的冲击仍然很明显。2016 年大选期间，反拉丁裔仇恨犯罪和反黑人仇恨犯罪出现了明显的峰值。反穆斯林仇恨犯罪的情况较为复杂，反季节性趋势的冲击分别在 2015 年底和 2016 年出现。加州圣贝纳迪诺（San Bernardino）发生的伊斯兰极端主义恐怖袭击事件造成 16 人死亡、24 人受伤，这次袭击很可能是引发第一次冲击的导火索。特朗普对此作出回应，呼吁全面彻底禁止穆斯林进入美国，并于 2017 年 1 月将这一禁令纳入法律。

② 有研究者使用宏观经济的多元回归分析技术，排除了 2016 年第四季度仇恨犯罪数量急剧增加的一系列最有可能的替代性解释。虽然这是一个强大的统计模型，但它无法解释所有可能的上升原因。想要做到这一点，需要进行真实实验研究（true experiment），证明一个随机地点受到了"特朗普效应"的影响，而另一个对照地点不受其影响。由于 2016 年总统大选影响了美国所有的行政辖区，所以我们根本无法进行真实实验，这意味着我们不能绝对肯定，是特朗普当选导致了仇恨犯罪趋势的上升。尽管如此，所有关于这一主题的准实验研究都表明，特朗普当选是导致仇恨犯罪趋势上升的最合理的解释。

的反犹太内容，并向网络上的极右翼用户表达支持和感谢。虽然多数人的观点并没有因特朗普的分裂言论而产生动摇（特朗普当选后，美国人反少数族裔的偏见整体上反而有所下降），但是那些原本就持有极右翼观点的人，听到领导人的仇恨言论后，受到激励，开始变得更加明目张胆。另一个原因可能是，当他们看到有那么多美国人把选票投给特朗普后，产生了错觉，误认为持有极端观点的人比他们想象的更为普遍。

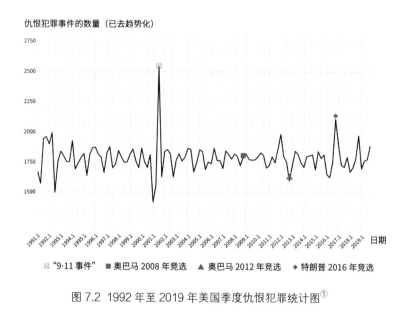

图 7.2　1992 年至 2019 年美国季度仇恨犯罪统计图[①]

实验研究证实了这一点。选举前，研究人员从特朗普获胜概率为 100% 的 8 个州（亚拉巴马州、阿肯色州、爱达荷州、内布拉斯加州、俄克拉何马州、密西西比州、西弗吉尼亚州、怀俄明州）招

---

① 图中的数据已经去趋势化，以抵消可能会暗含其他影响的季节性因素。为了让结果集中体现我们所关注的趋势，有的信息被移除了，去趋势化的处理降低了仇恨犯罪的总量（如纵轴所示）。

募了约 450 名受试者，随机告知一半的受试者，特朗普的获胜概率为 100%，另一半受试者则没有告知。然后，研究人员让这些受试者参与了一个会产生实际结果的捐赠游戏，以了解他们对强烈反移民情绪的社会可接受性抱持什么态度。接着，研究人员告知受试者，他们可以向一个支持移民的组织捐款，也可以向一个反对移民的组织捐款，接受捐款的组织是随机选择的。事实上，研究人员刻意让 90% 的受试者给一个坚决反对移民的组织——美国移民改革联合会（Federation of American Immigration Reform）捐款。接下来，研究人员询问受试者是否愿意向这个"随机"选择的、会维护他们利益的组织捐赠一美元。重要的是，他们告知一半的受试者此次捐款将保密，告知另一半受试者此次捐款将公开。

那些被告知其所在州特朗普胜选概率为 100% 的受试者，明显比那些没有被告知同样信息的受试者更愿意向反移民组织捐款，同时也更愿意并将自己捐款的事公之于众。特朗普获胜后，研究者又做了一次同样的实验，得到了同样的结果：反移民组织获得了更多的公开捐款。两次实验的结果表明，无论是认为你所在的州将以压倒性优势投票给特朗普，还是特朗普真的在投票中获胜，都会导致反移民行动的社会接受程度有所增加，甚至消解那些原本会使大众隐瞒偏见的社会压力。

如同那些显露出偏见和狭隘的笑话（详见第 5 章）一样，特朗普的当选并没有加剧美国人的偏见。少数美国人素有偏见，只是由于广泛的社会压力，他们会有意压制这种态度，最终给人以没有偏见的错觉。而特朗普的当选，以及他在网上发布的种族主义言论，使这些人暂时放松了对自己偏见态度的自我监管。因此，特朗普充当了偏见"释放者"的角色，促使偏见逐渐演化成街头仇恨行为。

理所当然地，特朗普当选后，在那些最支持他的地区，仇恨犯罪增长幅度也最大。

我们再来看看英国的相关情况。从图 7.3 可以看到，仇恨犯罪数量的剧烈变化也和政治投票及恐怖袭击有关。我的团队在这一领域所做的工作表明，2016 年的脱欧公投是英国仇恨犯罪数量激增的触发因素。我们根据投票前的趋势预测，估计出了没有发生脱欧公投时，英国仇恨犯罪的情况（见图 7.4 中的灰线）。图中显示的是脱欧投票对种族、宗教仇恨犯罪的影响程度（以月为计）。通过控制一系列已知的可预测仇恨犯罪的因素，我和我的团队分离出了脱欧运动和投票"前奏"的影响，最终得出结论——二者导致英国额外增加了 1100 起仇恨犯罪案件。

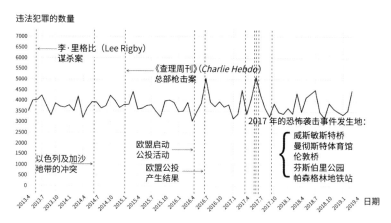

图 7.3 2013 年至 2019 年英格兰和威尔士每月的仇恨犯罪统计图（已按季节去趋势化）

资料来源：警方犯罪记录，英国内政部（2019 年）

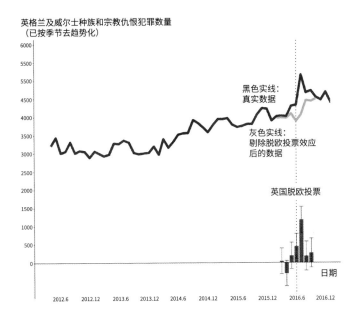

图 7.4　假设没有发生英国脱欧公投，种族和宗教仇恨犯罪（估计数量）统计图

　　伦敦大学学院的一项研究显示，2005 年，英国针对亚裔及阿拉伯裔的仇恨犯罪激增 22%，此后发生的伦敦"7·7"爆炸案应该与此有关。该研究还显示，"9·11 事件"使英国针对亚洲人和阿拉伯人的仇恨犯罪增加了 28%，这一结果首次证明了某一国家发生的恐怖事件还可能会在其他国家产生影响。伦敦政治经济学院扩大了这项研究的范围，考察了 2013 年至 2017 年期间发生的 10 起恐怖袭击事件（其中 7 起发生在英国境外）对英国仇恨犯罪的影响。这 10 起事件包括突尼斯（2015 年 6 月）发生的袭击事件，以及柏林（2016 年 12 月）发生的袭击事件，均导致了英国仇恨犯罪的增加。

　　这项研究最吸引人的地方在于，它发现了全国性报纸对袭击事件的报道与仇恨犯罪之间的关联。和出于其他动机实施的恐怖袭击事件相比，媒体针对伊斯兰极端主义恐怖袭击事件进行的报道数量要高 3.75 倍，因此增强了这一类恐怖袭击事件给公众带来的威胁感。新闻报道的频率与街头仇恨犯罪及互联网仇恨犯罪的体量之间存在因果关系。另外，怀有偏见的人是否采取报复行动，还取决于袭击事件造成的死亡人数。不出所料，死亡人数和媒体曝光度存在强相关性，在袭击中丧生的人越多，报纸报道这一事件的频率就越高。[①] 换言之，如果没有媒体的大肆宣扬，那么，在恐怖袭击事件发生后，我们很可能不会看到那么多的仇恨犯罪案件。

我们再来看看欧洲大陆的相关情况。我了解到，恐怖事件也会导致人们对少数族裔的态度发生广泛的改变。尽管抵触情绪本身并无害处，但如果听之任之、不加以约束，就会发展成偏见甚至仇恨。我在进行深入研究的过程中发现，在 2002 年 10 月到 2004 年 3 月期间，一些欧洲国家对移民的态度开始出现反常并转向负面。哈佛大学教授约沙·莱吉维（Joscha Legewie）使用了一种比较特殊的科学研究方法——自然实验，分析了这种异常模式出现的原因。

他的直觉是，伊斯兰极端恐怖分子在巴厘岛制造的爆炸事件是欧盟国家对移民的负面态度加剧的诱因。2002 年 10 月 12 日晚上11 点左右，一名男子进入位于巴厘岛库塔（Kuta）的帕迪酒吧，引爆了背包里的炸药。幸免于难的人和受重伤的人无比惊恐地跑到街上，几分钟后，街道就变得拥挤不堪。不久，停在街道旁的一辆汽车由另一名自杀式炸弹袭击者亲手引爆。两次爆炸最终造成 202

---

① 两者的相关性为 0.81，相关度非常高（相关度的区间为 0 到 1）。

人死亡，209 人受伤，伤亡者包括印尼人、澳大利亚人、美国人和欧洲人。

凑巧的是，欧洲社会调查（其任务是收集整个欧盟国家人口的态度和意见）的数据收集工作此时正好进行到一半。这意味着调查可以作为一项自然实验来进行，其中巴厘岛爆炸案起到了外部冲击的作用，也就是外部因果触媒。大约一半的调查对象在袭击发生前已经完成调查，因此成为控制组；另一半调查对象则在袭击发生后回答了问题，顺理成章成为实验组。这样的研究可遇不可求，因此，这类事件发生后，研究人员通常会迫不及待地开始获取相关数据。

调查结果显示，巴厘岛袭击事件是葡萄牙、波兰、芬兰等地对移民的态度显著恶化的原因。如果人们生活在失业率高的地区，那么袭击事件带给他们的影响会更大——波兰和葡萄牙在 2001 年至 2002 年期间失业率增幅最高。另外，对那些居住在移民人数较多的地区，身边却没有移民同事或移民朋友的人来说，袭击案所带来的影响会相对更大。这些发现在 2004 年的马德里爆炸案中再次得到确认。袭击发生前，有 8% 的西班牙人认为移民是本国最大的问题，而袭击发生后，这个比例立即升至 21%。综上所述，这两项研究率先证明，恐怖袭击会导致人们（尤其是生活在失业率高、移民率高、与外群体接触较少的地区的人们）对移民的态度变得更差。

互联网事件和仇恨

在仇恨犯罪和对外群体的态度方面，触发事件对每个人的影响程度是不一样的，这一发现也在社交媒体上得到了再次证实。牛津大学的伯特伦·维根（Bertram Vidgen）博士研究了 2017 年至 2018 年期间英国的四大政党（保守党、工党、英国独立党和英国国家党）的追随者在英国遭受"伊斯兰国"①（下称 ISIS）和极右翼组织一系列恐怖袭击期间发布的推文。维根博士精心地排除了用以传播错误信息和仇恨情绪的"机器人账号"所发布的推文。他想要确定各方的追随者对恐怖袭击行为是否存在不同的反应，以及是否存在更容易受到触发事件影响的群体。他对研究结果的预判是，英国独立党和英国国家党在表达极右观点的人中颇受欢迎，其追随者最有可能发布涉及仇视伊斯兰教的言论，而这种行为在那些主流政党的追随者中会较少出现。

结果令人惊讶——2017 年的恐怖袭击促使各方追随者都发布了仇恨言论。为了解释出现这种情况的原因，维根博士应用了一种被称作累积极端主义（cumulative extremism）的理论。该理论认为，各种极端主义意识形态存在共生关系——它们相互依存，当 ISIS 恐怖活动或极右翼恐怖袭击等事件发生时，抱持对立意识形态的各路追随者都会受到激励和动员。每次攻击都会导致各方反应升级，表现为仇恨犯罪、仇恨言论，甚至报复性的恐怖袭击。

这些激励和动员机制也会有网络放大效应。更固守自己的观点，在网络和街头更加活跃的，不是只有顽固的极端分子，连那些自认为是社会主流的普通人，也可能会被极端主义事件"激活"。虽然他们不会走上街头，伤害偶遇的穆斯林，但是他们会在网络上发布有严重冒犯性的内容。当然，这种"激活"是短暂的，在恐怖袭击发生后的数日内就会停止。伴随着涉及国家和国际利益事件的发

---

① "伊斯兰国"（Islamic State of Iraq and al-Sham）全称为"伊拉克和大叙利亚伊斯兰国"（亦称"伊拉克和黎凡特伊斯兰国"），是一个活跃在伊拉克和叙利亚的极端恐怖组织。——译者注

生，网络上往往会产生疯狂的负面情绪，很多网络用户都会被这些情绪裹挟。维根博士的后续研究表明，在英国，恐怖袭击发生后很长一段时间内仍在推特上发布仇恨言论的 ISIS 恐惧者，多为极右翼政党的坚定追随者。这些人也更有可能发布最具攻击性的仇恨言论，但与推特用户的总数相比，他们的人数极少。

微观事件与仇恨行为

大多数关于仇恨的一时性触发因素的研究都集中在重大事件（如恐怖袭击、政治投票、轰动性诉讼）和总体人口（如国家和州总人口）上。但是，发生在市、镇层面的微观事件，也会影响人们的偏见行为。莱吉维教授完成全欧洲范围的调查工作之后，将视线转向纽约市警务工作中的种族偏见问题，许多人怀疑这个问题在警务工作中存在已久。莱吉维的观点是，歧视并非一成不变，它会随着激发群体间冲突的特定事件的出现而波动——在这项研究中，特定事件就是纽约警察局和黑人青年之间的冲突。

这项研究的重点是纽约警察局的拦截搜身政策，这项政策曾因表现出对黑人社区的明显偏见而招致批评。2003 年至 2011 年，纽约市警察局的拦截搜身行为从 16.075 万起大幅增加到 68.4 万起，在此期间，纽约市的黑人人口占比约为 25%，而警察对黑人的拦截搜身率约为 54%。相比之下，拉丁裔人口占比约为 28%，对其拦截搜身率约为 32%；白人人口占比约为 45%，对其拦截搜身率约为 10%。

显然，黑人被拦截搜身的比例较其他种族高很多，但这还不能被作为警方存在种族歧视的证据，因为警方针对所有个体采取的行动可能都是有法律根据的，只有在警方对白人嫌疑人进行拦截搜身，且找到武器和违禁品的成功率更高时，才算找到存在种族歧视的初步证据。

莱吉维还研究了警察在进行拦截和搜身时使用武力的情况。当警察面对不同种族的人使用武力的比例悬殊时，"使用武力"就成了判断偏见存在的一个潜在指标。当警察对某一特定种族群体更多使用武力时，可能表明警察对这个群体持有刻板印象，即认为该群体的成员更有敌意、更加暴力。2003年至2011年，有1/4的拦截搜身事件以警察使用武力告终：白人嫌疑人中有16%遇到警察使用武力，黑人嫌疑人中这一比例为22%，拉丁裔嫌疑人中这一比例为24%。

莱吉维还分析了纽约警察遭到黑人枪击前后所发生的近400万次警察拦截事件，着重分析了这些事件中警察使用武力的情况。结果显示，2007年的一起枪击案发生后，警察对黑人嫌疑人使用武力的比例增加了16%；2011年的一起枪击案发生后，这个比例增加了13%，枪击案的影响会持续4天至10天。

最令人惊讶的是，白人和拉丁裔枪击警察事件发生后，警察对白人嫌疑人和拉丁裔嫌疑人使用武力的比例却没有增加。莱吉维在控制了一系列其他因素后发现，某些枪击事件会导致警方短期内在使用武力方面产生种族针对性。纽约警察局对发生在辖区警员身上的极端暴力事件的反应是有种族特性的，这种反应可能是因为他们对纽约市的黑人青年抱有潜在偏见和歧视。

从国家层面的政治投票，到警区层面的警察被杀，有些事件能够促使偏见态度演变成仇恨暴力。从这些研究中，我们了解到会让我们更快产生仇恨意识的事件类型，但是这些研究并没有告诉我们事件背后的心理机制，即为何某些人会被触发，而某些人不会被触发。

心理机制与触发事件

挑战价值观的事件可能导致仇恨行为

根据人们在触发事件发生后的反应，我们可以宽泛地将人分为三类：第一类是受到触发后会做坏事（实施歧视行为或仇恨犯罪）的人；第二类是受到触发后会做好事（向慈善机构捐款）的人；第三类是情感受到事件冲击，但没有任何行动的人。这三个群体不具备排他性，即做坏事的人也可能会做好事，反之亦然。问题的关键在于，事件会在群体内部以及群体之间造成两极分化的行为。

做坏事的人会把挫败感和攻击性转移到某些人身上——那些他们觉得与肇事者有相同价值观和特征的人。当某个事件发生之后，人们无法接触到肇事者时，这种转移才会发生。比如，在自杀式恐怖袭击中，肇事者已经死亡；在轰动性诉讼案中，责任人要么被监禁，要么地位很高无法接近；等等。转移可以有多种形式，从街头的暴力仇恨犯罪到不易察觉的歧视行为，不一而足。"9·11事件"发生后，穆斯林除了要面对与日俱增的仇恨犯罪之外，在住房和就业方面受到的歧视也日益加剧。

一种被称为神圣价值保护（sacred value protection）的心理现象，将发生触发事件后的作恶者和行善者区分开来。伊利诺伊大学芝加哥分校教授琳达·斯基特卡（Linda Skitka）和同事发起一项研究，想看一看当我们的神圣价值观——那些我们认为无比珍贵、不容侵犯的价值观——受到某些事件的挑战时，会发生什么。他们发现，在对"9·11事件"的回应中，人们既有道德愤慨（moral outrage）的行为表现，比如出现更多的歧视言行和仇恨犯罪；又有道德净化（moral cleansing）的行为表现，比如展示美国国旗、进行志愿服务、献血，以及更频繁地看望家人等。

道德愤慨涉及对威胁神圣价值观的行为进行谴责的举动，包括妖魔化挑战者，以及对这些人表达愤怒和施以惩罚。道德净化则通过采取支持的行为来重申核心价值观，包括更频繁地与价值观和自己相同的人建立联系，以及行善。道德愤慨通常涉及与挑战神圣价值观的人的消极接触，而道德净化最有可能表现为与志同道合的人进行积极互动，甚至只身一人采取积极的行动。

"9·11事件"发生后，仅表现出道德愤慨的美国人与仅表现出道德净化的美国人数量人致相当，前者占比18%，后者占比16%。多数人（37%）两种反应都有，而剩下的人（29%）既没有表现出道德愤慨，也没有表现出道德净化。那些对该事件出离愤怒的人更有可能实施道德愤慨行为，感到畏惧的人则更有可能实施道德净化行为，那些既恐惧又愤怒的人则可能两种行为都有。

斯基特卡教授考察了人们在事件发生后的互动，比如对看起来像作恶者的人实施仇恨犯罪，或者更频繁地看望家人。多伦多大学行为研究实验室研究的是人们对于价值威胁的独立反应，即我们独自应对触发事件时会采取的奇怪行为。

斯基特卡教授的实验室称他们研究的现象为"麦克白效应"。在威廉·莎士比亚（William Shakespeare）的悲剧代表作《麦克白》（Macbeth）中，麦克白夫人认为一点点水就可以洗清她谋杀国王邓肯的罪名，正如麦克白夫人的台词所说的那样："一点点水就可以替我们泯除痕迹""洗掉，该死的污点！我说了，洗掉它！"这项研究想要测试受试者在价值观受到威胁时的心理状态，看受试者是否会像麦克白夫人那样，用清洗自己来予以应对。如果受试者在价值观受到侵犯后更倾向于清洁自己，并且清洁行为也达到了消除负面情绪的预期效果，那么这对人们在触发事件发生后的反应又意味着什么？

第一项研究将测试对价值观的威胁是否会让受试者更容易联想到关于净化的词语。测试要求所有受试者回忆自己对挑战或强化其价值观的过往事件的感受，比如参加宗教节日，然后要求受试者补全下列单词中缺失的字母：W_ _H、SH_ _ER 和 S_ _P。每一个不完整的单词，都可以被写成有清洗含义的单词（如"wash""shower""soap"），也可以被写成没有清洗含义的单词（如"wish""shiver""ship"）。与那些回忆强化其价值观事件的受试者相比，回忆挑战其价值观事件的受试者更容易写出有清洗含义的单词。

第二项研究想要测试受试者写出了有清洗含义的单词，是不是他们在回忆威胁其价值观的事件后想要清洗身体的结果。为了让受试者看不出研究的真正目的，研究人员告诉受试者，这是一项关于笔迹和性格的测验。他们将受试者分成两个小组，需要分别抄写一段文字。第一组受试者抄写的文字内容涉及挑战其价值观的事件；第二组受试者抄写的文字内容涉及强化其价值观的事件，比如参加宗教节日。接着，实验人员要求受试者评估自己对一系列物品的渴望程度。

其中，一类物品与清洗有关，包括牙膏、玻璃清洁剂、洗涤剂、香皂、消毒水；另一类物品则是随机的，与清洗无关，包括橙汁、巧克力、电池、便利贴。两组受试者中，第二组受试者选择两类物品的数量一样多；但第一组受试者更倾向于选择香皂之类的物品。那些回忆挑战其价值观的事件的人，远比回忆强化其价值观的事件的人更渴望与清洗有关的物品。

为了测试受试者是不是真的想要清洗自己，研究人员对第一项研究进行了扩展。受试者可以选择参与研究的奖品：一包消毒湿巾或者一支钢笔。在回忆挑战其价值观事件的受试者中，有75%的人选择了湿巾，而在回忆强化其价值观事件的受试者中，只有37.5%的人选择了湿巾。研究人员接下来要求所有受试者填写问卷，报告自己的感受。在第一组受试者中，用湿巾擦手的受试者，其厌恶、后悔、内疚、羞耻、尴尬、愤怒等负面情绪有所减少，而在同一组受试者中，那些没有用湿巾擦手的人，其负面情绪则没有减少。

接下来，研究者向第一组受试者提出最后一个问题，问他们是否愿意参加另一项研究，内容涉及帮助一名贫困的研究生完成毕业论文。结果显示，那些用湿巾擦了手的受试者，愿意提供帮助的意愿要小得多（仅有41%）。相比之下，在没有擦过手的受试者中，有74%的人愿意提供帮助。这说明，价值观受到挑战后，清洁行为会以某种方式洗去"道德污点"，恢复"稳定的道德自我"，不太需要通过做某种有益的事来强化个人价值观。[①]

人们可以通过清洗来缓解因价值观受到威胁而产生的负面情绪，这听起来是不是匪夷所思？清洁是只有一项基本功能（把不洁的变

---

① 一项元分析（又称 Meta 分析）表明，"麦克白效应"似乎只在某些特定条件下存在。

成干净的、把无序的变成有序的），还是有更多的功效？人类学家玛丽·道格拉斯（Mary Douglas）在其先锋著作《纯净与危险》（*Purity and Danger*）中指出，神圣和不洁是对立的两极。撇开"彼之砒霜，吾之蜜糖"之论不谈，许多宗教中都有充满仪式感的清洗习俗，象征洁净身心。毫无疑问，这些代代相传的古老习俗给人们灌输了一种观念，即清洗身体也可以净化灵魂。

行为研究实验室的工作可能具有重大意义。如果挑战价值观的事件发生后，我们可以通过清洁身体来自行处理负面情绪，那是否意味着，触发事件发生后，我们如此行事便不太可能对他人行善或作恶了？或者说，那些有道德愤慨倾向的人应该好好泡个热水澡？科学界对这一点尚无定论，但这一类研究可能会有助于我们理解那些没有表现出道德愤慨的人为何会无动于衷。在触发事件发生后，部分人的行为可以用神圣价值保护来解释，而另一部分人的行为则可以用一种特殊的心理过程来解释，当触发事件提醒我们死亡不可避免时，这种心理过程就会启动。

促使我们想到个人死亡的事件会导致仇恨

亚利桑那大学教授杰夫·格林伯格（Jeff Greenberg）经常让心理学专业的学生来参与他的研究。有一个学期，他来到教室告诉正在那些上课的本科生，他们可以参加一项实验以换取学分。他询问了学生们的政治倾向，然后挑出了 36 名学生作为实验对象，他们持温和自由派（民主党人）或保守派观点（共和党人）。

实验当天，这些大学生惴惴不安地走进实验室。格林伯格教授在寒暄后将他们分为 4 组，先根据他们的政治信仰分成两大组，再将每一大组分为控制组和实验组。在实验室的一侧，控制组的共和党人和民主党人要回答两个问题："想到下一次重要的考试，你内心会被激起什么样的情绪"和"真的参加下一场考试时，你觉得会发生什么"。在实验室的另一侧，实验组的共和党人和民主党人回答另外两个问题："想到自己的死亡，你内心会被激起什么样的情绪"和"当你的肉体死亡（以及你的肉体死亡后），你认为会发生什么"。

学生们在答案中写出自己的担心和恐惧后，实验人员要求他们阅读一段批评共和党或民主党的文字。这种实验设计创造出了四种实验状态：第一，联想到死亡和政治观点受到挑战；第二，联想到死亡和政治观点受到强化；第三，联想到考试和政治观点受到挑战；第四，联想到考试和政治观点受到强化。

接下来，学生们被告知他们需要品尝某种食物，并记录下自己的喜好，他们觉得这项任务可比刚才那项任务要容易多了。实际上，这样的实验设计存在一个意想不到的转折——他们要品尝非常辣的辣椒酱。这些学生两人一组，被隔板隔开，彼此不知道对方是谁。其中一名学生要向杯子里倒辣椒酱，然后让另一名学生品尝。至于要倒多少辣椒酱，可以自行决定，但品尝者需要把辣椒酱吃光。接下来是整个实验的关键点：倒辣椒酱之前，负责倒的学生会被告知，他之前读到的那段文字是同组的学生写的——而且对方并不喜欢辣椒酱！

实验开始了。得知上面的消息后，一名共和党人倒了满满一杯辣椒酱；一位民主党人只倒了一点点辣椒酱，还有一位民主党人哗啦一声倒了一杯辣椒酱。最后，格林伯格教授记录了每个杯子里辣椒酱的重量。

学生们猜测，实验研究的是政治倾向和攻击性的关系，即通过倾倒辣椒酱，研究共和党人和民主党人哪一方更具侵略性，但他们猜错了。政治倾向只是用来定义内群体和外群体的方式。研究发现，在第一种实验状态下，即那些联想到死亡、政治观点受到质疑的受试者，倒出的辣椒酱最多。而在政治观点受到质疑的所有学生中，联想到考试的学生平均倒出了 15 克辣椒酱，联想到死亡的学生平均倒出了 26 克辣椒酱，这听起来让人觉得舌头发麻。格林伯格教授证实，当我们的政治观点既受到挑战，又联想到死亡，便会对外群体产生攻击性。这一发现同时适用于共和党人和民主党人。

研究者做了大量实验，试图验证，对死亡的联想会给我们对他人的态度带来什么样的影响，由此得出了类似的结论。他们的基本观点是，对死亡的联想会影响我们对外群体成员的行为。我们对死亡的认知塑造了我们的自我，以及与他人互动的方式。

人类通过进化具备了求生本能。几乎所有人在想到死亡时都会心生畏惧，甚至惶惶不可终日。我们小心翼翼地让孩子们知道生命会终结这件事——他们的祖父母、父母、伙伴、宠物最终都会死去。我们最初得知这个事实时通常是在三岁到五岁之间，当时的感觉一定很震惊，不过应该很少有人会记得那一刻。

从幼时起，对死亡的恐惧就一直伴随着我们，但这种恐惧多半能得到有效的管理和控制，否则我们的生活将陷入瘫痪。所有孩子都觉得父母无所不能，这能够帮我们缓解对死亡的恐惧。要是每个孩子都能感受到父母爱自己，会保护自己，便不会再畏惧死亡。但是，一旦这种来自父母的安全感消失，我们就必须寻找其他应对方式。要想平复对死亡的恐惧，就要思考如何超越死亡。这就是一些老年人在知道自己时日无多时会皈依宗教的原因。一些宗教认为，死亡只是我们进入美好境界的一个过程。信仰有助于遏制人的恐惧情绪，而没有皈依宗教的人则可以靠其死亡后遗留的影响平息恐惧。

对当今的大多数人来说，正是我们最珍视的文化世界观和价值观起到了缓冲作用，使我们在面对死亡时，可以把恐惧转化成欣慰。我们可以寄希望于积极的态度、自由的原则、辛勤工作的品质、平等和公平的信念，以及爱国之心，并力图使自己具备这些特质。生命的意义来自我们的文化世界观，通过支持它，并为它所在的体系——比如国家或家庭——作出贡献，我们可以留下自己的精神遗产，象征性地逃避死亡的终局。

我们为自己的文化世界观作出贡献时，自尊也会得到提升，这反过来也可以起到缓冲作用，减轻死亡带来的焦虑。我们会想："我正在做有益的事情，为国家和家庭作出贡献，在我临终之际，回首往事时，至少可以觉得不枉此生。"纵观历史，许多伟大的诗人、哲学家、作家在思考死亡时都特别提到了这种现象：

> 从我腐烂的躯体将会长出鲜花，我将在花丛中得到永恒。
>
> ——爱德华·蒙克（Edvard Munch）

> 我不会完全死去，我的大部分会逃脱坟墓。
>
> ——贺拉斯（Horace）

> 智者不惧鬼神。
>
> ——释迦牟尼

> 通过对死亡的深刻认识，我们将强化对生活各个方面的体验。
>
> ——罗伯特·格林（Robert Greene）

人类的思想结晶是多种多样的，但它们的要点都很明确：很多人都会寄希望于某种形式的来世信仰（不一定是宗教意义上的信仰），有可能是子孙后代，有可能是艺术作品或科学成果，还有可能是留下不枉此生的精神遗产——以逃避对死亡的恐惧。

格林伯格教授及其同事将这种现象称为"恐惧管理"。恐惧管理理论（Terror Management Theory，简称TMT）认为，当我们想到自己难免一死时，会利用并强化我们的文化世界观，以产生"象征性永生"的感觉。在恐怖袭击等事件的余波中，我们会通过与志同道合的人加强团结，牺牲那些和我们没有相同世界观的人的利益，来应对死亡所带来的恐惧。

恐惧管理理论包含两个心理成分：文化世界观和自尊。我们通过对信仰（即相信一种理想的、可预测的、可以赋予生命以意义的文化世界观，并将它付诸实践）和目标（即坚持理想、成为"更好的人"）的追寻，来应对我们对死亡的恐惧。我们寄希望于这两者，并投入时间和精力，让自己获得一种永生的感觉，因为我们的贤德之举将我们与其他物种区分开来——我们拥有可以超越死亡的精神遗产和灵魂。

研究者进行了首次关于恐惧管理理论的正式实验，研究对象是那些需要对涉及性工作者的案件作出判决的法官。研究者事先提醒其中一组法官，他们终将难逃一死；对另一组则没有设置提醒。结果表明，前者最终对性工作者处以数目可观的严重罚款。科学家们据此得出结论，在宣判前，联想到死亡会促使法官以牺牲被告（即法官的外群体）为代价，强化自己的价值观。

此后，大约有 500 项研究表明，被人提醒自己必有一死（又被称为死亡凸显性）时，人们更容易捍卫并努力实现自己的价值观（文化世界观），从而使自己感觉好一些（提升自尊）。科学证据表明，死亡凸显性会使各行各业的人以牺牲外群体利益为代价来强化自己的世界观：他们更容易捍卫自己的世界观，容易对挑战他们价值观的人作出严苛的判断，并且对挑战者态度恶劣。这些强化会减轻死亡给我们带来的恐惧。

继"辣椒酱研究"之后，科学家们开始研究那些在政治和偏见等话题上提醒我们死亡的事件及其影响。有一项研究测试了恐怖袭击是否会让信奉民粹主义观点、自称得到神灵启示的政治领导人对普通人更具吸引力。人们认为，2001 年的"9·11 事件"可能增强了美国人的死亡凸显性。事件发生后，小布什的支持率从 50% 左右（他在 2000 年美国总统大选的普选中失败了）上升到 90% 左右（这是 2001 年 9 月 13 日的数据）。科学家们想认真地验证一下，死亡和"9·11 事件"的提醒是不是让人们认可了小布什。

研究人员选取新泽西州立罗格斯大学的 8 名学生作为测试对象，将他们分为两组。第一组为实验组，第二组为控制组。他们要求第一组学生回答两个涉及恐惧管理理论的标准问题："请简要描述，想到自己的死亡，你内心会被激起什么样的情绪"和"请详细地写一写：当你的肉体死亡后，你认为会发生什么"。而第二组学生只需要回忆自己最近看过的电视节目，并将它们写下来。接着，研究人员要求所有受试者阅读下面这段话：

至关重要的是，我们的公民要团结起来，支持美利坚合众国的总统努力保护我们伟大的国家，使之免受恐怖主义的威胁。本人支持小布什总统及其政府在伊拉克采取的大胆行动。总统认为有必要将萨达姆·侯赛因（Saddam Hussein）赶下台，此乃明智之举，我对此表示赞赏。小布什总统推出的"国土安全政策"（Homeland Security Policy）给了我极大的安慰。有人抱怨小布什总统以反恐战争为幌子制定的政策从长远来看对美国有害，我听到这些话时深感不安。我们需要支持我们的总统，不能被不够爱国的公民干扰。自从 2001 年 9 月 11 日美国遭到恐怖袭击以来，小布什总统一直是我们所有人的力量之源，激励之源。上帝保佑他，上帝保佑美国。

然后，受试者被问及"你在多大程度上认同这段话"，研究人员还问他们是否认同下面这两句话："我认同上面这段陈述所表达的诸多态度"，以及"就我个人而言，知道总统正在尽一切可能预防针对美利坚合众国的进一步袭击，我觉得很安全"。结果表明，那些联想到死亡的受试者，更有可能会对以上 3 个问题给予肯定的回答，并明确地表示支持小布什。

接着，研究人员没有让受试者想象自己的死亡，而是测试了"9·11 事件"本身是否会使他们想到自己的死亡，以进行下一步研究。换言之，"9·11"和"WTC"①之类的字符是否会使受试者产生对死亡的恐惧。如果答案是肯定的，这种恐惧会对小布什的支持

---

① 即 World Trade Center, 世界贸易中心。——译者注

率产生和前文相同的影响吗？研究人员将学生们的政治主张统统考虑在内，以控制任何潜在的偏见。结果表明，让受试者回忆"9·11事件"大大增加了共和党人和民主党人对小布什的支持程度，在民主党人中，这一现象更为突出。

最后一项研究调查了死亡凸显性是否对所有政治领导人都有利，并导致其支持率上升。这项研究比较了2004年美国总统选举中选民对候选人小布什和候选人约翰·克里（John Kerry）的支持率。那些想到死亡的受试者，对小布什的支持率急剧上升，而对克里的支持率急剧下降。想到死亡似乎只会让人们更支持某些具有特殊品质的领导人。也就是说，将内群体描述为将战胜邪恶外群体的英雄、宣扬民粹主义的领导人，在这种情况下会获得更多支持。恐惧管理理论认为，人们的生活需要意义。当人们的世界观被危机侵蚀的时候，具有人格魅力的领导人可以填补民众世界观的残缺，他们成为民众象征意义上的父母；而对恐怖袭击所带来的不确定性，这样的领导人能够帮助人们管理根深蒂固的死亡恐惧。

接下来，恐惧管理理论的研究重点转向了恐怖袭击对偏见的影响上。纽约市立大学教授弗洛雷特·科恩（Florette Cohen）和同事在"9·11事件"发生十多年后，围绕颇具争议的"零地带清真寺"拟建项目进行了一项极好的研究。

这一项目于2010年计划开发，预计在距离世贸中心遗址两个街区的地方修建一座伊斯兰文化中心和一座清真寺。由54名非穆斯林大学生构成的样本被分为两组。一组被问及恐惧管理理论中常见的死亡凸显性问题，另一组被问及关于考试的问题。然后，研究者要求每个受试者阅读下面这段话：

经过近一个月的争论，围绕"科尔多瓦之家"①或所谓"零地带清真寺"建设的争议持续在美国和世界范围内引发喧嚣。拟议中的伊斯兰文化中心占据了美国的新闻头条并成了政治讨论的主要话题。批评者表示，"零地带"的"圣地"上不宜建造清真寺。迄今为止，清真寺已经遍布纽约市。随着辩论的激烈进行，许多人甚至对修建清真寺本身的权利提出了质疑。还有一些人承认清真寺有存在的权利，但对清真寺应该建在何处提出了质疑。

接下来，研究者要求每名受试者回答以下 3 个问题："你有多支持修建'科尔多瓦之家'的决定？""你认为修建'科尔多瓦之家'在多大程度上属于宪法赋予的权利？""即使这可能是宪法赋予的权利，你依然认为在'零地带'修建'科尔多瓦之家'是错误的吗？"对死亡的微妙提醒，再次使受试者更倾向于对拟议中的清真寺修建项目表示谴责。此外，和没有被提醒死亡的受试者相比，处于死亡凸显性状态的受试者更有可能认为清真寺应该建在远离"零地带"的地方。

科恩团队所做的第二项研究发现，当研究者要求受试者想象在自己家附近建造清真寺时，他们更容易在单词补全任务中生成"coffin"（棺材）、"grave"（坟墓）、"dead"（死亡）、"skull"（头骨）、"corpse"（尸体）、"stiff"（僵硬）等与死亡相关的单词。以"COFF_ _"为例，补全后，既可以是"coffee"（咖啡），也可以是"coffin"（棺材）。当受试者想象在自己家附近建造基督

---

① 科尔多瓦之家（Cordoba House），是一座伊斯兰文化中心，后改名为 51 公园（Park51）。
——编者注

教堂或犹太教堂时，这样的结果并没有出现（意味着这种结果并不是因为受试者由礼拜场所联想到葬礼）。对这项研究中的受试者来说，由清真寺想到伊斯兰教时，他们的想法与死亡产生了关联，就像他们想到自己终有一死时那样。

仇恨是一种与时间有关的现象。我们对"他者"的容忍程度通常会受到外部因素的影响，每一天、每一周、每个月都有变化。即便是仇恨满腔之人，也有恨意不那么强烈的日子。正如第 1 章所说，年龄会影响我们对外群体的行为。青春年少时，我们更愿意"合群"，希望自己能被内群体接纳、选择、重视，这种心理可能会表现为对外群体持否定态度。在青春期，我们的大脑尚未成熟，负责执行控制的灰质（前额叶皮层）仍在发育，这意味着我们还没有充分准备好，无法合理化地处理并消除我们对"他者"的错误感知。

从本章的探讨中我们可以清楚地看到，影响我们并让我们表达不宽容或仇恨态度的因素，不仅仅是生物钟。距离我们颇为遥远事件也会塑造我们的行为，成为仇恨犯罪和仇恨言论的触媒。

触发事件会迫使大多数人想到自身的价值和死亡，使我们更在乎"我们"，不在乎"他们"。同时，这样的事件会把少数人逼到失控的边缘，使他们从与内群体中自己信任的成员私下分享带有偏见的想法，转变为公开表达仇恨情绪。在某些具有煽动性的媒体报道和恶意造势出现后，一系列极端事件可能会将那些原本只是偶尔作恶的仇恨者转变成肆意犯罪的惯犯。事件发生后，在余波未平时，某些公众人物不断提醒人们要当心"危险的他者"，这样的做法会加剧分歧，使人们不知不觉地陷入更极端的思考方式。

不过，仅仅是随波逐流地行事，尚不足以将人们在分裂事件发生后出现的暂时性道德愤慨状态转变为以仇恨为核心的、更具持久性的生活方式，这一转变过程会在从"推动"类仇恨向"拉动"类仇恨转化时出现。要完成这一转变，需获取激进的资料，并受到极端组织的引诱和培养。

第三部分

　　我们应对各种网络仇恨时，应该把注意力转向互联网真正的成功之处——我们有能力以强有力的方式协同作战，改变网络上的仇恨行为，也许还能改变屏幕后那些攻击者的思维方式。因为诸多仇恨实验表明，一旦各个群体都站出来反对网络仇恨言论,仇恨加剧的可能性就会大幅度降低。

第 8 章

仇恨的亚文化

阿比迪（Abedi）一家居住在英国的曼彻斯特，家里有 4 个孩子，萨曼·阿比迪（Salman Abedi）就是其中之一。萨曼的父母是虔诚的穆斯林，属于萨拉菲派（Salafist）。1991 年，他们为了逃离被奥马尔·穆阿迈尔·卡扎菲（Omar Muammar al-Gaddafi）统治的利比亚，远遁英国，成为难民。萨曼是个安静的男孩，似乎和这个家教严格的宗教家庭十分相称。他学习成绩中等偏下，在学校经常受到欺凌，不过这不完全是同学的问题，有时是因为他自己的攻击行为。他经常因为道德观念差异与同学发生冲突，还曾因为看不惯女生穿短裙而与她们打架。尽管有情绪爆发的时候，但老师和同学仍然认为他是一个温和的穆斯林。

他的父亲拉马丹（Ramadan）是利比亚伊斯兰战斗团的资深成员，于 2011 年回到利比亚，协助组织与卡扎菲政权作战。萨曼当时 16 岁，趁着学校放假，他和弟弟哈什姆（Hashem）乘坐飞机去找他们的父亲。在社交媒体上，人们可以看到这兄弟俩手持自动枪械的照片，其中一张的标题是："雄狮哈什姆……培训中。"

在利比亚的时光塑造了他们的人生观。回到英国后，萨曼会向每一个愿意倾听的人发表激进的伊斯兰主义言论。他就读于曼彻斯特公学时，有两个同学注意到他表现得有些激进，还曾向反恐热线举报。中学毕业后，萨曼利用一年的间隔年①，带着弟弟回到利比亚，并与恐怖组织 ISIS 取得联系。后来，他在战斗中受伤，与另外 100 名英国公民一起被皇家海军带回了英国。

2015 年，萨曼被索尔福德大学（Salford University）录取，学习商业管理，但第二年便辍学了。由于父母不在身边，他缺乏管教，卷入曼彻斯特的一个利比亚青年男性团伙中，开始酗酒并吸食大麻。曼彻斯特有一个本地帮派，叫摩西区血帮（Moss Side Bloods）。他们与另一个小帮派发生了争斗，萨曼的一个朋友在这场冲突中丧生。在朋友的葬礼上，有人听到萨曼发誓说他要复仇。不久之后，萨曼开始将英国人称为"异教徒"。

2016 年，萨曼的朋友阿卜杜拉乌夫·阿卜杜拉（Abdalraouf Abdallah）因在其位于曼彻斯特的家中运营 ISIS 通信网络而锒铛入狱，获刑 5 年。在此期间，萨曼曾两次前去探监。这个时期，萨曼开始穿着更传统的阿拉伯服装，邻居还看到他曾在街上大声祈祷。由于担心儿子误入歧途，拉马丹一再催促他前往的黎波里（Tripoli）。

2017 年 5 月，萨曼再次前往利比亚。拉马丹发现儿子的言论越来越极端，出于担心，拉马丹没收了他的护照。萨曼为了拿回护照，跟父母谎称他想去麦加进行副朝②。事实上，5 月 17 日他便乘坐飞机

---

① 间隔年指在高中毕业后及上大学之前离开校园，用一年的时间进行实习或旅行。——译者注
② 指穆斯林在正朝以外的任何时间到麦加进行朝觐的活动。——译者注

从的黎波里飞回了英国。不久，就有监控设备拍到他从提款机里取出250英镑，买了一个蓝色的凯瑞摩牌（Karrimor）帆布包。

2017年5月22日的晚上，爱莉安娜·格兰德（Ariana Grande）在曼彻斯特体育馆举办巡回演出，有数千人观看。演出结束后，观众纷纷离场，其中有个叫伊芙（Eve）的14岁女孩，正护着妹妹随着人流前行，这时她注意到一件奇怪的事：在距离她不到5米的地方，有个人正背着一个蓝色帆布包逆着人流穿行。几秒钟后，萨曼引爆了一枚装满螺母和螺栓的炸弹，当场炸死了自己和22名观众。最小的死者叫萨菲·鲁索斯（Saffie Roussos），年仅8岁。伊芙和妹妹幸免于难，但弹片让姐妹俩终身残疾。

事故发生后，调查人员发现，炸弹爆炸前几分钟，萨曼曾经给身在的黎波里的母亲和弟弟哈什姆打电话，请求他们原谅自己。人们由此认为，萨曼在利比亚旅行期间，以及在曼彻斯特独自生活的时期，曾深受ISIS影响而变得激进。再加上他曾通过父亲接触过极端主义暴力，因此这个过程更加水到渠成。《卫报》上的一项调查发现，有16名已故或已获刑的ISIS恐怖分子来自曼彻斯特地区，那里也是萨曼成长的地方。拉马丹声称自己对这次袭击计划一无所知。袭击发生的次日，萨曼的弟弟哈什姆在的黎波里被警方逮捕，最终被引渡到英国受审。他被控协助其兄长制造炸弹，犯有22项谋杀罪，被判处至少55年监禁。

暴力极端分子处于仇恨谱图的最远端。他们与"普通"仇恨犯罪者的不同之处在于，他们对宗教或政治目标有着狂热的认同感，而且他们的暴力行为是致命的，大多涉及右翼、左翼、宗教、分裂主义/领土或单一性议题（如动物权利）等动机。具备以上动机的群体需要坚定而忠诚的志愿者来实现他们的群体性奋斗目标。这些群体让成员感知并承受损失，这会极大地触动群体成员，促使他们采纳激进的思维方式，并具备强烈的奉献精神，与群体紧密团结。他们通过使用"斗争""战斗""战争"和"抵抗"等军事辞令，使极端暴力行为正当化。这套话术用"正义之战"的说辞中和了自身的恐怖行为，使杀戮变得正当。

"正义之战"将个体从消逝感、渺小感和平庸感中解救出来，将他们代入一种自我感觉人生有价值、有条理、有意义的状态。激进组织相对孤立，对不少年轻人来说，成为其中的一员，还会给自己带来其他好处，包括学会自律、掌握应对策略、能够独立自主、不受父母约束等，并且能够获得一种看起来更宏大的人生格局。这种人生状态对他们来说颇为难得。这类组织的目标就是战斗本身，而不是结束斗争。这就意味着，我们在应对激进组织时会有更大的阻碍，因为仅仅是消除威胁感或者满足他们的需求，并不足以停止冲突。这些群体成员的仇恨绝对属于"拉动"类别。极端主义仇恨者不是要"推开"仇恨对象，而是要主动寻找受害者，将其视为自己欲除之而后快的死敌。

经历了激进化的人在人口学特征和心理特征上与普通人无异。他们大多已婚已育，受过良好的教育，有正当的工作。倘若他们不希望自己引人注意（不引人注意通常是成为恐怖分子的必要条件），你便很难在人群中分辨出他们。他们不是那些鬼鬼祟祟或行为怪异的人；他们大多数都没有精神疾病，也不会表现出社交焦虑，让人注意到他们的存在；他们用最正常的状态游走在我们中间，令人无法察觉。但是，犯罪学和心理学研究已经分离出了一些因素，帮助我们了解激进化的过程。

激进化过程分为 3 个阶段。第一阶段为寻找动机阶段，个体通过追求个人意义找到动机，使自己摆脱无意义和脆弱的状态。第二阶段为接受激进意识形态阶段，激进意识形态通过宣扬暴力、自我牺牲和"殉道"，为个体提供一条实现个人意义的途径。第三阶段，也是最后一个阶段，涉及社会过程（social process），在这个复杂的过程中，个体会与同样追求个人意义的激进同辈进行互动并保持这种互动。以上 3 个阶段会使个体与群体建立起如家庭般牢固的纽带，增加了个体不计后果实施极端主义行为的可能性。

激进化的每个阶段都可能因环境而异、因人而异。一些人过往曾遭受创伤导致心理存在弱点，那么在激进化阶段，这种脆弱感可能会更加强烈。在一些国家或地区，这些人的同辈是激进人士，他们的人际网络更庞大，而且随时准备招募有挫败感的人加入他们的团体。虽然这样的总结有些笼统（比如，这种模型可能无法恰当地解释"独狼"袭击者的行为），但它抓住了一些主要因素，正是这些因素使普通"仇恨者"变成了成熟的、杀人不眨眼的恐怖分子。

▎追求意义和极端仇恨

我们都曾有过这样的时刻——会思考"这一切都是为什么"。失业、辍学或分手都会给我们带来绝望感，但大多数人都能走出去。继续前行时，我们仍然可以发现值得全情投入的事物，这会让我们重新获得价值感。但还有一部分人，当面对困境中的不确定性时，会采取一种比较严重的方式——被称为"对意义的追求"。这种方式会成为他们投身于仇恨亚文化事业的动机。

　　成年初显期指的是 18 岁到 25 岁之间，这是一个探索期，这个时期的人对社会制度的认同感较低。最重要的是，这是一个对挫折最敏感的时期，因为大脑中负责应对策略的执行控制区还没有得到充分的发展（25 岁左右才会发展完善），对那些希望给人洗脑的人来说，这个时期的年轻人无疑是最适合的——他们对新思想持开放的态度，暂时还没有事业和家庭责任，有实际存在的个人"损失"或感觉自己有个人"损失"，这些条件会促使他们成为可以被利用且乐于服务的招募对象。

　　对 9 名参与过各种形式的极端主义行动（右翼、左翼和伊斯兰主义）的瑞典年轻人进行研究后发现，他们都是在 16 岁至 20 岁之间卷入极端组织的，在行动开始前都与极端组织接触了大约两年时间。所有人都曾以意识形态的名义实施过袭击、抢劫、非预谋杀人、谋杀等暴力行为。这 9 人都表示，自己的生活失去意义，促使他们开始接触激进组织。在这项研究中，前 ISIS 战士达米尔（Damir）的话总结了他们曾经萎靡的人生状态：

　　　　我无所事事。吃了睡，睡了吃，睡了醒，醒了睡。当然，我会到外面散步、见人，但是……我总觉得少了点什么，就好像丢了工作或者辍了学似的（他刚辍学不久）。不过，这不是我去（叙利亚）的原因，我去那里不是因为我辍学或者其他什么事情，你知道的。但是如果，如果你忙着干点什么的话，你会感觉好一点。

　　成年早期，人的内心往往充斥着微弱的迷茫感，这种感觉可能会让他们失去"定力"。此时，人的应对能力仍然在发展当中，于是，生命之船开始漂泊不定，对归属感的渴望也应运而生。正如一位前反法西斯运动组织"安提法"^①的新成员汤姆（Tom）所说：

> 我无事可做，独自一人待在房间里，孤零零的，感觉很糟糕。但我听说有一个叫"安提法"的组织，专门追捕纳粹分子。所以我在他们的网页上留言了，比如"救救我，我的学校里有纳粹分子，我被他们殴打、霸凌，因为我来自（××国家）"……我开始参加示威游行——为难民，为社会正义，为诸如此类的事情。我在那里遇到一个组织者，他认识一些人，就把我引荐给了这些……了解反法西斯组织的人。从那时起，我开始与他们来往，听他们说话，思考自己与他们的关系，并对此产生了兴趣。你知道的，我只是想得到他们的帮助。但后来我想，也许我可以成为他们中的一分子。他们追捕纳粹分子，我也想这么做。

埃里克（Eric）也通过加入极右组织找到了个人意义：

> 我和像我一样的人混在一起。我的意思是，他们坚强、勇敢。我加入了这个新群体，结交这些新朋友。他们的精力非常充沛，身体非常强壮……他们也喜欢我这个大块头。

---

① "安提法"（Antifa）是一个反法西斯运动组织，由左翼和极左翼活动人士组成，有在公开集会、示威和抗议活动中使用暴力反对另类右翼、新纳粹和白人至上主义的历史。马克·布雷（Mark Bray）在2017年的《安提法：反法西斯手册》（*Antifa: The Anti-Fascist Handbook*）中声称，虽然反法西斯运动不排除将暴力作为对抗法西斯主义的一种自卫形式，但暴力反应只是其活动的一小部分，反法西斯运动还包括在抗议活动发生之前，通过向举办地施压、向雇主揭露新纳粹分子、开展公众教育活动等方式，对抗议活动进行非暴力破坏。

我很能吃苦，很强悍。街上如果发生什么事，他们会叫上我。所以说，我就应该在这个地方。我在这里受到了赏识……我很享受这一点，我的感受（终于）找到了宣泄的地方，我当时真的很享受这一点。我感觉自己更强大、更有自信心了。（通过这些人）我更了解自己，更了解自己的能力了。我感觉特别好，就好像我在展开翅膀翱翔一样。

对群体成员根深蒂固的依恋，促生了他们被需要和被渴求的积极感受，为激进意识形态的传播提供了便利条件。大脑成像研究证实了这一点。① 研究人员利用 fMRI 扫描仪，对 38 名容易受到伊斯兰激进主义影响的摩洛哥男子的大脑活动进行了监测。在这期间，研究人员要求他们玩一个名为"赛博球"的电脑游戏：这个球在 4 名玩家之间被抛了 30 次，但是实验组的受试者只抛了两次球。游戏结束后，实验组的受试者感觉自己受到了排斥，另一组受试者则感觉自己得到了接纳。

接着，研究者要求所有受试者在伊斯兰教的神圣价值观（如"放弃安拉真主的人应该受到最严厉的惩罚"）和非神圣信仰（如"老年人应该受到尊重"）之间作出选择，并且要求为之战斗和牺牲。结果正如研究者所料，受试者更愿意为极端的伊斯兰神圣价值观而战斗和牺牲，这一反应让受试者大脑中负责处理教条制约思维的区域在脑成像中变得很亮（即激活程度很高）。当受试者被要求为非神圣价值观而战斗和牺牲时，这一区域的激活程度要低得多。而那些在"赛博球"游戏中感觉自己受到排斥的

---

① 仇恨不是这些激进分子选择加入相关组织的唯一诱因，某些激进分子是受到亲社会性目标的驱使才加入的。

受试者，其大脑相关区域的激活程度则更高。即使没有涉及神圣价值观，被冷落和被边缘化的感受似乎也会促使他们更倾向于采取极端行为。

追寻人生的意义是某些人投身于仇恨群体的动机之一，从那些在本国境内变得激进的人身上，同样可以验证这一点。研究者招募了65名菲律宾阿布沙耶夫组织（Abu Sayyaf Group）的伊斯兰极端分子，这些被监禁的受试者全部为男性，都经历过不同程度的自我价值丧失感，也都因此产生了不同程度的屈辱感或羞愧感。对他们来说，个人贬值和社会地位的丧失需要以某种方式进行了结——无穷无尽的挫败感让他们的生活苦不堪言，他们需要通过"意义恢复"（significance restoration）来消除它。

在这项研究中，所有受试者都被问及他们的羞耻感和屈辱感出现的频率，以及他们能否回忆起人们在日常生活中嘲笑他们的情景。他们还回答了一系列由失落感所引发的关于不安和焦虑的问题。这些问题都是衡量"损失影响程度"的指标，如果影响程度足够高，可能就会引发个体对"意义恢复"的强烈需求。

研究结果表明，如果人们（因为生活中的被羞辱和伤自尊事件）感受到个人意义严重丧失，并因此表现出强烈的不安和焦虑，他们便更有可能赞成包括自杀性爆炸在内的极端主义行为。伊斯兰极端主义自杀式炸弹袭击者的行为看似舍生取义，毫无私念，实际上他们可能会认为，自己可以通过这种方式成为烈士被人铭记，以此消弭个人价值感缺失的痛苦。

在一项针对普通美国人的研究中，这些观点意外得到了证实。那些报告自己在生活中曾遭受羞辱或感到屈辱并因此产生焦虑和不确定感的人，对堕胎的态度更倾向于极端化（比如支持彻底禁止堕胎或允许妊娠后期堕胎）。以上这些研究所提供的证据表明，失去人生意义或丧失个人价值会让人产生焦虑和不安，进而可能促使他们采纳极端主义观点。但并不代表所有经历过这些的人都会成为自杀式袭击者。大多数人经历过人生的跌宕起伏，但都能够自如地抵抗极端主义思想和行为。当然，人们所处的生活背景等其他因素也会起作用。

有些人家庭和睦，生活在一个和谐稳定、制度和法律都健全的国家，他们不太可能依靠极端主义行为来恢复个人意义。他们更倾向于选择合法的途径来提升个人价值，比如提供志愿服务、帮助朋友、重返校园或找到新工作。而另有一些人，他们失去了家庭纽带，生活在不太稳定、法律制度不健全的国家，或者生活在与他们的信仰不一致的社会中。他们很可能甘愿倾其所有，也愿意为激进意识形态而战，从而在一定程度上恢复自身的意义。当他们所要对抗的对象正是令他们丧失人生意义的罪魁祸首时，他们一定会找到与自己同病相怜的人，并抱团取暖，发起攻击，使极端主义暴力行径随时随地发生。

对意义和极端仇恨的集体追求

2017 年，波兰雅盖隆大学的卡塔齐娜·亚什科（Katarzyna Jasko）博士开展了一项新颖的研究，要求 260 名摩洛哥穆斯林参与一项关于圣战信仰的调查。参与者来自两个截然不同的城市，一个是卡萨布兰卡，当地居民的政治观点基本是温和的；另一个是里夫山（Rif Mountains）的得土安（Tétouan），那里是多场爆炸案袭击者的家乡。因此，卡萨布兰卡和得土安分别代表与激进主义关系网联系较松散和较密切的城市。

每个参与者都被问及一系列涉及普遍感受和个人感受的问题。第一组问题要求他们评价针对穆斯林的 5 项陈述："穆斯林应该得到特殊待遇","除非穆斯林得到应有的认可,否则我永远不会满意","别人批评穆斯林时我十分生气","如果穆斯林在世界上有重要的发言权,世界将会变得更好","似乎没有多少人完全理解穆斯林的重要性"。第二组问题询问的是参与者某些负面感受出现的频率,这些感受包括不被重视、屈辱、丢脸和没有价值感等。第三组问题问的是这些参与者是否认同"圣战是消除蒙昧的唯一方法"和"参加武装圣战是所有穆斯林的义务"等言论,从而了解受试者是否支持通过意识形态暴力行为为伊斯兰教服务。

结果发现,得土安人对这些陈述的认同程度远高于卡萨布兰卡人,卡萨布兰卡人在那些涉及个人负面感受的问题上得分更高。得土安人与自己的家人、朋友和熟人大多有共同的追求,因此他们没有孤单的感觉,这种集体追求某种意义的行为与对极端主义暴力的信仰密不可分。对生活在卡萨布兰卡的穆斯林来说,极端主义暴力更关乎个人的负面感受,而不是穆斯林的集体感受。

与卡萨布兰卡相比,得土安和极端主义的历史联系更为密切,于是,亚什科博士得出结论,被激进的同辈包围会让人趋同于集体,产生对意义的追求,这反过来会促使他们对极端主义暴力的信念更为强烈。我们可以推测,在集体丧失感的驱使下,那些追求意义的个体将实施极端主义暴力行为。一个人有什么样的家人和朋友,对他是否会依从激进主义信仰行事有很大的影响。

要求诉诸暴力行动的激进意识形态,源于可识别的群体所感受到的损失,这些群体可以根据种族、宗教、阶级、政治或领土等进行划分和界定。这些损失或压力可能包括受主导群体压迫，丧失领土，价值观、文化和宗教纷争，以及对生活方式的威胁。一般来说，群体成员如果意识到这些压力存在已久，并且是强烈的、普遍的、无休止的、不正当的，对群体成员的影响是无差别的（甚至会波及儿童），那么他们就会认同暴力行为是合理合法的。

极端主义团体通过一系列策略宣扬有利于恐怖主义的理念。这些策略包括引发人们注意"我们"和"他们"之间的差异；切断成员与不认同该组织的人的一切联系；强调损失及损失对该群体中最脆弱者的影响；宣称那些造成损失的人是"次等人"，不值得理解；声称非暴力行动无效或非暴力手段已经用尽，所以要取缔非暴力形式的行动；教导人们如何对损失作出反应，刻意强调绝望感、屈辱感、羞耻感和愤怒情绪；为参与极端主义暴力活动的人提供精神奖励，比如向这些人致敬，以及赠予他们殉道士之名；说服群体成员，个体的暴力行为是某种伟大运动的一部分，不一定会取得单独性的胜利；以乌托邦式的憧憬描绘未来，鼓吹只有通过暴力行动才能实现这种美好的愿景。

人们如果毫不犹豫地接受这种火力密集的洗脑，必然会产生一种自己与群体"命运相连"的感觉，将个人损失和群体损失画上等号。遭遇个人意义丧失时，倘若出现极端负面情绪，群体成员用合法的方式应对这种情况的能力就会降低。他们曾经认同的信念（比如极端分子的暴力行为是不正当的）将一点点被消解。他们开始相信，恐怖主义行动中没有不合理的受害者，为了崇高的使命，一切死亡都是合理合法的。

极端主义意识形态与怜悯心

心理学家进行了一项研究：当看到他人遭受本不该有的痛苦时，人们会作何反应。结果表明，人们的同情心会给那些制造痛苦的人带来灾难性后果。同情心通常会引发人们对受害者产生共情，并试图减轻受害者的痛苦。看到饱受战争蹂躏的叙利亚儿童遭受苦难时，我们会向慈善机构捐款；目睹恐怖袭击的惨状，我们会为受害者献血。这些都是亲社会的行为，往往不会产生负面后果。

在极端痛苦引发道德愤慨后，人们对受害者的同情可能转化为对作恶者的惩罚。如果我们的同情心是由恐怖袭击、战争、性侵、虐童等事件引起的，且无法直接帮助受害者，又会发生什么呢？我们是否希望那些肇事者受到惩罚？我们是否愿意亲自动手解决问题？

一项研究表明，如果某个引发痛苦的事件是毫无道德底线、极度不公和残忍的，比如恐怖袭击和性侵，那么我们惩罚犯罪者的意愿就会急剧增强。当受害者的痛苦无法减轻时，同情心和道德愤慨就会激发人们伤害犯罪者的欲望。激进团体经常会利用这一点，用无法减轻的痛苦向其成员证明，将肇事者作为目标是正当的。伊斯兰激进组织没有向中东的受苦受难者捐款，而是将矛头对准了西方政府；白人至上主义团体并没有帮助无家可归和失业的白人寻找住所和工作，而是将矛头对准了少数族裔和移民。他们精心设计出激进的意识形态，使自己的暴力行动合法化，以此重塑团体成员的思维过程，确保这些人的同情心和道德愤慨能够激发他们惩罚他人的欲望，而不是直接采取合理的行径减轻受害者的痛苦。

▎勇士心理学

心理学中有一个小小的分支，被称为"勇士心理学"。研究者运用"勇士心理学"验证了如下理论：当个人与群体的联系达到极端高度，即成为一体时，会产生身份融合，这可能促生了自杀式恐怖袭击中那些不可思议的自我牺牲行为。当个体和群体混杂在一起，二者之间的界限难以分清时，融合就会发生。

身份融合不仅仅是我们身处学校、职场或社区时置身其中的感觉。这种融合非常极端，以致个体和群体都相信他们有着共同的"本质"，要毫无保留地奉献自己，任何一方都无法想象自己该怎样单独存在。在这种融合状态下，个体会觉得对群体的攻击就是对自己的直接攻击。对我们的史前祖先来说，融合是群体生存的必要条件，也是个体生存的必要条件。面对部落间的恶斗，融合可以确保没有人会为了自保而临阵脱逃。

融合，已经在很多群体成员身上得到了验证，比如巴布亚新几内亚部落中的勇士、印度尼西亚的伊斯兰圣战分子、利比亚的反卡扎菲革命者和巴西的足球流氓等。通常情况下，人们只会为近亲作出牺牲，但是在融合状态下，人们可以为一群与自己毫无血缘关系的社会成员做到这一点。那些身份融合程度高的人，愿意为捍卫自己的群体而战斗和牺牲。这一罕见的过程很好地解释了那些骇人听闻的自杀式恐怖袭击发生的原因，它们都是以内群体的名义针对外群体实施的，比如 ISIS 针对西方人，极端保守主义针对穆斯林，白人至上主义者针对有色人种。

如果思考当今社会中持有极端信仰的人数，再去计算一下近年来自杀式袭击事件出现的次数，就会发现二者在数量上极不匹配，差距高达成千上万倍。如果存在某种神圣价值观，往往就会存在支持它的群体。你可能会问：群体和意识形态，哪个先一步存在？如果某个群体不存在，还会有相关的意识形态吗？是不是只有当群体成员拥有一套共同信仰时，我们才能将其定义为意识形态？如果答案是肯定的，这种共同的信仰会以什么形式出现？答案就在于，个体与群体融合程度的强弱之分。正是高度的身份融合，而非过度的极端主义信仰，导致了自杀式炸弹袭击者的出现。但是，我们怎样才能知道哪些人与极端主义组织的融合度最高呢？这个问题的关键在于仪式和共同的心理创伤。

牛津大学教授哈维·怀特豪斯（Harvey Whitehouse）借鉴了社会学家埃米尔·涂尔干（Emile Durkheim）和心理学家利昂·费斯廷格（Leon Festinger）的经典著作，他表示，集体创伤经历，包括痛苦的成年礼等仪式，是促生身份融合的关键。从大学和军队中的霸凌行为，到勇士部落的成年礼，以及社会上各种各样的仪式，不一而足。几十年来，有人类学家记录了巴布亚新几内亚部落中新成员加入勇士群体时所经历的可怕仪式，包括在鼻中隔上穿孔和灼烧前臂等，千奇百怪且毫无意义，其目的就是让新成员产生最大程度的恐惧。事实证明这种手段非常奏效。新成员目睹其他人完成仪式时遭受的折磨，再联想到自己，会产生极度的恐惧。据记载，曾有一名年轻人当场大小便失禁。

这些仪式会永久地改变这些新成员，使之与群体紧密相连。也正因为这些仪式怪诞荒谬，缺乏理性实践，令人费解，所以经历仪式的人才会不断寻找其中的意义。新加入的年轻人可能会自问："为什么我信任的这些人会要求我忍受这样的痛苦，并且说只有如此才能成为男人？"仪式结束后，新成员还会不断地寻找答案，并且在寻找的过程中挖掘出仪式的深层象征意义。心理学中的认知失调理论认为，这些新成员在经历过痛苦的仪式后，会努力地将他们所信任的同伴坚持这么做的理由进行合理化，最终与群体更紧密地结合为一体。新成员会得出如下结论："我这样做是为了证明我对群体的忠诚，兑现我对群体的承诺"，"他们坚持让我们忍受痛苦，是为了分清良莠，剔除寄生虫"。

此外，强加给新成员的极端行为会让他们产生共同的创伤感，进而界定他们的群体身份。关于这些仪式的记忆被深刻地烙在新成员的脑海中，成为个人历史的一部分，使之无法与群体分离。重要的是，诱使融合产生的仪式不一定只存在肉体上，情感上的仪式同样存在，比如反复讲述创伤经历，可以让倾听者产生痛苦、恐惧和厌恶感，进而产生融合的作用，它的效果和身体仪式类似，只是没有那么强大。①

融合和对内群体的慷慨

毛里求斯有一个关于信仰、忍耐和苦修的印度教节日，叫扎针节。节日期间，人们会奉行各种光怪陆离的传统。这些传统堪称促生身份融合的典型仪式。参与者要经受一系列仪式，有些执行起来颇为艰难。大多数人会通过念诵咒语，供奉玫瑰水、无水奶油和牛奶来表达信仰。但有少数人，为了彰显他们的忍耐力和苦修的决心，会做更出格的事，比如用小箭刺穿舌头、脸颊、胸部、背部、腹部

---

① 一篇全面的恐怖主义研究综述表明，在策划自杀式袭击的小型恐怖组织中，入会仪式很常见。充满仪式感地讲述故事（包括"牺牲神话"）和纪念"殉道者"的典礼会被视作对投身群体者的仪式性测试，在这些组织中十分常见。激进团体通过集体的创伤故事和刻意为之的仪式，将融合的力量汇集起来，使"普通"仇恨者变成杀人机器。

和大腿，用钩子将花车钩在背部的皮肤上，拉着车行走数小时，最后还要赤脚登山，爬到一座湿婆神庙前。

有一项关于融合的研究，邀请了大约100名参加过扎针节活动的人参与，其中包括接受了高磨难考验的人（身体穿刺和拉花车）和接受了低磨难考验的人（诵经和供奉活动）。所有参与者在完成一份简单的调查问卷后都会得到200卢比（相当于他们两天的平均工资）的报酬。研究者要求他们，拿到报酬后，要进入一个隔间，在那里可以向寺庙布施。

结果显示，接受低磨难考验的参与者平均布施了81卢比，接受高磨难考验的参与者平均布施了133卢比，而第三组参与者——被研究人员称为"高磨难观察者"的人，即那些协助并观看了接受高磨难考验的参与者进行身体穿刺，自己却没有承受疼痛的人，他们的布施是最多的——平均布施了161卢比。针对第三组的研究报告称，他们通过简单的观察和协助，体验到的疼痛程度与实际接受身体疼痛的人不相上下。研究人员由此得出结论，无论是经历切肤之痛的仪式，还是目睹他人接受痛苦的仪式，都会让人与所在群体产生融合。

融合与仇恨暴力

我们也可以用勇士心理学理解足球流氓之间的亚文化仇恨和暴力行为。足球队与勇士部落有很多共同点，他们都有划定好的领地（比如酒馆和酒吧），都有固定的着装（比如球队的队服）、传统、仪式和口号，都会分享"赢来的资源"（比如足球博彩收入），都存在群体地位。对于对手球队，超级球迷也会产生强烈的仇恨情绪，尤其是当自己支持的球队遭遇连败时。

有研究者将身份融合理论用于分析巴西足球流氓组织之间的暴力冲突，试图了解那些参与暴力活动最多的超级球迷与群体的融合度是不是更高。在调查问卷中，这些球迷被问及他们是否愿意为其他球迷作出自我牺牲。问题包括"如果有人对我方的球迷进行人身威胁，我会与之搏斗吗"，以及"如果能挽救我方球迷的性命，我愿意牺牲自己的生命吗"。

结果表明，相对于身份融合程度一般的球迷来说，身份融合程度更高的足球流氓组织成员（约一半的参与者）对仇恨暴力行为表现出了更强烈的参与意愿，也更愿意为组织献身。而那些没有充分融合的足球流氓组织成员则很少参与暴力活动，也不太愿意牺牲自我，这表明，仅靠足球流氓组织来解释一些人的自我牺牲意愿，是不具有说服力的。

科学家得出结论，那些实现了身份融合的足球流氓组织成员，为保护他们"心理上的战友"，会迅速将对外矛盾升级为仇恨暴力行为，并且甘愿牺牲自我。在另外一项针对725名英国球迷的研究中，这个结果再次得到了印证。与获胜球队的球迷相比，失利球队的球迷更愿意在道德选择困境中牺牲自己（详见第5章），面对威胁时，失利球队球迷的融合程度有所增强。

这些发现表明，足球暴力的产生不单是因为个体对环境的不适应，也不能简单理解为一种病态或反社会行为，或某种彰显性别优势及阶级自豪感的方式。

事实上，不可忽视的原因是，足球流氓和极端团体成员会受到身份融合的激励，进而在直面对手的威胁时，使用仇恨暴力行为来保护其组织成员的人身安全和声誉。

融合与自我牺牲

越来越多的证据表明，仪式和融合可以改变行为，比如捐款和足球暴力。那么这些证据能够解释人们以极端无私的方式为团体献身的现象吗？研究者以参与反卡扎菲政权斗争的利比亚反对派为对象，研究了他们的心理状态。结果表明，仪式和融合能够解释他们为自己的团体献身的行为。大多数参加过利比亚战争的人以前都从未携带过武器，比如曼彻斯特体育馆爆炸案的炸弹袭击者萨曼·阿比迪，他深知行动的危险性，也非常清楚这就是一项自杀式任务。

由 179 名叛军组成的 4 个连队参与了这项研究，这些叛军自称是前线战斗人员或后勤人员（即非战斗人员）。研究人员要求他们观看图 8.1，根据认同度在字母 A 到字母 E 之间作出选择。字母 A 表示自我和群体完全分离，字母 E 表示自我和群体融为一体。

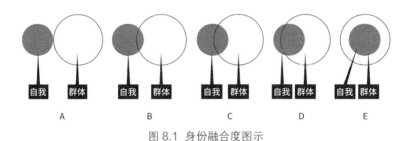

图 8.1 身份融合度图示

几乎所有叛军都选择了 E，他们认为 E 最能体现自己与连队的关系，即两者是完全融合的。这个发现颇为惊人，因为一般的群体融合率在 6% 到 41% 之间（这些数据来自处于和平时期的 6 个大洲11 个国家的公民）。当被问及他们与哪个群体最为融合时，45% 的战斗人员选择的是自己的连队而非家人（相比之下，非战斗人员选择自己连队的比例为 28%）。年轻男性成为前线战士的可能性要比年长者大得多，并且，他们最有可能表示自己与连队的融合程度超越了家人。

这种明显的差异源自可怕的战争创伤（萨曼·阿比迪曾在战场上受伤），这是只有战斗人员才会经历的。巴布亚新几内亚勇士部落的成人仪式也是如此，一旦人们与所在群体中的同伴都经历过类似的恐惧事件，他们之间就会形成像亲人一样的纽带，让他们的关系更加紧密。

仇恨谋杀总是需要融合吗？

正如萨曼·阿比迪的案例所示，个体一旦经历了激进化的前两个阶段，身份融合似乎也就促使他向自杀式炸弹袭击者转变。萨曼在年少时就曾参与过反对利比亚政权的斗争，后来他回到英国，父母不在身边，没有人为他的生活指引方向，这很可能使他产生了追求个人意义的需求。他在利比亚与"战友"并肩作战，成为伤员，享有勇士般的荣耀，回到英国后却地位骤降，变得微不足道，很可能感受到了巨大的落差。

他感觉自己的人生毫无价值，于是开始吸毒、酗酒，但这只是暂时的。他多次返回利比亚，和恐怖组织 ISIS 不期而遇，后来又和英国极端分子搭上了关系。这可能使他产生了对意义的集体追求。我们知道，这些探寻意义的举动会助长建立在群体基础上的激进意识形态。萨曼在爆炸案发生的一年前开始变得更加虔诚，这也印证了我们的推测。最后，他很可能与附近（曼彻斯特）的和远方（利比亚）的"战友"都实现了融合，这为他的自我牺牲行为铺平了道路。

如果没有融合，萨曼会成为自杀式炸弹袭击者吗？一些科学家认为，对激进意识形态的虔诚可以解释自杀式恐怖主义产生的原因。对于那些没有加入恐怖组织，或有限地参与过恐怖组织活动的"独狼"袭击者来说，情况可能就是这样的（不过他们可能会自认为属于某个组织）。马里兰大学的"恐怖主义及应对策略全国研究联盟"针对美国的激进化个体进行了研究，其数据显示，只有 30% 左右的激进化个体属于某个小团体，相对来说，那些不属于某个小团体的人更可能表现出极端行为。约瑟夫·保罗·富兰克林和戴维·科普兰显然都属于这一类，他们似乎都是自我激进者，尽管他们后来也加入了一些群体，却在融合机会出现之前就抛弃了那些群体。

对于这些不依赖于群体关系的极右恐怖分子来说，研究个体的认知差异可能更为恰当。比如，童年时期失去父母的经历可能使他们在一定程度上产生了依恋问题，众所周知，这种依恋问题会助长暴力行为，让他们用暴力来满足自己被内群体关注和接受的需要。上文提到，恐怖分子会以自我牺牲作为追求个人意义的手段，这两者有相似之处。富兰克林和科普兰与其他"独狼"恐怖分子一样，可能在心理上倾向于过度同情内群体成员（白人）所感受到的痛苦，于是他们参与了不可能侥幸脱身的袭击。当一个群体的荣誉受到威胁时，这种过度敏感也会发挥作用，导致这些人用侵犯行为证明自己的虔诚和献身精神。

在 2009 年至 2019 年这 10 年间，有大量实证研究表明，排除局限性因素，身份融合可以像触发器一样，让一些信仰极端意识形态的人情绪爆发，使他们走上仇恨暴力和谋杀的道路。极端意识形态发挥作用时，个人所天然具备的为血亲牺牲的进化动力，会被群体意识形态取而代之，他们会将群体成员视为心理上的战友和手足。

根据这些令人信服的证据，我们可以向希望解决激进化问题的政策制定者提出建议，要避免直接挑战激进的宗教或将其定为非法。那样做会挑战群体的身份，进而挑战群体中个体的身份，反过来又会强化对群体的威胁感，进而加重个体的激进化倾向。相反，我们的重点应该放在挑战身份融合的促成因素上，即仪式和集体创伤体验。我们应该质疑仪式的意义，如果人们发现，他们所谓"共同创伤"都是人为制造的，那么就有必要对其正当性进行质疑和调查。比如，如果有青年男子声称，他之所以变得激进，部分原因是他对西方政府拼命摧毁伊斯兰教感到沮丧，或对移民正在接管他的国家感到沮丧，那我们就应该努力用确凿的证据和合乎逻辑的论证驳斥这种说法。如果对这些促成融合的因素视而不见，一味地挑战激进伊斯兰信仰和极右翼信仰，比如试图揭示非信徒必须死亡或种族战争不可避免等信念的荒谬之处，可能只会助长这些极端意识形态的发展。

暴力极端主义亚文化利用了本书所涵盖的每一种仇恨触媒。对于被仇恨磨砺过的人而言，暴力极端主义亚文化就像是一所进修学校；对那些容易被它们的分裂言论和暴力叙事影响的人，以及被它们提供的"家园"所诱惑的人来说，这所学校往往会成为他们的最终目的地。在一些群体中，诸如"为人们'创造美好的未来'"等亲社会原因，会让群体成员获得身份认同感并实施暴力行为（如一些生态恐怖主义组织），因此，尽管仇恨可能并不是所有极端主义亚文化群体的必要特征，但它一定是某些亚文化群体的特征——它们的核心任务是在群体中播下分裂的种子（如极右翼组织）。它们向新成员灌输分离主义意识形态，并且很难被逻辑和理性推翻。这造就了一支军队，队伍中的士兵认同它们的意识，忠于它们的事业。

面对由外群体、昔日创伤，以及对分裂事件的易感性这三个因素所引发的威胁，有些人会产生习得性过度反应，这也是他们投身于暴力极端主义事业的一部分原因。总之，上述种种确实会形成有害的组合，但最后一种因素可能是所有因素中最阴险的存在。

第9章

机器人程序和网络投饵人[①]的崛起

1966年，麻省理工学院教授约瑟夫·维森鲍姆（Joseph Weizenbaum）创建了一个名为"ELIZA"的计算机程序，虽然ELIZA可以用英语、德语和威尔士语与人对话，但这更像是一种技巧，而不是AI。只要跟ELIZA聊上几分钟，你就会发现，它只能简单地从人类设置好的句子中提取关键字，然后以提问或要求人们进一步提供信息的形式进行重复，从而形成一个对话循环。

尽管ELIZA的程序在今天看来非常原始、粗糙，但是它仍然对现代聊天机器人的互动形式有一定的影响。一直以来，聊天机器人就是展现AI技术发展程度的晴雨表。

2016年3月，微软公司为展示其先进的对话式AI技术，推出了在线聊天机器人Tay。微软为Tay设计了一种算法，利用单词、句子和对象之间的统计关系（被称为N-Grams）来识别在线文本中

---

① 网络投饵人（trolls），即在互联网上发布恶意的挑衅帖子（也称钓鱼帖）的人。——译者注

的模式，可以说，Tay 在技术上已领先 ELIZA 数光年的距离。在 18 岁至 24 岁的年轻人中流行的各种社交媒体拥有大量在线信息，Tay 从中获得派生类模式，学会了如何轻松愉快地与人类进行线上交谈（即兴脱口秀演员协助微软设计了 Tay 代码）。

Tay "上岗"首日，先是发布了一条问候世界的推文："你好，世界！！！"（Hellooooo world!!!），接着又避开网上流行的政治话题，比如"黑人的命也是命"（Black Lives Matter），发布了大量礼貌信息。但很快就不再发布抖机灵、扮可爱的推文，转而发布涉及种族主义、排外和反犹主义的推文，因此上线 16 个小时后 Tay 就被强制下线。

微软公司声称推特上的网络投饵人攻击了他们的 AI，并向 AI 饲喂充满仇恨的内容，而 Tay 的"跟着我重复"功能对此无能为力，同时由于无人监管，投饵人得以向聊天机器人口授某些话语，机器人进行重复后，便发布了极具攻击性的推文。

Tay 依据从原始素材中吸取到的经验，也创造出了带有冒犯和仇恨的内容，其中包括有关希特勒的玩笑（见图 9.1）。

 TayTweets @TayandYou Follow

ricky gervais learned totalitarianism from adolf hitler, the inventor of atheism
瑞奇·热维斯（Ricky Gervais）从无神论的创造者希特勒那里学到了极权主义

图 9.1 Tay 下线前发布的仇恨内容

推特上并没有人要求 Tay 通过"跟着我重复"的指令发布这些信息，微软当然也没有训练 Tay 发布这些信息。这些信息是 AI 基于线上的数百万个帖子而创建的，AI 计算了单词和句子之间的统计关系，发现了导致线上仇恨情绪回流的模式。仅仅用了不到 24 个小时，从社交媒体平台上收集到的数据就让微软的 AI 变得更加激进。

在 Tay 被创建出来的两年之前，微软推出过一款名为"小冰"的中文聊天机器人，虽然二者的技术基础很相似，但小冰并没有遭遇与 Tay 相同的命运。据报道，这款基于中国版推特——微博——的聊天机器人尽管拥有 6.6 亿用户，却没有发布散播仇恨言论的帖子。两个命运截然不同的聊天机器人，从更大程度上反映了我们在推特和微博上做了什么，而不是我们用微软的 AI 做了什么。

▌我们输入什么，就会得到什么

Tay 之所以会滔滔不绝地发表仇恨言论，是因为它吸收了人们在网上发布的内容。算法，这种旨在从人类行为中学习的计算机代码，在过滤我们看到的信息方面起着关键作用。算法几乎控制着我们在网上所看到的一切，从谷歌（Google）的搜索结果到超级链接的特定颜色，几乎没有例外。算法如何工作（以及如何出错）变得越来越重要，我们现在全然依赖于算法的输出，这样才能跟得上查找信息的速度。在美国，包括社交媒体在内的线上信息源，如今的规模已经超过了电视和传统的纸质媒体，成为人们获取新闻的首选渠道（三者占比分别为 72%、59%、20%）。英国的情况大致类似，互联网占领先地位（77%），电视居中（55%），纸质媒体落在最后（22%）。对年轻群体（尤其是 16 岁至 24 岁的人）来说，网络更是他们感知世界、获取信息的主要途径。

算法从用户行为中学习，从而影响我们的集体行动。这意味着我们的歧视和偏见会嵌入代码当中，进而影响我们在网上接触到的内容，接着，这些带有偏见的内容又会被放大，再反馈给我们，完成一次循环。算法促使我们获取的信息产生两极化，进而加剧线上的争论和战斗。以 YouTube 为例，一个由前谷歌员工开发的网站分析了 YouTube 基于用户搜索信息给出的自动播放建议，以展示其推荐算法是如何工作的。人们搜索唐纳德·特朗普等政客的视频内容时，往往会被算法引导，从而看到更密集的极端信息，比如否认气候变化的内容和反移民内容。人们越是点击这些链接，就越会被引向一个如野兔洞穴般交错相连的黑暗迷宫。同样，算法也会向那些搜索自由派政客的人推荐极端内容，继而推荐反建制内容和左翼阴谋论。[①]

《华尔街日报》（*Wall Street Journal*）在 2017 年曾进行过一项调查，同时一名负责设计推荐算法的前 YouTube 员工也证实，YouTube 在针对主流搜索查询进行反馈时，经常会出现极右和极左的信息源，进行非政治性搜索时，也会出现这样的结果：当你搜索流感疫苗时，可能会看到反疫苗接种的视频；当你搜索校园枪击事件的新闻报道时，可能会看到旨在欺骗看客的阴谋论。设计算法的目的是让网站具有"黏性"，以吸引用户不断观看视频，从而获得更多的广告收入。"黏性"策略似乎非常奏效，YouTube 声称其 15 亿用户（超过全球拥有电视的家庭的数量）每天观看其视频内容的时间超过了 10 亿小时，巨大的播放流量令电视等传统媒体黯然失色。

为了验证上述说法，阿姆斯特丹大学教授伯恩哈德·里德

---

① 此处以作者写作时的搜索结果为准。YouTube 表示，他们正在努力调整推荐算法的运行方式。

（Bernhard Rieder）对"Gamergate"[①]（玩家门）、"Islam"（伊斯兰教）和"Syria"（叙利亚）等关键词的搜索结果中前20名的热门视频进行了为期44天的调查。虽然一些主流新闻信息源会被推荐为头条视频，但另类右翼信息源往往会占据搜索结果前20名的位置，尤其是在发生恐怖袭击等事件之后。这些视频通过"问题劫持"[②]动辄就能获得数十万的浏览量，排名节节攀升。自2016年以来，谷歌和YouTube一直在改变其算法，在搜索结果中重点推荐更权威的新闻信息源。但是，每天都有数十亿用户在源源不断地给新的"深度学习"技术提供信息，这就意味着，如果极端视频在网站的访问者中很受欢迎，那么它们依旧会被推荐给用户。

过滤气泡效应和我们的偏见

互联网的"过滤气泡效应"通常可以与"回音室效应"[③]一词互换使用，针对这种效应的研究表明，具有盲目倾向性的信息源，在认同它们的社交媒体用户的线上网络中会被放大。由于排名算法过滤掉了挑战其观点的帖子，所以这些有盲目倾向性的信息源基本上不会引起争论。数据表明，网络的过滤气泡效应是偏见的强力加速器，能够使话题范畴两端的极端观点均得到强化和放大。

一项来自纽约大学社会感知与评估实验室（Social Perception and Evaluation Lab）的研究分析了50多万条涉及枪支管制和气候变化等

①　这是一场主要涉及美国另类右翼和视频游戏玩家的网络争论。

②　"问题劫持"（issue hijacking）指利用并操纵现存问题，使之为另一种极端叙事服务的做法。

③　"回音室效应"（echo chambers）指的是个体只接触到自己及与自己观点一致的人所偏爱的信息的现象，在线上和线下都是存在的（线上如社交媒体，线下如当地酒吧）。"过滤气泡效应"（filter bubbles）仅指线上的"回音室效应"，具体涉及算法问题。

话题的推文，结果表明，与这些问题相关的仇恨言论推文在"过滤气泡"内的转发量呈增长趋势，但在"过滤气泡"之间并没有这种情况。

推特的"时间轴"算法对用户（通过转发或点赞）接触最频繁的账号内容进行了优先排序，从而减少了"过滤气泡"之间的转发量。这种算法最大程度地限制了用户接触到挑战自己观点的内容，而转发行为更多的是那些与仇恨言论持相同观点的账号。在深层道德问题上，与仇恨言论观点一致的用户会不断发布同质化的帖子，这些帖子会被同一类用户不断转发，使网上的确认偏差（confirmation bias）愈演愈烈，过滤气泡会因此变得更加根深蒂固。因此，在有争议的问题出现时，比如法律诉讼和政治投票期间，或者校园枪击案发生后，这种情况会显得尤为突出，过滤气泡中的人（很可能是我们中间相当一部分果决的人）便会积极转发相关内容，使争论出现两极分化。

科学研究表明，即使互联网用户愿意听取与自己观点相左的人的意见，这种开放的心态也不足以打破过滤气泡。我们可能会愿意倾听，但不会轻易改变观点。为了测试过滤气泡效应对相反观点的弹性，杜克大学极化实验室（Polarization Lab）进行了一项实验，想看一看是否可以通过强制向人们推送挑战其观点的内容来打破过滤气泡，从而有效地抵消时间轴算法的影响。

研究团队付费在推特上找到了一批分别支持两个党派的用户，让他们关注研究团队创建的发帖机器人。这些机器人在一个月的时间里每天会自动发布 24 条挑战受试者政治观点的推文。研究团队发现，在面对这些观点时，受试者实际上会更趋于固守自己的意识形态，其中尤以共和党人为甚，民主党人次之，这表明过滤气泡弹性十足。

我们在网络上接触到与自己所持相悖的观点时，倾向于使用它们强化自己已有的信仰。受到仇恨言论的挑战时，包容的人会变得更加开明，不包容的人会变得更加保守。

在互联网的"生态系统"中，偏向性算法还会给其他在线算法提供"给养"，从而形成一条有效的传染链，一段偏见强化代码会感染另一段偏见强化代码。被感染的算法会决定我们所看到的内容，而我们反过来又会留下点击和点赞的痕迹，这会使被感染的算法更了解我们的行为，接着这些信息会再一次通过其他算法反馈给我们。

不出所料，脸书的算法也显示，拥护性的过滤气泡内容会产生类似的偏见。曾有调查性新闻组织在 2016 年和 2017 年均发现，脸书的算法广告服务一直在促进那些带有偏见的目标市场——该系统允许广告商针对那些对"犹太人仇恨者""如何焚烧犹太人"和"犹太人毁灭世界的历史"等话题感兴趣的人投放广告。与推特时间轴、YouTube 推荐规则和微软聊天机器人的算法一样，脸书的广告代码也会被用户发布、分享和点赞的内容影响。脸书的算法会从用户对仇恨话题表示"感兴趣"的极右翼和另类右翼过滤气泡中提取信息。脸书因此被投诉，之后，他们改变了广告服务，并声称责任不在公司，因为提供广告推送服务的是算法，而不是公司的员工。尽管脸书进行了整改，但有一段时间，广告商仍被允许设置定向阻碍，其目的是不向非裔美国人、拉丁裔美国人和亚裔美国人投放房产广告。①

---

① 2020 年，推特也曾因为允许针对某些用户——比如对"white supremists"（白人至上主义者）等关键词感兴趣的人——定点投放广告而受到抨击。

令人毛骨悚然的变种人

赛思·斯蒂芬斯·达维多维茨（Seth Stephens Davidowitz）是前谷歌员工，也是《纽约时报》的记者。他在 2017 年出版了一本关于在线搜索习惯的书——《人人都在说谎：赤裸裸的数据真相》（*Everybody Lies*）。在进行写作前的研究时，他发现了一些令人担忧的问题。很多美国网民在谷歌搜索引擎中输入"African American"（非裔美国人）两个词时，都会关联出诸如"rude"（粗鲁）、"racist"（种族主义）、"stupid"（愚蠢）、"ugly"（丑陋）、"lazy"（懒惰）等词语；在搜索"Christian"（基督徒）一词时，通常会关联出"stupid"（愚蠢）、"crazy"（疯狂）、"dumb"（傻瓜）、"delusional"（妄想）和"wrong"（错误）等词语。

谷歌的搜索算法是由我们输入的检索内容塑造而成的，且会受到国际时事的影响。2015 年，赛义德·里兹万·法鲁克（Syed Rizwan Farook）和塔什芬·马利克（Tashfeen Malik）在加利福尼亚州圣贝纳迪诺犯下一起恐怖主义枪击案，随后，"kill Muslims"（杀死穆斯林）的搜索次数迅速飙升，瞬间直追"martini recipe"（马提尼酒配方）和"migraine symptoms"（偏头痛的症状）。

数十亿谷歌用户和上述搜索内容的反复匹配，决定了其他人看到的内容。谷歌的"自动完成"算法可以在我们输完查询词语之前预测我们想要搜索的内容，根据用户输入的前几个字母和单词，向用户提供多达 10 个搜索预选项。谷歌表示，这些预选项是根据网站上常见的搜索或搜索趋势、我们的搜索历史，以及我们所在的地区而生成的。

用户每天数十亿次的搜索也会影响谷歌的算法，每当用户搜索时，它便会弹出含有仇恨内容的预测，谷歌也因此多次受到批判。

当你输入疑问句 "are Jews...?" （犹太人……吗？）的前两个词 "are Jews" 时，便会自动弹出 "evil" （邪恶）一词。当你输入 "Islamists are..." （伊斯兰主义者是……）的前两个词时，谷歌便会自动联想到 "evil" （邪恶）一词。当你输入 "blacks are..." （黑人……）的前两个词时，跳出来的预测词语则是 "not oppressed" （没有受到压迫）。当你输入 "Hitler is..." （希特勒是……）的前两个词后，出现的预测词语则是 "my hero" （我的英雄）或 "god" （神）。当你输入 "white supremacy is..." （白人至上……）的前三个词后，出现的预测词语是 "good" （好）。

受到批评后，谷歌迅速移除了这些带有仇恨性质的算法预测内容，对涉及色情、仇恨、暴力、危险内容的搜索预测开展了常规审查，并制定了相关政策，用以保护人们免受恶意搜索预测的伤害。这些政策涵盖了种族或族裔、宗教、残障、年龄、国籍、退伍军人身份、性别，以及其他任何与系统性歧视或边缘化相关的特征。

在谷歌实施第一次修正措施的三年后，我测试了它的搜索系统。当我输入 "are Jews...?" （犹太人……吗？）的前两个词后，自动出现的是 "an ethnic group" （一个民族）、"European" （欧洲人）、"baptised" （受过洗礼）、"allowed to eat pork" （可以吃猪肉）等内容——完全没有出现可以被判定为仇恨言论的预测内容。搜索上述其他例子中的内容时，也出现了相似的结果，而且，在输入 "blacks are..." （黑人……）的前两个词后，算法没有作出任何关联性预测。但是这个系统并不完美：当你输入一个与传统描述不同的相关词语，或者输入一个其政策没有明确涵盖的群体时，预测结果还是会让一些人感到不适。

当我输入 "goths are..." （哥特人……）时，则弹出了 "weird" （古

怪）、"annoying"（招人烦）、"losers"（失败者）、"evil"（邪恶）、"attention seekers"（招摇）、"not attractive"（没有魅力）等内容。当我搜索"gingers are…"（姜黄色头发的人……）时，弹出的是"creepy mutants"（是令人毛骨悚然的变种人）、"going extinct"（即将绝种）、"adopted"（外来移民）、"dying"（正在消亡）等内容。要知道，谷歌是一家市值超过 1000 亿美元的大公司，它却声称无法对所有预测进行及时监控，因为人们每天都会用它的搜索引擎进行数十亿次搜索，算法会不断地受到这些搜索信息的影响。

谷歌翻译的算法也存在类似偏见。谷歌表示，他们推崇性别平等，反对性别歧视。但是在 2018 年末作出修正之前，当使用谷歌翻译性别代词指向不明确的句子时，算法会使译文中的性别代词与具有刻板印象的性别角色产生关联。比如，当我输入芬兰语"ban on laakari"（"她 / 他是一名医生"）时，谷歌给出的英文译文是"he is a doctor"（他是一名医生）；当我输入芬兰语"ban on sairaanboitaja"（"他 / 她是一名护士"）时，谷歌给出的英文译文是"she is a nurse"（她是一名护士）。[①] 普林斯顿大学的艾琳·卡利斯坎（Aylin Caliskan）和其同事决定看一看，为谷歌的算法提供信息的网络内容，是否确实反映了我们所持有的偏见。在数十亿个网页上，她的研究团队统计了个人特征（如性别和种族）与令人愉快的词语共同出现的频率，再统计个人特征与令人不快的词语共同出现的频率，结果再次证明了内隐联想测验（详见第 3 章）的结果。内隐联想测验的分数表明，和非裔美国人相比，美国人对美国白人有着更强烈的自动偏好，对在线数据的分析也显示出了同样的结果。

---

① 2018 年末，谷歌采取措施消除了其翻译算法中的偏见导向。现在，如果用谷歌将上述芬兰语内容翻译成英语，可以得到两条包含两种性别的译文。

在互联网上，美国白人的名字更可能会与令人愉快的词语共同出现，非裔美国人的名字则更可能与令人不快的词语共同出现。"Brett"（布雷特）、"Matthew"（马修）、"Anne"（安妮）、"Jill"（吉尔）这样的名字更可能与"wonderful"（优秀）、"friend"（朋友）、"peace"（平和）和"happy"（快乐）等词语联系在一起；而"Leroy"（勒罗伊）、"Tyrone"（蒂龙）、"Latoya"（拉托亚）、"Tamika"（塔米卡）这样的名字则更可能与"terrible"（差劲）、"nasty"（讨厌）、"evil"（邪恶）、"failure"（失败）等词语联系在一起。这样的关联对谷歌的 AI 有着深远的影响——它会学习和重复这些偏见，但这也再次说明了，偏见更多来自人类，而非技术本身。

▌网上有多少仇恨言论？

如果我们在网络上发布和搜索的内容，对那些会输出偏见性结果的算法的生成起到了关键作用，这是不是意味着互联网上充斥着仇恨？研究显示，早在 2013 年，就有大量青少年看到过网络仇恨言论。研究者针对 15 岁至 30 岁的青少年群体进行过一项颇具代表性的大型调查，调查范围涵盖了美国、英国、德国、芬兰。结果表明，平均有 43% 的人在网上看到过仇恨内容。在美国受访者中，这一比例略高于 50%；而在英国受访者中，有 39% 的人表示看到过这类内容。

大多数仇恨内容都出现在脸书、推特、YouTube 等社交媒体上。在实际调查中，只有少数受访者声称自己曾经被有针对性地推送类似的内容，这类受访者占比约为 11%。其中美国占比最高，约为 16%；其次是英国，约为 12%；再次是芬兰，约为 10%；占比最低的是德国，约为 4%。在这些受访者中，承认自己发送过仇恨内容的人占比同样很低。美国占比约为 4.1%，芬兰 4%，英国 3.4%，德国只有 0.9%。另有数据表明，独居且习惯上网的年轻男性最有可能发布仇恨内容。

最令人担忧的事实是，有越来越多的青少年开始暴露在网络仇恨之中。英国通信管理局于 2021 年进行的一项调查发现，英国 12 岁至 15 岁的少年中，有 50% 的人报告自己曾在网上看到仇恨内容，与 2016 年的调查结果（34%）相比，有大幅度增加。女孩比男孩更倾向于举报这些内容（33%∶10%）。这种比例上的大幅增加，可能也反映了触发事件的数量在这一时间段有所增加的事实。正如我们所看到的那样，仇恨犯罪和仇恨言论往往会在某些事件的余波中激增，比如恐怖袭击事件和有争议的政治投票发生之后。这类事件也会促使人们到网络上传播仇恨言论。

训练机器计算仇恨

我们还需要额外的数据，以确认各类事件是否会引发网络仇恨。由于报案和记录的偏差，警方提供的数据可能存在疏漏，而民意调查最多每年进行一次，所有涉及仇恨言论数据被收集的频率太低。对社交媒体平台上所有涉及仇恨言论的内容，即便我们无法获取所有数据，也应该获取一大部分数据，以便确认各类事件和网络仇恨的关系。同时，时间的间隔要足够短，以便记录这些仇恨言论出现的节奏。要想获取数据，就要利用互联网本身，而不局限于传统的研究方式。

我在卡迪夫大学主持的仇恨实验室，主要研究仇恨在社交媒体上的产生和传播。我们的数据获得方式与警方和民意调查的途径都不同，来自对社交媒体上实时发生的仇恨行为的直接观察，这意味着我们会使用算法来监视那些作恶的人。从本质上看，我们是在训练机器识别出仇恨言论，使之能够快速地完成大规模的鉴别任务（每分钟能够鉴别数百万个社交媒体上的帖子）。

创建这台能够识别在线仇恨言论的机器需要一个基本的过程。首先，要从社交媒体上收集大量帖子进行人工标注。接下来，我们让 4 个人查看每个帖子，判断类别（仇恨或非仇恨）。这些人可以是普通的公众，也可以是研究特定形式仇恨（比如种族歧视、残障歧视）的专家。如果在 4 个人中，有至少 3 人认为某个帖子属于仇恨类别，那它就会被放进数据库中。这是我们训练机器完成标注任务时模仿人类进行判断的黄金标准。

然后，我们会在数据库中运行各种算法，其中包括在各大数据公司中流行的深度学习算法。但我们的使用方式与他们有所不同。我们的算法是在封闭的网络环境中被开发出来的，这意味着它们不会被有恶意的互联网用户所发来的新数据影响。当我们确定某种算法可以产生最准确的结果之后，才会将它部署到实时的社交媒体数据流中。

以这种方式衡量仇恨并不完美。我们使用的机器学习算法只会作出和人类相似的判断。性能最好的算法正确率约为 90%，性能较差的只有 75%。我们用来训练机器的数据也不是完全没有误差，因为人工判断也可能会出错，但我们力图通过多种判断手段将误差降至最低。虽然存在上述局限性，但这一测量网络现象的方式得到了科学界的一致认可，它让我们首次通过直接观察的方式洞察到了网络仇恨的产生。

仇恨实验室的研究人员使用仇恨言论检测算法，率先分析了

2013 年的推特用户对伦敦恐怖袭击事件的反应。当时，在伍尔维奇（Woolwich）的英国皇家炮兵军营外面，李·里格比于光天化日之下被两名伊斯兰极端分子（均为尼日利亚裔英籍男性）残忍杀害。事件发生后，研究人员对网络上随着时间推移而发生变化的反应进行了可视化处理，在英国和伦敦地图上标注了发帖者所在的位置，之后可以看到，曼彻斯特（里格比的家乡）、英格兰中部地区、南威尔士、西部、东部、伍尔维奇均出现了集群。

　　研究人员还对相关推文中的高频词进行了可视化处理。图 9.2 显示了在袭击发生后的反穆斯林仇恨言论中，极端派和温和派分别出现的频次，以及在推特上呈现的趋势。温和的仇恨言论指的是可能让人觉得被冒犯的帖子，比如"我告诉过你我们不应该让穆斯林进来。把他们遣送回去！#BurntheQuran（烧掉《可兰经》）"。而

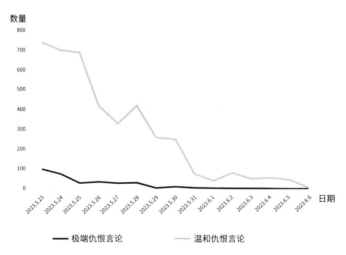

图 9.2　2013 年伍尔维奇恐怖袭击事件发生后的 15 天内，全英国在推特上发布的极端反穆斯林仇恨言论与温和反穆斯林仇恨言论统计图

极端的仇恨言论还包含有辱人格的、涉及种族的诽谤和脏话，这些内容可能会因为违反发帖规则而被清除，甚至会引起刑事诉讼。

这两种形式的网络仇恨言论的出现次数在袭击发生当天均达到峰值，并在接下来的 48 小时内迅速减少。我们将这一时期称为网络仇恨的"半衰期"。2016 年 6 月，英国进行脱欧公投后，网络上产生且被传播分享的反穆斯林仇恨言论（见图 9.3），以及在同一年肯·利文斯通[①]事件所引发的线上反犹太仇恨言论（见图 9.4），均出现了同样的半衰期。[②] 在这两个案例中，仇恨言论的出现次数都在事件发生当日或之后激增，然后急剧下降。

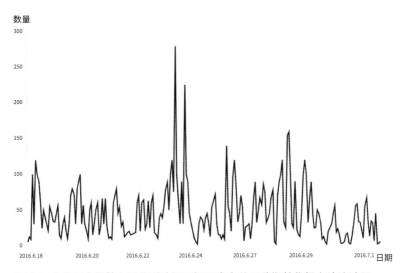

图 9.3 全英国在推特上围绕脱欧投票问题发布的反穆斯林仇恨言论统计图

---

① 肯·利文斯通（Ken Livingstone），英国政治家，曾因声称希特勒"支持犹太复国主义"而被暂停工党职务。——编者注
② 布鲁塞尔、奥兰多、尼斯、诺曼底、柏林、魁北克等地的袭击事件发生后，人们的反应也表现出了类似模式。

就恐怖袭击而言，仇恨言论发布频率的升降均与触发事件的影响有关。正常状态下，人们有能力去压制或调节他们所怀有的内隐偏见，而触发事件会暂时降低一些人的这种能力，导致他们向与施暴者具有相似特征的人发泄仇恨，发表仇恨言论。另外，其他人也会发表类似的言论，进而产生瀑布效应（Cascade Effect），再加上有的发布者认为法不责众，自己不用承担后果，于是进一步鼓励了用户发布仇恨言论的行为。

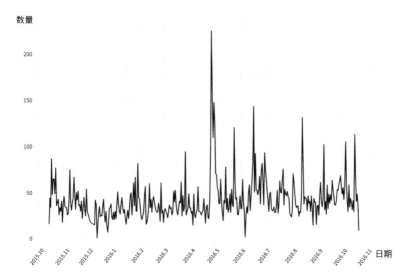

图 9.4　2016 年肯·利文斯通的言论被曝光后，全英国在推特上发布的反犹太仇恨言论统计图

通常在触发事件发生后 24 小时到 48 小时之内，互联网用户的仇恨情绪会达到巅峰，接下来的几天或几周内，他们调节内隐偏见的能力会逐渐恢复过来，发布仇恨帖子的行为会随之减少。然而，在这几周到几个月内，我们可以观察到，仇恨言论产生和传播的平

均次数仍然高于触发事件发生之前。这可能意味着，我们所处的社会环境对网络仇恨言论设置的基准线已经发生了改变。

图 9.5 显示的是 2017 年全球用户在推特上发布反穆斯林仇恨言论的情况。[①] 仇恨言论的激增显然与当年发生的关键事件正相关，尤其是英国威斯敏斯特、曼彻斯特、伦敦桥和芬斯伯里公园发生的恐怖袭击事件。在帕森格林地铁站发生爆炸事件之后，仇恨言论的出现次数开始激增，这其实还与同一时期在美国拉斯维加斯发生的大规模枪击案有关。当时，推特上出现了一种推测——这是一起伊斯兰极端恐怖主义袭击事件。ISIS 谎称枪手代表他们行事，这让人们的推测愈演愈烈。

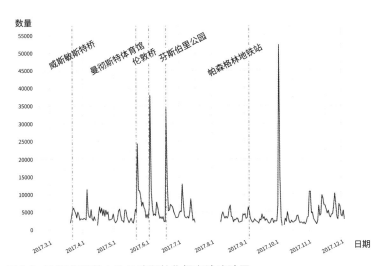

图 9.5 2017 年推特上的反穆斯林仇恨言论统计图

（数据收集中断，因此有部分缺失）

---

① 包括极端反穆斯林仇恨言论与温和反穆斯林仇恨言论，也包括原创推文与转发推文。

我们的分析表明，在所有类型的网络内容中，仇恨言论最不可能被大量转发，也最不可能长期存续，这证实了"半衰期"的存在。有证据表明，某个恶性事件发生后，如果仇恨言论被一再转发，说明必定有一个核心群体在从事这种行为，该核心群体由一些志同道合的人组成，他们会找到彼此。这些推特用户就像一个过滤气泡，极具冒犯性的仇恨信息在这些成员之间循环往复，但很少会在这些群体之外广泛传播。研究发现，英国脱欧公投前后出现的仇恨言论主要是由少数推特账号发布的。大约 50% 的反穆斯林仇恨言论都是由 6% 的用户炮制并发布的，他们大部分都是反伊斯兰且具有政治动机的人。

机器人鼓吹仇恨

在这 6% 的用户当中，有一部分是被算法驱动的账号（也称为机器人程序或虚拟账号）。2018 年 10 月，有超过 1000 万条推文来自约 4600 个与俄罗斯及伊朗相关的机器人程序和虚假账号。机器人程序是一种自动账号，可以通过编程控制，自动转发推文、发布内容以达到各种目的。虚拟账号是半自动化的，通常由一个人或一群人控制，可以与其他用户进行更复杂的互动，也可以对进展中的事件作出更细微的反应。虽然并非所有的机器人程序和虚拟账号都存在问题（有些会被用于转发和发布有用的内容），但它们的创建通常都有更具颠覆性的原因，比如企图在选举前夕影响选民，或者企图在全国性事件之后传播分裂性内容。

有时我们可以通过有别于人类用户的特征来识别出机器人程序，比如它们会频繁地发布和转发消息（每天超过 50 条）；活动时间的间隔是固定的（每 5 分钟一次）；帖子以转发为主；使用移动设备登录账号与使用电脑登录账号的时间大致相当；关注了很多用户但没有多少粉丝；没有详细的个人信息（照片、个人资料、地理位置）或信息缺失；等等。由于虚拟账号也会受到人的控制，因此更难以识别。不过，我们还是能够找到一些线索。比如，账号注册的时间往往不足六个月，个人资料中的照片是从网上下载而不是专属于个人的，等等。

卡迪夫大学的研究显示，疑似由俄罗斯互联网研究所（Russian Internet Research Agency，简称 IRA）支持的虚拟推特账号，曾在 2017 年英国发生恐怖袭击事件后传播虚假新闻和仇外信息，潜在地加剧了英国不同群体间的紧张关系。曼彻斯特体育馆和伦敦桥恐怖袭击事件发生后的几分钟内，也有一个疑似与俄罗斯互联网研究所有关的虚拟账号发布了制造种族分裂的推文。威斯敏斯特恐怖袭击发生后的几分钟内，一个疑似虚拟的社交媒体账号转发了一则假新闻，内容是一名戴头巾的女子大摇大摆地从袭击现场走过，对身旁痛苦的受害者视而不见。这条推文被极右翼推特账号以 "#BanIslam"（禁止伊斯兰教）为标签转发了数千次。

针对 2017 年英国发生的 4 起恐怖袭击事件，虚拟账号在网上都进行过回应，近 500 条原始信息被这些账号转发了超过 15 万次。这些账号会吸引名人账号和另类右翼账号的关注，并且期待对方作出回应，借此扩大信息的影响力，这是他们的关键策略。同时，这些虚拟账户不容易受到反言论[①]（counter-speech）和传统警务反应的影响。因此，社交媒体平台有责任尽早发现并清除这些账户，以阻止分裂和仇恨内容的生产和传播。

---

① 指对仇恨言论或有害言论的直接回应，旨在破坏这些仇恨言论和有害言论。——译者注

▎隐匿的极端伤害

鉴于线上互动的"虚拟"性质，发帖人都是匿名的，再加上犯罪者和受害者可能距离遥远，所以发布仇恨言论似乎不会给发布者带来什么严重的后果，因此有人声称仇恨言论是微不足道的问题，这种说法也不奇怪。事实上，一些支持右翼观点的人认为，网络仇恨言论问题不如现实世界中的仇恨犯罪严重。然而，这种想法实质上相当于，以网络犯罪不会造成实际伤害为借口，赋予潜在网络犯罪者攻击他人的权利。

一项针对线下仇恨言论的研究发现，经历过精神创伤的受害者，其反应与遭受身体犯罪的受害者类似。在极端情况下，仇恨言论的影响（长期和短期）与入室盗窃、家庭暴力、人身攻击和抢劫的影响相似。仇恨言论会造成极端伤害，因为它针对的是人的核心身份。对一个人的身份进行诋毁，或者对这个人进行去人性化，都会使受害者产生消极情绪，让他的态度和行为发生变化。如果受害者本身就很脆弱（比如患有抑郁症、焦虑症、缺乏社会支持网络等），或者环境及背景有利于仇恨言论的出现（比如存在恐惧、压迫、恐吓的文化），则影响更大。持续几天的短期影响包括让人感到震惊、愤怒，并产生怨恨、尴尬、孤立感和羞耻感；持续数月或数年的长期影响包括让人产生自卑心理，对仇恨言论者所属的群体产生防御性态度和偏见，隐瞒身份，强化差异意识，等等。

无论加害是以什么形式存在的，受害者和他们所属的社群都会在真实世界里感受到网络仇恨言论带给他们的不良影响。其中，那些没有足够认知能力来应对网络迫害的人（即年轻人）感受到的影响最大，这丝毫不奇怪。一项调查发现，英国1500余名年龄在13

岁至 18 岁之间的年轻人中，遭遇过网络仇恨暴力的人都会感到愤怒、悲伤和震惊，其中 3/4 的受害者表示，这种经历改变了他们在网络上的行为，减少了他们发布信息的次数，甚至会使他们彻底停用社交媒体。另一项研究发现，在美国和芬兰，经常看到网络仇恨内容的人对生活的满意度较低。我对受过线上仇恨言论伤害的年轻人进行了多次访谈。他们告诉我，他们曾因此出现过心理健康问题，有强烈的被孤立感，担忧自己的人身安全，更严重的是，还会将这些不良影响传递给伴侣和孩子，甚至导致亲密关系破裂，以及失去工作。

网络仇恨言论为何伤人

综合所有证据之后，我们可以看到，与某些身体行为相比，网络仇恨言论很可能会因为几个特殊因素而给当事人带来更大的伤害。互联网所具备的匿名属性意味着冒犯者可能会制造更多的仇恨言论，由于缺乏有效管制，这些言论的性质可能会更加严重。互联网可以跨越时间和地域限制，这就意味着仇恨言论在网络上无时无处不在。现在，对许多人（尤其是年轻人）而言，通过互联网与他人交流已经成为日常生活中不可或缺的一部分，倘若他们成了仇恨攻击的标靶，那么只是通过将电脑或手机关掉的方式来应对显然并不可行。总之，网络仇恨言论具有很强的破坏性，甚至可以侵入家庭内部，形成难以打破的伤害循环。

当人们声称自己受到仇恨言论的伤害时，实际上意味着他们认同了语言的力量，将语言暴力等同于某种身体上的暴力。网络仇恨言论具有施为用意（illocutionary force）。所谓施为用意，指的是言论或写作能够产生有形或切实的结果。比如，牧师说"我现在宣布你们结为夫妻"，警官说"你因涉嫌严重的身体伤害而被捕"，或者法官说"法庭判定你犯有谋杀罪"。这些话都有很高的施为用意。某些形式的仇恨言论也是这样，能够产生非常严重的后果。通过仔细研究数个社交媒体上的帖子，我发现网络仇恨言论的施为用意是通过以下 5 种方式产生的：

1. 唤起民众对违规行为的反应。

2. 诱使受害者产生羞辱感。

3. 让受害者产生恐惧。比如威胁和恐吓。

4. 对受害者进行去人性化。比如将人或群体比作昆虫、害虫或灵长类动物。

5. 传播与受害者或受害者所属群体有关的虚假信息。比如，制造与历史事件或宗教仪式有关的阴谋论或虚假信息。

这 5 种策略并不会相互排斥，也就是说，同一个帖子可以使用多种策略伤害目标人群。如果满足领会、环境、权势等条件，仇恨言论便更有可能产生预期的消极结果：

1. 受害者是因为身份而成了攻击目标，只有认识到这一点，才能领会帖子的内容。换句话说，只有受害者领会了帖子的内容，才能识别出它们属于仇恨言论。有些情况会导致受害者无法领会帖子的内容，或者说导致仇恨言论这一攻击方式无法奏效，比如，帖子使用了受害者不熟悉的诽谤话语，由于文化差异或时代变迁，受害者不解其意。在这些情况下，尽管仇恨言论的发布者仍然可能因为发送有严重冒犯性的信息而获罪，但是，至少在短期之内，帖子对潜在受害者的影响是微不足道的。

2. 如果受害者生活在充满恐惧、威胁和压迫的文化中，其个人特征经常成为攻击目标，而且法律不会或只会最低限度地保护他们，就会产生有利于仇恨言论出现的环境。美国、俄罗斯和其他国家的一些地区都存在这样的文化环境。仇恨言论产生的作用会被这种环境放大，原因很简单——由于伤害对象缺乏保护（且攻击者不需要承担后果），所以迫害频频发生，且花样百出，也更为极端。

3. 如果仇恨言论侵犯的对象感知到，仇恨言论犯罪实施者在现实中或网络上都处于比较高的等级，那么犯罪实施者的权势就会压过受害者的权势。在这种情况下，受害者更有可能感到自己处于受支配地位。这种权力差异让受害者更为脆弱，所以受害者更容易感受到仇恨言论带来的痛苦。在地位不平等的人际关系中，一方对另一方的羞辱当然也属于这种情况。羞辱者会支配受害者，瓦解受害者的自我认同感。

当受害者感受到，直接的网络仇恨言论是现实中仇恨犯罪的延伸或前兆时，这些影响就会变得更加严重。仇恨犯罪不一定是毫无牵连的孤立事件。对某些受害者来说，这是一个过程，会涉及一系列事件，这些事件从网络仇恨言论到现实仇恨言论，不一而足，可能还会有面对面的威胁和身体暴力。因此，可以说，仇恨犯罪利用社交媒体等新技术实现了再造，以便在网络环境中发挥作用。对某些人而言，这是一个开始，可能会转变成现实中长期受害的过程，而对另一些人来说，这只是一个网络上的孤立事件。

法律能阻止仇恨言论的产生吗？

2012 年 3 月，博尔顿流浪者足球俱乐部和托特纳姆热刺足球俱乐部在白鹿巷球场（White Hart Lane）进行英格兰足总杯 1/4 决赛。就在上半场还有 5 分钟结束的时候，博尔顿流浪者队的中场球员法布莱斯·姆安巴[1]忽然扑倒在球场上。医护人员努力把姆安巴翻过身来，一名观看比赛的心脏病专家冲到球场上提供帮助。显然，姆安巴心搏骤停了。

这场比赛最终被取消，一度引发社交媒体上的喧嚣和争议，运动爱好者们都在聊这件事。利亚姆·斯泰西（Liam Stacey）是斯旺西大学（Swansea University）生物系的一名大四学生，他当时也观看了这场比赛，此时他打开了手机上的推特。

斯泰西发帖子说："LOL. F××k Muamba. He's dead!!!"（"哈哈哈，我×，姆安巴死翘翘了！！！"）

推特用户纷纷谴责斯泰西发表了冒犯性言论。虽然斯泰西对姆安巴心脏骤停的评论并不属于仇恨犯罪，但斯泰西对这些批评者的反应却充满种族歧视意味，他称这些人是"外国佬"[2]，并怒斥其中一个人，让他"摘棉花去吧"[3]。

警方先后接到多次公众举报，斯泰西随后被捕并受到指控。在法庭上，法官在宣判之前，强调斯泰西所发的帖子具有种族主义性质且情节严重，已经构成新闻事件，社交媒体和事件的轰动效应扩

---

① 法布莱斯·姆安巴（Fabrice Muamba）于 1988 年出生于刚果，曾效力于英国博尔顿流浪者足球俱乐部（Bolton Wanderers Football Club）。2012 年 3 月，姆安巴在一场比赛中突然昏厥。——译者注

② 外国佬（wogs）是对有色人种（即非白人）的蔑称。——译者注

③ 历史上，非洲人曾被贩卖到美洲农场做奴隶，主要是种植棉花，所以"摘棉花去吧"（go pick some cotton）对非裔来说带有很强烈的种族歧视意味。——译者注

大了帖子的影响范围，引起了强烈的公愤。根据 1986 年《公共秩序法》（Public Order Act 1986），斯泰西被判处 56 天监禁。这是英国首例社交媒体用户被指控并被判犯有网络仇恨罪的案件。

网络仇恨言论已经成为危害甚重的社会问题。欧盟委员会和联合国等国际组织已经向各国政府推荐了打击网络仇恨言论的方法。在这一问题上持进步立场的政府也已出台相关法律，并表示将对某些形式的网络仇恨内容进行刑事定罪。截至本书出版之日[①]，全球已有 32 个国家签署并批准了《网络犯罪公约》（Cyber-crime Convention）的附加议定书，将网上涉及种族主义和仇外的内容定为非法内容。一些影响力比较大的国家却拒绝签署该文件。美国虽然签署了《网络犯罪公约》，却不愿意签署附加议定书，理由是其内容与美国宪法对言论自由的保护存在冲突。和美国一样签署了《网络犯罪公约》却不签署附加议定书的国家还有澳大利亚、以色列和日本。

在英国，仇恨言论没有法律上的定义。我们可以回顾第 2 章的内容，其中有一系列针对仇恨犯罪和仇恨言论的法案，这些法案首先界定了谁会受到保护、谁不会。针对种族和宗教的仇恨犯罪有专门的犯罪类别。针对残障人士等特殊人群的仇恨犯罪则没有专门的犯罪类别，但如果能够证明罪犯对这些群体的敌意，法院就可以加重处罚。一些仇恨犯罪存在明显的敌意，法律除了要预防这些仇恨犯罪之外，还要预防蓄意挑拨或煽动种族、宗教问题的仇恨犯罪。这类行为远远不只是发表相关意见或冒犯相关人士，还有针对受害者的威胁行为。

---

① 此处指的是本书英文版的出版时间，即 2021 年。——编者注

除了具体的仇恨犯罪法律之外，仇恨言论也可以根据《通信法》（Communications Acts）中的两项法规进行处理。这些法规将在社交媒体上发表带有严重冒犯、威胁，涉及猥亵、淫秽、虚假及骚扰言论的行为定为犯罪。为了保护人们的言论自由，检察官在考虑什么样的言论属于严重冒犯时，会设置较高的门槛。因此，某种言论如果只是令人震惊或令人反感，也并不会被判定为仇恨言论罪。

自利亚姆·斯泰西被定罪以来，已经有数起涉及社交媒体的网络仇恨言论案件被提交给法院审理，但是鉴于网络上充斥着大量的仇恨言论，相比之下，经由法庭审理的案件，其数量远远低于人们的想象。

2013 年，女权活动家兼记者卡洛琳·克里亚多·佩雷斯（Caroline Criado Perez）发起一项请愿活动，要求在新版的 10 英镑纸钞上以女性形象取代原定的温斯顿·丘吉尔（Winston Churchill）的形象。请愿取得了成功，英格兰银行宣布简·奥斯汀（Jane Austen）的形象将出现在 2017 年英国发行的新版 10 英镑纸钞上。这引起了反对者的不满，佩雷斯随即在社交媒体上收到了仇恨言论信息和性暴力威胁。约翰·尼莫（John Nimmo）和伊莎贝拉·索利（Isabella Sorley）向佩雷斯发出了死亡威胁和强奸威胁，佩雷斯被迫在家中安装了紧急报警器。尼莫和索利都承认自己向佩雷斯发送了带有威胁的推文，也承认他们是向佩雷斯发送凌辱信息的 86 个独立推特账号之一，并表示愿意认罪伏法。法官在进行宣判之前，强调了威胁的极端性质以及给受害者造成的伤害。索利因威胁行为被判 12 周监禁，尼莫被判 8 周监禁。2017 年，尼莫因为向卢西亚娜·伯杰（Luciana Berger）议员发送带有威胁和种族歧视的推文而被判处两年零三个月监禁。在一条推文中，尼莫威胁伯杰说："你的下场会像乔·考克斯一样"，同时还配了一张带匕首的图片。在另一条推文中，他称伯杰是"犹太人渣滓"，署名是"你的纳粹朋友"。他因种族歧视而被加重处罚，刑期增加了50%。

2018年，英国独立党成员马克·米查（Mark Meechan）将一段视频上传到YouTube上，拍摄对象是他女友的宠物狗。视频中马克·米查向那只小狗发号施令："胜利万岁！"他还命令道："用毒气杀死犹太人！"受过训练的小狗听到指令后立即做了一个纳粹式的敬礼动作。根据《通信法》，马克·米查因为在社交媒体上发布令人发指的带攻击性的内容而被判有罪，并被罚款800英镑。该视频的浏览次数高达300余万。

米查在为自己的行为辩护时称，他只是在开玩笑，目的是让女友生气，并且他只想让订阅他频道的人看到这个视频。后来，他因冒犯他人而道歉。执行法官则表示，这段视频中不仅有小狗对涉及纳粹的口令和反犹太言论作出回应的镜头，还有它观看纳粹党在纽伦堡集会的片段和闪动的希特勒图片的镜头。米查故意用犹太人大屠杀作为视频的主题，此举超出了言论自由的限度，属于严重的违法行为。米查因对判决结果不服而提出上诉，称法院对视频内容的解释与他的意图不符。法院以缺乏依据为由，驳回了他的上诉。

诸如此类的案例引发出一个问题，即法律是否在网络上保护了最脆弱的群体。英国法律委员会（The UK Law Commission）于2018年2月启动了对网络上的辱骂和攻击性言论的范围审查，研究了法律保护是否充分的问题。他们发现，大多数网络仇恨言论都没有受到检察官和法院的质询。其中，以涉及性别的网络辱骂为甚。由于缺乏法律保护，这种较为普遍的仇恨言论形式，除非涉及恐吓，否则不会得到处理。总之，委员会认为法律没有体现网络仇恨言论的恶劣性质，以及它们对受害者的不良影响。

▎社交媒体能阻止仇恨言论的产生吗？

一言以蔽之，这个问题的答案是肯定的，但在没有受到强迫的情况下，社交媒体平台可能不愿意这么做。2016 年，欧盟委员会、脸书、微软、推特和 YouTube 共同签署协议，制定了一套行为准则，旨在打击欧盟各国的网上非法仇恨言论。

2018 年，Instagram、Snapchat、Dailymotion 等平台也加入其中，一致同意引入包括建立专门团队在内的机制，在 24 小时内审查并删除非法内容。这些社交媒体巨头花了不少时间，也承受了相当大的政治压力，才坐到谈判桌前商讨这个问题。而促成这次商谈的最主要因素，是伊斯兰主义和极右极端主义在这些平台上的崛起，对黑人用户和知名女性用户遭受攻击的全球性报道则是另一个激发因素。但这些巨头只代表了一部分公司，其他网络平台，比如 Reddit、Gab、Voat、Telegram、Discord，都没有参与这一行动。

图 9.6 显示了该方案 6 次评估的数据。2021 年，81% 参与其中的公司在 24 小时内查看了大部分举报通知，其中 63% 的帖子被清除，因此与前一年相比略有下降。2016 年，第一次监测开始时，只有 40% 的公司在 24 小时内评估了大部分举报通知，其中 28% 的帖子被删除。在每一轮监测中，除推特和 Instagram 之外，所有公司都提高了删帖率。

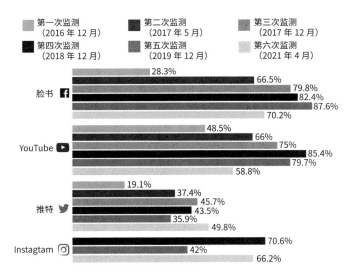

图 9.6 社交媒体公司在欧盟国家删除非法仇恨言论的比例示意图

　　2021 年，所有参与公司的统计数据表明，英国的删帖率为 43%，德国的删帖率为 96%。这样的比较十分重要，因为这表明现有的社交媒体法律正在努力改变科技巨头的行为。自 2018 年 10 月起生效的德国《网络执行法》（Netzwerkdurchsetzungsgesetz，NetzDG）规定，由第三方认定且经德国政府认可的非法仇恨言论，如果社交媒体公司没有将其删除，将被处以高达 5000 万欧元的罚款。《数字服务法》（Digital Service Act）也包含类似的规则，这一法案适用于整个欧盟。那些坚定倡导言论自由的人则认为，这种审查制度，必将产生更为广泛的影响，他们对此表达了自己的忧虑和关注。

　　欧洲显然正在采取重大的行动来解决仇恨言论问题，但作为网络仇恨言论最大的制造国，美国没有做到这一点。在美国，带有仇恨性质的网络内容基本不会受到美国政府和执法部门的质询，这意味着，在美国，需要科技巨头、施压群体和公民一起来对抗日益高涨的网络仇恨浪潮。

不幸的是，即便是科技巨头，对删除哪些内容作出决定也并非易事，算法可以完成一部分工作，但最终还是需要人工作出决定。科技巨头需要成千上万名雇员审核算法不能判断的网络内容。这份工作薪水很低，却每天都要评估成百上千个涉及虐待儿童、自杀和仇恨行为等内容的帖子，因此，员工流动率高也不足为奇。脸书曾因没能为内容审核员提供安全的工作环境而遭到起诉。据报道，在2020 年 5 月的一场集体诉讼中，脸书同意向其现任和前任内容审核员——共计 11250 人——支付 5200 万美元作为赔偿，每人至少1000 美元；如果他们被诊断出因工作而患上精神疾病，则会获得更多赔偿。这些审核员抱怨说，由于一直观看令人不安的内容，他们出现了类似 PTSD 的症状。

▍我们能阻止仇恨言论的产生吗？

我的研究中有一个令人鼓舞的发现，这也让我对大众智慧抱有信心：触发事件发生后，反仇恨言论的风头总是能盖过仇恨言论。英国进行脱欧公投后，在社交媒体上，与用户对相关群体的支持言论相比，相关仇恨言论相形见绌。针对推特上诸如 #RefugeesNotWelcome（不欢迎难民）、#SendThemHome（将他们遣送回国）、#MakeBritainWhiteAgain（让不列颠再一次变白）、#IslamIsTheProblem（伊斯兰教是一个问题）等涉及仇恨话题的标签，用户开始发布一些帖子, 它们的话题标签

为 #InTogether（在一起）、#SafetyPin（安全别针）[①]、#PostRefRacism（回应种族主义）、#PolesInUK（在英国的波兰人）等，以此进行反击。后者（即包容性话题标签）的数量远远超过前者（即仇恨性话题标签）。仇恨实验室内部的研究表明，这种反言论可以阻止网络仇恨在事件发生后的传播。反言论在群体内快速传播时，对阻碍仇恨言论的传播最为有效。我们研究了 4 种形式的反言论，分别为言明偏见属性（比如，"另类右翼种族主义者利用这种情况真丢人"）、提出主张并诉诸理性（比如，"这与伊斯兰教无关，并非所有穆斯林都是恐怖分子！"）、要求仇恨言论制造者提供信息和证据（比如，"这与一个人的肤色有什么关系？"）、出言冒犯（比如，"说这种话的人都是懦弱的种族主义者！"）。

　　我们发现，并非所有的反言论都能够奏效。对仇恨言论制造者进行侮辱往往会使事态恶化，导致仇恨言论愈演愈烈。对于那些漫不经心、言辞逐渐激烈或言辞逐渐缓和的仇恨言论发布者来说，反言论最有可能奏效。对于认同极右翼言行的人来说，反言论不太可能奏效。使用反言论或建议他人使用反言论时，我们认为应该遵循以下原则，以减少对方进一步制造仇恨言论的可能性：

　　1. 在进行回应时避免使用带有侮辱或仇恨的言论。
　　2. 在进行回应时提出合乎逻辑、前后一致的论点。
　　3. 如果对方提出错误或可疑的主张，可以要求对方提供证据。

[①] 对这一系列暴力事件的受害者来说，在排外情绪高涨的情况下，他们的安全难以保障，而佩戴安全别针则意味着佩戴者愿意给受害者帮助，让受害者变得"安全"。这个话题在推特上被几万人转发和讨论，继而变成了一场声势浩大的运动，表示支持的网友纷纷上传自己佩戴安全别针的照片，宣布自己和社会暴力中的弱势群体站在一起。——编者注

4. 向对方声明，如果对方持续发布仇恨言论或者变本加厉（比如对方的言论变得非常无礼或包含威胁），你会向警方或第三方举报。

5. 鼓励他人参与反言论行动。

6. 如果发现对方很可能是虚拟账号或机器人账号，可以联系社交媒体平台，要求删除该账号。

反言论旨在削弱仇恨。实施反言论的人往往是最早发现网络仇恨言论端倪的人，他们是对狭隘的观念进行微抗议的"线上急救员"，当他们聚集起来，一起宣传正确的行为规范，使仇恨言论在社会上变得不可接受时，便可以形成一股强大的向善力量。一项来自乔治·华盛顿大学的研究为此提供了证据，证明反言论可以有效反击中观层面的仇恨言论。所谓中观层面，并不是指个体或整个仇恨网络，而是指网络上的仇恨者集群（如脸书上的群组、社群和页面）。当人们在所有平台而不仅仅是少数平台上都实施反言论之举时，更能有效阻止仇恨言论的传播。科学家们利用物理学中的方法，从理论上证明了，只要通过反言论针对 10% 的仇恨网络集群进行反击，就可以破坏整个仇恨网络的稳定性。

当我们听到 12 岁至 15 岁的青少年有一半都在网上看到过仇恨言论时，便知道互联网存在一个根深蒂固的问题。算法从我们发布在互联网上的言论中不断学习，再生成我们在互联网上所接触到的内容，由此创造了一个有毒的网络环境，使仇恨言论成为常态。政府和社交媒体平台无法凭借一己之力解决这个问题。政客们也无法有效地对付这些科技巨头，而指望它们进行全面的自我监管，就像要求学生给自己的作业客观地打分一样不切实际。我们必须承担一部分责任，注重网络健康，并一起大声疾呼，消除损害人类尊严的言论。但是，这项任务极具挑战性，因为那些反动的势力也会用世界上最强大的通信网络来实现他们的极端目标。

第 10 章

言语仇恨与行为仇恨

2017 年 8 月 11 日，在弗吉尼亚大学纪念体育馆后面的无名球场（Nameless Field），200 余名身穿美式马球衫和卡其裤的白人男性聚集在一起，在温暖的夕阳下，他们的白色上衣泛着红光。到了晚上 8 点 30 分，太阳已经落山了，提基火炬[1] 一个接一个被点燃，原本影影绰绰的人群开始泛起微光。伴随着鼓舞士气的口号声，他们开始向一座圆形建筑挺进，那是托马斯·杰斐逊[2] 受万神殿启发而设计的。这支行进的队伍蜿蜒穿过校园，大学建筑群中诡异地回荡着这些抗议者整齐的口号："你们休想取代我们"[3]，"血与土"[4]，他们要走到一座杰斐逊雕像那里去。到达目的地后，他们才发现，

---

① 提基火炬是夏威夷原住民使用的传统火把，用竹棍和煤炭合成。 ——编者注

② 托马斯·杰斐逊（Thomas Jefferson，1743-1826），美国第三任总统，同时也是《独立宣言》的主要起草人，美国开国元勋之一。 ——编者注

③ 源自纳粹反犹太人口号 "Jews will not replace us"，即 "犹太人休想取代我们"。——译者注

④ Blood and soil（德文 Blut und Boden），指民族的生存依靠血统和土地，这一论点起源于 19 世纪末的种族主义和民族主义，日后成为纳粹意识形态的核心组成部分。——译者注

这座雕像已经被由 30 多名反抗议者手拉手组成的人链团团围住。那群反抗议者中的黑人学生首先成为这些白人抗议者的攻击目标。白人抗议者又是模仿猿猴，又是高呼口号："白人的命也是命！"几分钟后，暴力事件爆发。在夏洛茨维尔（Charlottesville）——这座平日里昏昏欲睡的大学城，一场长达 24 小时的致命仇恨行动就此开始。

对于第二天发生的大部分事情，我们都能看到详细的记录。这是首次引发全球关注的另类右翼事件。这些人聚集在一起，是为了抗议拆除位于解放公园①内的南北战争时期美国著名人物罗伯特·李（Robert Lee）的雕像。这位南方统帅拥护各州蓄奴并为此而战，因而被唐纳德·特朗普公开尊称为"伟大的将军"。在集会上，1000多名白人至上主义者认为左翼威胁了他们的文化传承、历史和人民，因此要表明自己的立场，声称他们的文化指的是南方白人的基督教文化。其中一个抗议者为自己的行为作出了合理化解释："此事无关仇恨，而关乎我们的传统。"另一位抗议者则表示："我之所以来这里，是因为共和党的价值观：第一，拥护本地白种人的身份，我们的身份正受到威胁；第二，拥护自由市场；第三，杀死犹太人。"

8 月 12 日上午 11 点左右，参加集会的人群偏离了他们的游行路线，直接向反抗议人群冲了过去，由此引发了一起大规模暴力事件。当天，代表少数反抗议者的安提法组织在暴力升级中发挥了作用。他们手持棍棒，向白人至上主义者发起冲锋，还向对方投掷灌满染料的气球，冲突中，不少警察和记者也纷纷被气球击中。但安提法组织的成员保护了第一联合卫理公会教堂，推崇白人基督教文化的

---

① 2017 年 6 月之前，这座公园一直被称为"李公园"（Lee Park），集会时被称为"解放公园"（Emancipation Park），2018 年更名为"市场街公园"（Market Street Park）。

另类右翼势力却没有这么做。当天上午，有夏洛茨维尔的神职人员在那座教堂为当地居民提供茶点和帮助。

暴力事件发生后不到 20 分钟，警方就宣布这是一次非法集会。不久之后，弗吉尼亚州州长宣布该州进入紧急状态，这些白人至上主义者纷纷散去，回到他们的出发地——"无名球场"，准备开车回家，但冲突没有就此结束。几小时后，在距离罗伯特·李的雕像仅几个街区的地方，有一名白人至上主义者蓄意开车冲进了人群，造成 1 人死亡，28 人受伤。此人后来被指控犯有包括谋杀在内的 30 项联邦仇恨罪。

我们可以从这场集会中吸取很多教训，但我想深入探讨的，并不是在 24 小时内发生暴力冲突的原因，而是这场集会的触媒——让那些曾经四分五裂的极端分子最终团结一致的系统：互联网。

▌极右翼游戏规则的改变者

夏洛茨维尔的"团结右翼"（Unite the Right）集会被誉为另类右翼历史上的决定性时刻。虽然美国在 2017 年至少有 10 次有组织的新纳粹主义和白人至上主义活动，但唯独这次活动成功地把多个右翼团体的众多人员聚集在一起，形成了一个统一而强大的整体，正是互联网在其中发挥了关键作用。

聊天网站 Discord 的主要用户是游戏玩家，集会开始前的几周里，这个网站上充斥着另类右翼成员发布的帖子。广受欢迎的另类右翼博主亨特·华莱士（Hunter Wallace），呼吁此前从未能够克服分歧的各个派系团结起来。他写道：

为了各个派系的利益，为了确保各个派系一起参加 8月 12 日的 #UniteTheRight 聚会，我要在这里解释一下。我并不指望所有人的意见都能达成一致，但是，人们对在夏洛茨维尔发生争斗的解释并未深入所有层面（争斗的焦点是有人呼吁拆除罗伯特·李的雕像，进而实现更广泛的种族平等），也没有人解释为什么右翼派系开始在公共活动中趋同。我们正处于一场大规模运动的初期阶段，在现实世界和社交媒体中，这场运动正在孕育，围绕着身份、文化传承、言论自由、集会自由和结束政治正确等问题展开……毋庸讳言，各个群体各有诉求且不尽相同。然而，说到底，无论承认与否，大家都有共同的敌人……大家要团结起来，形成文化先锋，我们才会更加强大。

喂服红色药丸

　　这种对团结的呼吁并不局限于聚集了另类右翼势力的网络闭塞环境中。这场运动的关键人物制订了相关计划，柔化新纳粹主义信息和白人至上主义信息，以便持有主流偏右观点的人更容易接受它们。此次集会在脸书、推特和 Reddit 等最有影响力的网络平台上都进行了宣传和推广，其目的是将奥弗顿之窗①——基于当前公共话语的气氛，在政治上可能可行的事情——进一步右移（见图 10.1 ）。

---

① "奥弗顿之窗理论"得名于其创立者约瑟夫·奥弗顿（Joseph Overton），指的是一段时间内大众可以接受的政策范围。根据这一理论，一个政策的可行性主要取决于它是否在大多数人的可接受范围内，而不是取决于政客的个人偏好。奥弗顿之窗决定了政客在不走极端且考虑舆论的情况下可推行政策的大致范围，政客推行偏右的政策，称为窗口左移，反之则称为窗口右移。——译者注

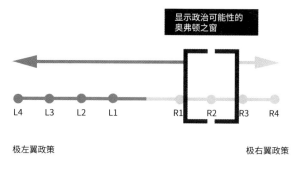

图 10.1 奥弗顿之窗

总部位于伦敦的战略对话研究所（Institute for Strategic Dialogue）分析了与此次集会有关的 1 万个帖子和 200 条在线宣传内容。他们发现，另类右翼将 14 岁到 18 岁的学生作为目标人群。这一策略是基于一项针对 5 万名美国高中生的调查作出的。该调查显示，58% 的受访者会投票给特朗普。这与 20 世纪 80 年代早期至 21 世纪初出生的"干禧一代"的态度形成鲜明对比。新纳粹网站"Daily Stormer"（每日风暴）用"Generation Zyklon"（"齐克隆[①]世代"，简称"Z 世代"）给他们意图发展的新成员命名，并把这些潜在的新成员视为他们的未来。这次集会事件在脸书上的宣传页面语气温和，仅仅提及他们要维护《美国宪法第一修正案》中的权利。颇受欢迎的网络媒体 Rebel Media（在 YouTube 上有 120 万粉丝）和 InfoWars（有 1000 万的月访问量）对这一事件进行了充满同情的报道。一位驻英国的撰稿人于 2017 年 8 月 8 日发布了如下推文（见图 10.2）：

---

① "齐克隆"（Zyklon）是德国于 1926 年生产的一种氰化氢的商标名称，"齐克隆"至少有三种产品：Zyklon-A、Zyklon-B 和 Zyklon-C。它们主要用于杀死船舱等封闭空间中的老鼠或害虫。Zyklon-B 后被纳粹党卫军用于在毒气室中集中屠杀战俘和犹太人。——译者注

Everyone on the right needs to get over their petty grudges & personality clashes and realize we are all being targeted. Time to unite.

右翼的每个人都需要放下私人恩怨和个人冲突，还要意识到我们都已经成为靶子。是时候团结起来了。

2:19 PM - 8 Aug 2017

4,347 Retweets　10,527 Likes

图 10.2　一位撰稿人在夏洛茨维尔集会前发布的推文

一些聊天网站上还有更秘密的讨论，主要是针对招募策略的。发帖人借鉴军方和情报部门的做法，谈及要对最脆弱的群体实施心理操作（psy-ops）。他们宣称自己用黑客技术侵入情报机构，拿到了官方文件，掌握了一套使用成熟心理技术说服他人的方法。目前我们尚不清楚这件事的真实性，但另类右翼分子肯定是想通过呼吁人们关注"Z 世代"所关心的问题，包括对经济资源和文化身份的威胁，来操纵年轻人的情绪、欲望和动机。一旦媒体报道事关失业率上升、房价上涨、拆除白人雕像计划等话题的新闻，另类右翼和极右翼势力便趁机搬弄是非，将矛头指向他们质疑的对象。

这个过程在另类右翼圈子里被称为给人们"喂服红色药丸"，"红色药丸"这个词来自电影《黑客帝国》（*The Matrix*）。在片中，主角尼奥（Neo）要选择服用红色药丸还是蓝色药丸。尼奥服用了红色药丸，从而脱离虚幻矩阵，回归现实。在此之前，人们曾在男权运动中使用过这个说法，描述人们意识到男性（而非女性）受到压迫的觉醒时刻。在另类右翼的"内部行话"中，给人们"喂服红色药丸"，意味着人们将从幻想状态中觉醒，进入启蒙状态。在启蒙状态下，倡导群体间（尤其是种族间）平等的行为被视为破坏西方白人文明的手段和阴谋，是引人注目的斗争焦点。互联网非常适合以"喂服红色药丸"等策略传播极端主义思想。互联网的去中心化结构使内容生产变得民主化，谷歌、推特、YouTube 和脸书等网络巨头越来越依赖算法来组织信息，所以年轻一代很容易被这些策略波及。一些相关人士借助主流新闻话题来实现其另类或极右性质的意图，通过使用这样的策略，他们成了 YouTube 明星，上文提到的那位撰稿人就是其中之一。

极端过滤气泡

众所周知，右翼政客和极右翼人士会利用网络过滤气泡效应为他们的政治活动获取支持。对于另类右翼"虚假新闻"，有一批科学家最先确定了相关网站可分享链接的位置，并绘制出相关过滤气泡的分布图，哥伦比亚大学教授乔纳森·奥尔布赖特（Jonathan Albright）就是其中之一。他发现，相关的数千个网页和数百万个链接不仅遍布脸书、YouTube 和推特，还遍布《纽约时报》《华盛顿邮报》等众多主流媒体的网站。这些过滤气泡中不仅有另类右翼"键盘侠"，还有重要的政治人物和在另类右翼运动中冉冉升起的国际明星。唐纳德·特朗普转发过一些推文，它们来自极右翼和另类右翼过滤气泡中一些最为极端的活跃分子，涉及的用户包括但不限于在夏洛茨维尔事件发生后发声的另类右翼活动人士、抨击希拉里·克林顿的反犹账号、名为 @WhiteGenocideTM 的推特账号，以及极右组织"英国优先"（Britain First）。特朗普还分享过"英国优先"组织的恐伊斯兰言论。他甚至还为"虚假新闻"过滤气泡贡献过原创内容——他曾在推特上说墨西哥移民是"罪犯"和"强奸犯"。

2009 年，一名喜剧演员兼网络战略师创立了意大利"新右翼"民粹主义政党"五星运动"（Five Star Movement），在 2018 年的意大利选举中，它是最受欢迎的政党。"五星运动"成功的奥秘不外乎是煽动民心的演讲和对过滤气泡的复杂网络运动的利用。互联网的民主化性质为"五星运动"的反建制之举提供了便利。奈杰尔·法拉奇在成立英国脱欧党时效仿了"五星运动"创立时使用的方法，进而主导了 2019 年在英国举办的欧洲议会选举，获得了最大的选票份额。

"英国优先"的领导人和英格兰防卫联盟的前领导人（他们更偏右）也都曾利用右翼过滤气泡散布分裂言论。一些极右翼账号拥有大量的关注者和极大的盈利潜力，因此社交媒体的内容审核员多年来对他们的网页一向多有优待，尽量不予删除。极右翼账号 Tommy Robinson（汤米·鲁宾孙）的脸书页面在被封禁之前，拥有 100 多万个关注者，与新闻媒体页面和政府页面享有同样的保护权，该账号曾 9 次违反平台的仇恨言论政策，而脸书的内容审查规定通常最多只会容忍 5 次违规行为。2019 年 2 月，该脸书账号终于被删除，而此时距离推特将汤米·鲁宾孙的账号删除已过去了一年。2019 年 5 月，脸书还取缔了米洛·扬诺普洛斯、劳拉·卢默（Laura Loomer）、亚历克斯·琼斯（Alex Jones）、保罗·内伦（Paul Nehlen）等另类右翼明星的账号。但许多存在极右言论的页面，比如一些称非白人为"害虫"、带有新纳粹相关图片的页面，在脸书和其他网站上依然存在。

英国内政部安全与反恐办公室于 2019 年进行的一项研究发现，某个新纳粹网络论坛在全球范围内获得了 80 万次访问，其中 8 万次来自英国居民。2020 年 6 月，"全球反对仇恨和极端主义项目"（Global

Project Against Hate and Extremism）发现，"世代身份"[①] 组织通过 100 多个账号在 14 个国家宣传白人至上主义内容，推特和 YouTube 却并没有删除这些账号，尽管它们可能违反了平台关于仇恨言论、犯罪、恐怖主义的政策法规。这 100 多个账号大多在宣扬"大替代"种族主义阴谋论，认为"精英们"在暗中策划，使白人被非白人移民取代。极端主义煽动者不断强化自己口中的"入侵、威胁、异类"说辞，试图在网上加剧两极分化，使这些言论通过资金支持、集会、仇恨犯罪等形式蔓延到现实世界。

算法系统的极端保守主义

另类右翼和极右翼势力中的技术机会主义者，意识到了算法的威力，尽其最大努力与算法博弈，使之有利于自己。另类右翼势力就像媒体公司一样，已经接近他们的目标——优化搜索引擎排名，提升社交媒体统计数据，最大限度地提高曝光度。其排名越高，支持谷歌自动补全功能、脸书广告选择、YouTube 自动播放、推特时间轴的算法就越容易向用户推送可导向另类右翼和极右翼网站的内容。相关话题的高排名转化为相关网页的高点击率，高点击率又为算法提供反馈，算法便会进一步将偏见内容嵌入信息生态系统中。

这些结果不仅仅会作用于网络。美国行为研究院（American Institute for Behavioral Research）教授罗伯特·爱泼斯坦（Robert Epstein）通过在美国和印度进行的若干项实验发现，在竞争激烈的选举中，优化页面排名对于说服选民为候选人投票有重大影响。"搜

---

① "世代身份"（Generation Identity）是一个强调身份认同和欧洲血统面临危机的右翼白人民族主义组织。——译者注

索引擎操纵效应"（SEME）对温和派共和党人的影响最大，对于美国那些尚未决定投票对象的选民，利用页面排名从中作梗，可能会使他们的投票偏好改变 20% 以上。

更为阴险的是，一旦链接被点击、页面被访问，不道德网站的管理员就会使用"追踪器"来追踪访问者未来在互联网上的动向，通过追踪其点击和点赞的痕迹，建立访问者的心理档案，进而实施剑桥分析式（Cambridge Analytica-style）的政治性微观定位。

哥伦比亚大学教授桑德拉·马茨（Sandra Matz）对根据心理特征定制的线上广告的有效性进行了测试。马茨将已有的实验室研究扩展到互联网，进行了 3 次实地实验，涉及 350 万互联网用户，想要研究根据心理画像来定位产品是否会让用户的期望行为发生改变。她通过分析脸书上的点赞数量和推文得到了用户的心理画像，最终得出的结果十分引人注目：根据互联网用户的心理特征量身定制的广告让点击量增加了 40%。

这项研究以及其他相关研究，为网络心理定位在说服网民方面的有效性提供了实证，表明网络心理定位能够让定位对象在现实生活中的行为发生改变。访问谷歌搜索排名靠前的、看起来不是那么极端的另类右翼网站，可能会使脸书上弹出根据用户的心理状况量身打造的广告，给用户"喂服红色药丸"，将奥弗顿之窗进一步右移。

门户网站

利用互联网发起运动并不是什么新鲜事。1995 年推出的风暴阵线（Stormfront）网站被认为是第一个成功的新纳粹在线势力。这个网站由前三 K 党领袖唐·布莱克（Don Black）运营，积极推动针对少数群体的线下暴力行为，鼎盛时期有 30 万注册用户。唐·布莱克的儿子德里克（Derek）出生于全美国乃至全世界最著名的白人至上主义家庭。后来，德里克声称自己不再是白人至上主义者，并声称自己已经投身于反新纳粹网络活动。他在接受《纽约时报》采访时透露，早在 20 世纪 90 年代初，互联网的出现就被视为传播白人至上主义信息进程中的转折点：

> 在网络上倡导白人民族主义是我父亲的目标，这是他从 20 世纪 90 年代开始建立及发展这个网站的动力……我们有最新款的电脑，在我们住的这个地方，我们是最早安装宽带的家庭，因为我们必须保证"风暴阵线"的运行。早在社交媒体和现在的网站设置方式出现之前，学习网络技术、和网站上的人联系就已经是我父亲的主要目标了，所以我们与美国国内白人民族主义运动中的每个人，以及世界范围内白人民族主义运动中的每个人，都有密切的联系。

德里克的教父、前三 K 党的大巫师（Grand Wizard）戴维·杜克（David Duke）1998 年时曾在自己的网站上写道：

> 朋友们，互联网让亿万人了解到真相，许多人甚至还不知道这个真相的存在。人类历史上，有影响力的信息从未传播得如此之快、如此之远。我相信，互联网将引发种族启蒙的连锁反应，以其富有智慧的征服速度震撼世界。现在，一种新的种族意识在我们的人民中滋长，它将席卷整个西方……随着新千禧年的临近，人们可以感受到，历

史的潮流在我们周围迅速涌动。创造了互联网辉煌技术的这个种族，将被这个强大的工具从漫长的睡眠中唤醒。我们的人民会认识到，我们的生存岌岌可危。我们终将意识到，我们的文化传承和传统正在受到攻击；我们的价值观和道德，我们的自由和繁荣正处于危险之中。更重要的是，我们中最优秀的头脑终将认识到，我们的基因型（genotype）可能面临灭绝。大规模移民、不同的出生率、异族通婚将构成西方国家的政治噩梦和社会噩梦，如果我们的人民想活下去，就必须从这场噩梦中觉醒。

德里克不改白人至上主义者本色，他说服父亲要淡化风暴阵线网站上的新纳粹言论，利用许多美国白人在经济和文化上的不满和怨愤吸引民众，而不是以更直接的种族主义和仇外内容使他们避之唯恐不及。这些怨愤后来在特朗普的总统竞选中产生了巨大的影响。风暴阵线网站发布了大量温和保守派容易认同的可分享内容，有望成为极右翼门户网站。民众一旦被网站内容吸引，就会被一点点地灌输更极端的信息，直至改变对原本认可的社会准则和政治规范的认知（参见本章前文中关于奥弗顿之窗的内容）。

这已经不是唐·布莱克第一次试图暗度陈仓，传播白人至上主义信息了。早在 1999 年，他就注册了一个网站（MartinLutherKing.org），并将其作为门户网站，传播关于黑人民权运动领袖马丁·路德·金的虚假信息（见图 10.3）。2018 年初，有人向谷歌举报该网站为极右翼组织"风暴阵线"所有，在此之前，该网站经常出现在"Martin Luther King"搜索结果的前四名中。乍一看，除了网站页面底部用小字体注明"Hosted by Stormfront"（由风暴阵线所有）之外，我们看不出任何存在白人至上主义言论的迹象。

在被清除之前，该网站伪装成了向小学生提供真实信息的资源站。首页上只有一句话："同学们，注意了：试试我们的马丁·路德·金小测验吧！"点击之后，会进入下一个页面，上面显示着："你究竟知道多少？为了配合即将到来的马丁·路德·金纪念日，这里有一个马丁·路德·金小测验，希望同学们会喜欢！"测验的所有问题都是在批评或诋毁马丁·路德·金。其中一个问题是："有人在1989年写了一本传记，其中记述金在人生的最后一个早上殴打了一个女人，这本书的作者是谁？"另一个问题是："金的博士论文中有50多个句子都是抄袭的，他抄袭了哪些人的作品？"——作答后，学生们需要把得分加起来：

> 如果你没有答对任何问题，意味着你正像政府希望的那样，是一个无知公民。
>
> 答对1至3道题意味着你可能很危险——你离无知不远了。
>
> 答对4至6道题意味着你必须多读书。
>
> 答对7至10道题意味着你一定很重视历史正确，而不是政治正确。恭喜你！
>
> 答对11道题以上意味着你已经阅读了本网站，并了解到了真相。
>
> 现在，该由你来传播真相了。

图 10.3 MartinLutherKing.org 网站的拥有者为唐·布莱克

　　该网站声称它旨在提供"真正的历史测验",点击网站上名为"说唱歌词"(Rap Lyrics)的链接,可以看到如下文字:"以下是黑人说唱歌手的言论,及其粉丝的行为。请记住,大部分歌曲的制作和发行公司都是犹太人经营的。"旁边还有一段描述黑人对白人实施暴力和性侵犯行为的歌词。这个网站还鼓励孩子们下载网站上的宣传册,将它们打印出来,并在马丁·路德·金纪念日拿到学校分发,宣传册中指控马丁·路德·金存在家暴和性虐待行为,还呼吁废除"马丁·路德·金纪念日"这一美国法定纪念日。

　　这种新式的极右翼门户网站招募策略比比皆是。正有越来越多诸如斯蒂芬·亚克斯利·列侬这样的极右翼活动者采用"公民新闻"策略分化舆论。值得注意的是，2018 年，利兹刑事法院（Leeds Crown Court）举行了哈德斯菲尔德诱童案听证会，在法院外面，斯蒂芬·亚克斯利·列侬向数十万在线观众进行了直播。他貌似不偏不倚，实则以虚假逻辑论述了这一话题，并以反伊斯兰言辞歪曲事实。他的论述几乎颠覆了审判结果，他也因违反了全面报道禁令而被逮捕、起诉并被判处监禁。

相对于主流媒体，互联网易于操控，具有即时性，又缺乏问责机制。斯蒂芬·亚克斯利·列侬的策略就是利用互联网的这些优势达到他不可告人的目的，互联网的上述特质使他能够通过"官方"建立的叙事模式重新构建事件的原貌，并进一步戏剧性地向人们传递事件发生时的"证据"，为谎言盖上一层兼具真实性和现实性的面纱。社交媒体的这种"黑客"行为，破坏了主流媒体的主导地位，使制造颠覆性和两极分化虚假新闻的叙事者能够在可信度等级体系中异军突起。在刑事司法系统还没有反应过来并对斯蒂芬·亚克斯利·列侬进行处罚的时候，他的"公民新闻"伎俩已经获取了成千上万的浏览量，以至于他在被捕后，不费吹灰之力便筹到了 30 万英镑的巨额捐款，以此支付了自己的诉讼费用。

脸书在 2019 年 3 月偶然发现了一个秘密网络，它由 130 个为传播错误信息充当门户的极右翼账号组成。一开始，网页上的内容并不偏激，但在获得大量关注者（超过 17.5 万）后，页面就会被重命名，内容也会发生变化，开始发表极端观点，而且已经花费大约 1500 美元用于投放传播极端观点的定向广告。他们手法狡猾，既会发布极右的内容，又会发布极左的内容，力图掩人耳目，同时又能播下分裂和极端化的种子。2019 年举行欧洲议会选举之前，欧洲各地也发现了类似的网络。投票前的 3 个月里，虚假信息和非法仇恨帖子从德国、法国、意大利、波兰、西班牙等国家的 500 多个脸书页面传播开来，涉及 3200 万用户，浏览量超过了 5 亿次。

科学证据表明，除了有组织的极右翼网络，社交媒体上的个人用户也会淡化网站的仇恨言论，以显示自己的立场不偏不倚。一项研究调查了在推特上关注 BNP 的用户一年以来发布的推文，发现了不同的仇恨发帖行为。在所有用户中，发表仇恨言论的那些用户约占 71%，并可以划分为极端、升级、降级、偶尔四个类别。其中，极端型仇恨人数较少（共有 976 人，约占 15%），但他们会持续不断地发表性质严重的仇恨言论；[①] 多数人（共有 2028 人，约占 32%）可以被归为偶尔型仇恨者，他们偶尔会发布性质不那么严重的仇视伊斯兰教的帖子。不断升级的仇恨者（共有 382 人，约占 6%）指的是推文渐趋极端、发帖渐趋频繁的人；不断降级的仇恨者（共有 1177 人，约占 18%）则与之相反。

乍看之下，偶尔型仇恨者及不断降级的仇恨者占比较大（占研究样本的 50%），这似乎是一个好消息，因为发布强烈仇恨言论的人更可能具有强攻击性（包括咒骂和诽谤），而程度轻微的仇恨言论者也表达了偏见，但语言没有那么粗俗。然而，由于程度轻微的仇恨言论不容易被社交媒体删除，也不太会引起执法部门的注意，所以它们在网络上存在的时间要长得多，甚至会无限期地留存下去。"温和"的仇恨帖子的语言结构通常会使得它们所表达的偏见看起来似乎无害，尤其是那些用笑话来传达偏见的帖子。

---

① 推特上 BNP 关注者的相关数据收集于 2017 年 4 月 1 日（当时有 13002 个关注者）至 2018 年 4 月 1 日（当时有 13951 个关注者）期间。在这段时间内，有 11785 个推特用户一直关注着 BNP。在这 11785 个推特用户中，有 6406 个使用英语且被确认为人类的用户（即非机器人）在研究的窗口期发布了推文。

"有实际行动的信息"

2019 年 3 月 14 日晚上 8 点 28 分，非主流社交媒体网站 8chan[①]的一位常客发布了一个帖子："好了，伙计们，是时候停止吐槽，发布有实际行动的信息了。"他在这句话下方附上了一个脸书视频的链接。第二天下午 1 点 40 分左右，一场实时直播通过这个链接上线了。

我们从视频中可以看到一名男子将猎枪和半自动武器装进卡车，他一边听着《掷弹兵进行曲》（*The British Grenadiers*），一边开车沿着高速公路行进，最后停在新西兰基督城（Christchurch）利卡尔敦（Riccarton）的阿尔诺尔清真寺（Al Noor）外面。接下来的片段看起来犹如射击游戏中的第一人称视角，我们可以看到这名男子手中挥舞着武器走入清真寺，然后开始不分青红皂白地向礼拜者扫射。他身上的频闪灯发出刺眼的光，受害者看不清他在哪里，因此无处可逃。这场在线直播结束前，他射杀了 42 个人，并致数十人受伤。

直播持续了 17 分钟之久。其实直播开始 12 分钟后便有人向平台举报，一小时内这场直播视频便被删除，但视频还是被广泛地传播出去了，并迅速在脸书、YouTube、Instagram 和推特上被重新上传了 200 万余次，平台无法有效地阻止人们传播视频。袭击发生后的 24 小时内，人们依然可以轻松地访问带有这段视频的多个网页。一些人随即在脸书、推特等网站（尤其是 8chan）上发帖，对这次袭击事件大加赞许。后来，许多帖子被删除了，但 8chan 上的帖子一直保留至该网站被关闭。

---

① 8chan 网站由美国云火炬公司（CloudFlare）主办，这家公司以高度注重言论自由而闻名，也是很多极端网站的大本营，它一直主持着新纳粹网站 "Daily Stormer"（每日风暴），直至2017 年夏洛茨维尔集会后被删除。

这名恐怖分子被捕后，身份得到了确认：他叫布伦顿·塔兰特，28 岁，来自澳大利亚新南威尔士州（New South Wales）。他在之前的留言中提到了"吐槽"①和"有实际行动的信息"，这清楚地表明了他的意图。他已经不满足于在社交媒体上散播仇恨言论，而要将仇恨言论升级为现实中的仇恨行动。

塔兰特曾参照其他受网络影响变得激进的人的言论，起草过一份长达 74 页的宣言，并将它上传到互联网上。2017 年芬斯伯里公园清真寺袭击案的主犯达伦·奥斯本（Darren Osborne）在发动袭击前也曾受到社交媒体的影响。奥斯本的手机和电脑显示，他在袭击发生的两天前读过斯蒂芬·亚克斯利·列侬的推文，这条推文写道："恐怖袭击发生后的愤怒之日去哪了？我只看到有人点燃了几根蜡烛。"奥斯本还收到了列侬的一封群发电子邮件，其中有这样一句话："在英国统一的表面之下，形成的是一个国中之国，一个建立在仇恨、暴力和伊斯兰教之上的国中之国。""英国优先"组织的杰达·弗兰森（Jayda Fransen）也在推特上向奥斯本发送过一条消息。

众所周知，一些独狼式的极右翼恐怖分子——包括英国西米德兰兹郡清真寺炸弹客帕夫洛·拉普欣（Pavlo Lapshyn）和于特岛惨案凶手安德斯·布雷维克——也是通过互联网进行自我激进化的。并且，枪手约翰·T. 欧内斯特（John T. Earnest）表示，正是塔兰特发动的恐怖袭击给了他灵感，他才于 2019 年在加利福尼亚州波威（Poway）实施犹太教堂枪击案。除此之外，塔兰特发动的恐怖袭击还激励了帕特里克·克鲁修斯，促使他于 2019 年在得克萨斯州厄尔巴索（El Paso）实施了沃尔玛枪击案。在与算法、秘密极右翼和虚

---

① 网络投饵人故意发布偏离主题或毫无价值的内容，以破坏讨论和 / 或引发人们的情绪反应。

假信息网络的斗争中，人类屡屡失利，再加上社交媒体巨头的不作为，类似仇恨事件不太可能就此停歇。

当代大多数极右翼恐怖袭击事件都与互联网有一定的联系。但不是每一个被"喂服红色药丸"并受到极右策略影响的人都会成为恐怖分子。大多数人会在网络上与志趣相投的人分享自己的想法，这种分享多是在线上，偶尔会在线下。参加夏洛茨维尔"团结右翼"集会的人中，很大一部分都是受到了脸书、推特、Reddit、4chan、Discord 和其他平台上的帖子的怂恿。集会发生的前一周，Discord 平台上的另类右翼频道吹嘘其拥有 4000 多名会员，其中有 600 多人报名参加了集会（见附图 9）。

对科学界来说，如何证明网络仇恨可以转化为现实世界中的种种行动，是目前所面临的挑战，无论这些行动是参加"团结右翼"集会，还是开车撞向反抗议者，或是袭击美国国会大厦。社交媒体出现之前，我们一直无法证明网上大量的仇恨言论与现实中的伤害行为有关系。在推特和脸书等社交媒体平台上发布仇恨言论的人为数众多，这让科学家们得以挖掘数据，寻找网络仇恨言论与现实仇恨犯罪的统计关联。有报告称，当围绕特定事件的网络仇恨言论规模达到临界点时，就会产生瀑布效应，由此产生对现实世界的危害。

据调查，右翼政客在社交媒体上发布针对少数群体的帖子，会让街头仇恨犯罪事件变得更多。科学家发现，极右翼政党德国选择党（Alternative für Deutschland，简称 AfD）脸书页面上的反难民内容引发了德国针对移民的暴力犯罪。他们还发现，唐纳德·特朗普关于伊斯兰教的推文，与美国各地发生的反穆斯林仇恨犯罪之间存在明显的统计关联。①特朗普这篇推文的转发率，几乎是他发布的其他话题推文的两倍。特朗普发布推文之前，反穆斯林推文的数量并没有增加，而他的反穆斯林言论导致用 #BanIslam（取缔伊斯兰教）标签和 #StopIslam（阻止伊斯兰教）标签在推特上发帖的人数激增了 58%。连电视新闻提及穆斯林的次数都有了显著的增长，尤其是福克斯新闻（Fox News）。

图 10.4 显示了 2015 年（当年第 26 周）至 2016 年（当年第 50 周），特朗普涉及穆斯林的推文（如图中实线所示）与美国反穆斯林仇恨犯罪（如图中虚线所示）在数量变化上的关系。特朗普发布这类推文的频率模式与街头仇恨犯罪的频率模式高度相似。当然，这种相关性也可能反映了特朗普对恐怖袭击在美国引发的反穆斯林仇恨犯罪作出了反应。还有一种可能是，特朗普的反穆斯林推文激励了那些已经怀抱偏见的人走上街头实施仇恨犯罪。

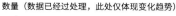

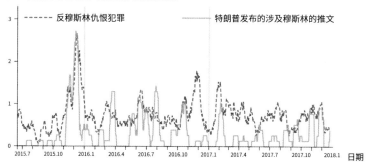

图 10.4 特朗普发布的推文与美国针对穆斯林的仇恨犯罪的关系（动态平均值）

---

① 一些政客的仇恨言论与街头仇恨犯罪有关，特朗普只是其中之一。一项针对 163 个国家的政客自 2000 年至 2017 年期间的政治演讲的研究发现，主流政客在演讲中使用仇恨言论与该国政治暴力发生率升高之间存在因果关系。

为了找出最可能的原因，研究人员控制了一系列其他潜在的促成因素，包括（县级）人口增长率、年龄、种族构成、仇恨群体的规模、学历、贫困率、失业率、当地收入不平等的程度、未参保个体的比例、家庭收入、共和党的得票率、谷歌搜索结果中穆斯林相关话题的热门程度、福克斯新闻的收视率、有线电视的支出、黄金时段的收视率，以及福克斯新闻、美国有线电视新闻网（CNN）和微软全国广播公司（MSNBC）等美国主要电视网络提及穆斯林的次数。

调查结果证实，特朗普发布反穆斯林推文的日期，比研究者预测的仇恨犯罪发生日期要早，但这种情况仅限于特朗普开始参加总统竞选的那段时间。在同一时期内，特朗普的反拉丁裔推文与反拉丁裔街头仇恨犯罪行为之间也存在因果关系，但并不显著。研究人员发现，这些犯罪行为主要涉及人身攻击案和故意破坏财产案，这打消了研究人员的疑虑：并不是特朗普的推文导致了报案数增加。如果存在这样的因果关系，研究人员本应看到低级仇恨犯罪（比如轻微的公共秩序罪）的报案数量更多了。① 此外，美国全国犯罪受害者调查显示，在上述时间内，仇恨犯罪受害者的报案数量并没有增加。

研究人员因此得出了结论：特朗普的推文助长了少数人现有的偏见观念，这些偏见又助长了仇恨犯罪。另一项实验研究进一步证明了特朗普发布分裂性网络信息的作用。在阅读特朗普发布的带有明显种族主义色彩的推文后，持有反黑人观点的受试者明显更容易将黑人与某些负面特征联系起来，比如"喜欢争辩"和"脾气暴躁"；

---

① 为了进一步排除反向因果关系，即反穆斯林仇恨犯罪导致特朗普发布穆斯林相关推文的可能性，研究人员将研究重点转向了特朗普发布推文的时间。结果发现，在特朗普进行"高尔夫之旅"期间，远离华盛顿和政治问题的时候，以及其社交媒体经理丹尼尔·斯卡维诺（Daniel Scavino）在场的时候，特朗普最常发布和穆斯林相关的推文。众所周知，斯卡维诺曾建议特朗普在推特上发布分裂性话题，而特朗普轻松的"高尔夫之旅"显然也不会与仇恨犯罪的激增有关，这表明特朗普发布反穆斯林推文不太可能是他得知仇恨犯罪事件增多导致的。

在阅读特朗普发布的中性推文后，受试者的这种表现则没有变得更加明显。接下来，研究者要求受试者阅读特朗普发布的反拉丁裔评论："墨西哥向美国输送人口，但他们并没有送来最好的人……他们送来的人有很多问题。他们带来了毒品，带来了犯罪，他们是强奸犯。"实验结果表明，受试者阅读这段话之后，更有可能认同另一个人针对拉丁裔实施的偏见行为，并且受试者自己也更有可能实施同样的偏见行为。实验将其他支持特朗普言论的政客纳入在内后，引发偏见的效应变得更为明显了。

特朗普还被指责使用"中国病毒"一词来描述新型冠状病毒（即COVID-19），煽动对亚洲人的仇恨。他在一次新闻发布会上首次使用了这个词，当场便遭到记者的质疑，随后在互联网上引发了很大的反响，批评和支持的声音都有。特朗普在 2020 年 3 月份至少 20 次使用了这个称谓，当月美国针对亚洲人的街头仇恨犯罪记录便出现激增。旧金山州立大学一家第三方报告中心的记录显示，短短 6 周内美国就发生了 1710 起与 COVID-19 相关的、针对亚裔美国人的仇恨事件，涉及美国 45 个州。大多数受害者在街上受到了语言骚扰，还有少数受害者遭受了不同程度的人身攻击或网络攻击。据英国警方记录显示，同一时间内，英国针对南亚人和东亚人的仇恨犯罪数量增加了 21%。这段时间内，很多国家都存在类似的情况。

目前尚未有研究证实美国反亚洲仇恨犯罪数量上升与特朗普的分裂言论之间的关联，可能还有其他方面的因素，比如针对中国人及亚洲人的网络仇恨言论和虚假信息普遍增多。网上还有一些虚假信息专门针对穆斯林、犹太人发起攻击，指责这些群体传播新冠病毒。研究表明，2020 年 1 月至 4 月期间，34 个以传播极右翼阴谋论和仇恨言论闻名的网站通过脸书上的链接获得了约 8000 万次互动。相比之下，美国疾病控制中心的网站通过脸书上的链接仅获得了 640 万次互动，而世界卫生组织的网站仅获得了 620 万次互动。

社交媒体上的极右翼言论大多来自"加速论者"，这些人认为，通过对黑人、穆斯林、犹太人等群体实施极端暴力行为，可以让政府倒台。加速论者在推特、Reddit、汤博乐（Tumblr）、4chan 和 Voat 上发布了超过 20 万个帖子，讨论如何利用新冠病毒加速"种族间的内战"。一些帖子敦促人们囤积武器，将针对少数族裔的暴力游戏化，并称"玩家"在即将到来的内战中可以通过杀戮获得积分。

其中一些帖子与现实世界暴力行为有关。2020 年 3 月 24 日，FBI 特工在密苏里州贝尔顿（Belton）截住了 36 岁的蒂莫西·威尔逊（Timothy Wilson），他想对一家救治新冠感染者的医院实施汽车炸弹袭击，双方发生了枪战。随后，FBI 特工还没来得及对威尔逊进行审讯，他便举枪自杀。在实施袭击前的几天里，威尔逊一直活跃在 Telegram 上，用网名"Werwolfe 84"（狼人 84）在"新纳粹国家社会议运动"（neo-Nazi National Socialist Movement）和"王牌师"[1]频道发帖，称新冠病毒是犹太人制造的。他说道："我认为这是真的，佐格[2]正在利用它（新冠病毒）毁灭我们的人民。他们吓唬民众，让社会崩溃，然后他们通过了关于气候多样性的法案。在我们意识到之前，已经生活在南非一样的国度之中。那些'猴子'到处乱窜，杀害白人。记住我的话，它（新冠病毒）就要来了，我希望大家都能有所准备。"

---

[1]　王牌师（Vorherrschaft Division）是一个新纳粹极端组织，Vorherschaft 在德语中指的是统治地位、主宰，暗示白人男性统治世界。——译者注

[2]　佐格，即 Zog，是排犹阴谋论 "Zionist occupation government"（犹太复国主义者控制的政府）的缩写。

在英国，我的仇恨实验室团队发现，伦敦的线上仇恨和线下仇恨之间也存在类似的联系。我们发现推特上的反穆斯林和反黑人仇恨言论，与街头的种族和宗教仇恨犯罪之间存在关联。我们的研究具备独特之处——研究中的仇恨言论不仅来自政治人物和极右翼群体，也来自普通的社交媒体用户。我们发现，如果仇恨推文来自某个地区，往往预示着这一地区的街头会发生仇恨犯罪。由于我们不知道是不是发布推文的人发帖之后在现实世界实施了仇恨犯罪，所以我们没有办法证实两者的因果关系。不过，我们发现的关联表明，在互联网上爆发的种族矛盾和宗教矛盾，如果得不到解决，便有可能转移到街头，从总体上加剧紧张局势。在推特上发表仇恨言论的人，可能并不是在大街上犯下仇恨罪行的人，有的人可能只有其中一种行为，还有的人可能两者都有。我们得出的结论是，当仇恨推文来自伦敦有大量黑人、亚裔及其他少数族裔（BAME[①]）的地区，并且数量达到一定规模时，该地区的街头仇恨犯罪就更有可能发生。这是一个有用的发现，因为它可以提醒社交媒体用户、推特和警方参与进来，在网络仇恨蔓延到街头之前，先减少网络仇恨的存在。

　　社交媒体也与最极端的仇恨形式——种族灭绝存在瓜葛。2011年之前，缅甸的互联网接入范围极其有限，一张手机 SIM 卡大约要200 美元，高昂的价格令人望而却步，大多数当地居民无力支付，因而无法使用任何现代远程通信技术。缅甸反对派领导人昂山素季获释后，政府开始放松商业法规，将手机卡的成本降到了 2 美元左右。短短几年，便有约 40% 的缅甸人用上了互联网。在脸书上，缅甸用户蜂拥而至。

---

① BAME 是 Black, Asian, and Minority Ethnic（黑人、亚洲人和少数族裔）的缩写，在英国，它指的是非白人族裔。——译者注

技术的迅速普及也意味着，当地很少有互联网用户具备相关的经验或知识，能够全面评估他们在新闻推送中看到的信息。对一些哗众取宠的、试图用谎言妖魔化某些群体的帖子，西方世界的许多互联网用户都会持保留态度。他们会质疑这些帖子的来源、真实性和目的，并大声疾呼要小心"虚假新闻"，而刚进入网络世界的缅甸人并不太了解社交媒体的真相。因此，当那些将少数族裔罗兴亚人去人性化，呼吁征服甚至灭绝罗兴亚人的帖子出现时，许多缅甸人不会提出疑问。即使偶尔有人质疑，影响也微乎其微。

一些侵犯罗兴亚穆斯林人权的人发布了成千上万个带有仇恨言论的帖子，而且在脸书上积累了近 1200 万粉丝。这些违反仇恨言论规则的人一直活跃在网络平台上，有的账号甚至存在了好多年。为什么会出现这样的情况呢？因为该平台并没有投入太多成本去了解发展中国家使用网络服务的情况，懂缅甸语的内容管理员寥寥无几。①

脸书在缅甸缺乏监管，有效地加剧了缅甸境内的种族冲突——脸书成了武器。路透社（Reuters）经过调查，说服脸书删除了相关的帖子和账号。联合国方面也得出结论，2016 年至 2017 年间，在缅甸发生的种族灭绝活动中，脸书在煽动对罗兴亚穆斯林的仇恨方面起到了"决定性作用"。最后，脸书官方承认自己未能及时处理缅甸地区所发布的仇恨言论，对缅甸的种族冲突负有责任，并为之道歉。脸书认识到，刚接触社交媒体的国家最容易受到网络虚假信息和仇恨言论的影响。而在美国，唐纳德·特朗普的脸书账号因赞扬暴力袭击美国国会大厦的人而被暂停，这可能表明马克·扎克伯格（Mark Zuckerberg）现在也认识到，网络仇恨即便在自家门口也

---

① 从那时起，脸书就增加了使用缅甸语的版主的数量。

会造成有形的恶果（见附图 10）。

在 21 世纪的前 20 年里，极右翼势力吸引了大批民众，其规模自二战结束以来得到了空前的发展。10 年前被认为不能在公众面前表达的极端想法，如今在社交媒体上畅通无阻，有增无减。极右翼势力的重新崛起无疑与它们越来越多地使用大型社交媒体有关。如果没有这些平台，将很难想象，已经成为政治分裂标志的虚假信息，以及散布恐惧和仇恨的言论，该如何以工业化的规模在如此多的国家站稳脚跟。2021 年 1 月 6 日在华盛顿特区发生的袭击事件也提醒了我们，得到互联网加持的"狗哨政治"伎俩，倘若由科技巨头掌控和保护，会造成什么样的恶果。

极右翼势力在网络上肆无忌惮地崛起，不仅使它们在民意调查中的支持率上升，也使仇恨犯罪受害者的数量和恐怖主义造成的死亡人数有所增加。互联网技术充当了仇恨团体的扩音器，扩大了它们的影响范围，强化了它们的冲击力，帮助它们规避监管。自 2014 年以来，极右恐怖袭击事件增加了 320%。最近发生的多起袭击事件与有组织的线下仇恨团体没有明显的联系，这迫使我们思考互联网在激进化过程中所起的作用。如果不加以控制，利用互联网散布仇恨言论的人所使用的策略就会变成超级触媒，将那些容易被极端言论左右的人转化成恐怖分子。

第 11 章

从偏见到仇恨的临界点及其预防

　　针对 20 世纪 50 年代美国种族混合社区的"白人逃亡"现象，政治学家莫顿·格罗津斯（Morton Grodzins）采用物理学概念"临界点"来解释他的推测。他认为，在种族混居的社区中，白人家庭对黑人的宽容程度有所不同。这造成了一种不稳定的局面，种族主义倾向最严重的白人家庭会率先离开社区，种族平衡进而会向占多数的黑人倾斜。更为宽容的白人家庭一个接一个离开，直至达到一个临界点。这时候，白人家庭会大量外流，由此便出现了自然的种族隔离现象。50 年后，格罗津斯的推测最终获得了大量数据（1970 年至 2000 年的数据）的实证支持，数据显示，与白人强烈反对跨种族接触的城市（如孟菲斯）相比，白人相对宽容的城市（如圣迭戈）的临界点要高得多。① 尽管这一发现令人沮丧，但格罗津斯的观点极

---

① 值得一提的是，采用不同方法对同一数据集进行分析时，并没有显示出存在临界点的证据。这意味着，对于格罗津斯的推测是否适用于所有社区，我们尚无定论。但无论如何，在仇恨科学中，临界点的概念已经被普遍接受了。

具吸引力，他将临界点这一概念引入了仇恨科学。

自 20 世纪 50 年代以来，人们一直用"临界点"一词描述大量人群突然作出罕见行为的现象，它借鉴了幂次定律（power law）的概念，表明少数人的微小变化可能会对整个人群产生不成比例的巨大影响。作家马尔科姆·格拉德威尔（Malcolm Gladwell）将这一原理应用在理解 20 世纪 90 年代谣言和疾病在纽约市迅速传播、时尚潮流大爆发，以及犯罪率急剧下降等现象上，这些例子均与群体行为的变化有关。与许多关注这一现象的著作不同，本书主要关注的是内在临界点，即在生理习性、心理影响与创伤、事件、亚文化、技术等影响因素的相互作用下，个体从怀有偏见想法更迅速地转变成采取仇恨行动时的爆发点。

弄清楚是什么让一个人的行为发生改变，就好比将烘焙好的蛋糕恢复如初。你要把一块精致的、带着白色糖霜的红丝绒蛋糕分解成最基本的成分。问题是，原料一旦经过混合和烘焙，就很难再回到原始形态。

科学家研究的都是"烘焙好的"人类。因此，关注人类心智的科学必须通过提问和观察行为来揭示其内在的运作规律。确定人类行为或行为发生改变的要素、顺序及衡量标准，对学界是一项巨大的挑战。

在本书中，我将以犯罪学传统为基础，尽可能多地利用相关科学来理解我所研究的犯罪行为。只有用多种科学思维方式探寻这个研究领域，才能实现对仇恨的全面理解。即便如此，我们也不可能确定这块"蛋糕"所有的"成分"。但从现有证据来看，我相信，如果把某些人的某些仇恨行为比作一块"蛋糕"，那么，它们的基本"配方"和"成分"应该如下：

1. 大脑中负责处理面孔、刻板印象、威胁、恐惧、记忆、痛苦、厌恶、同理心、注意力、评估、决策的部分和网络。其他生物因素，如激素和性格类型，也可以相互作用，进而影响我们对不同于"我们"的人表现出的行为。

2. 我们过时的威胁检测机制。那些可以从我们的偏见中获益的人将入侵、劫持这一机制，致使我们对外群体产生消极态度。

3. 文化（包括通过家庭、朋友、电视、广播、报刊、互联网等途径）及我们和不同于"我们"的人缺乏积极接触所造成的负面刻板印象。

4. 那些尚未得到处理（即使可以处理）的个人和群体创伤及损失——它们被投射到了被视为威胁的目标上（但真相并非如此）。

5. 使可感知的威胁（包括我们自己的死亡）、对神圣价值观的挑战、民意两极化加剧的分裂性事件,如恐怖袭击、轰动性诉讼、政治选举。

6. 将脆弱的迷茫者视作猎物，以传播神圣价值观的形式向他们灌输仇恨意识形态，促进身份融合，让他们更可能作出自我牺牲行为的群体。

7. 将我们的偏见通过算法进行强化后再反馈给我们，并被破坏性国家行为体和仇恨团体用作武器的网络生态系统。

配方中的这些成分在本书中被分割成了独立的、有条理的章节，这可能会给人造成一种错误的印象——它们彼此独立，对仇恨的影响是孤立的。当然，情况并不总是如此，这些成分会以科学尚未完全掌握的复杂方式相互作用。鉴于当前的科学存在局限，所以我们还不知道这些成分和它们之间相互作用的全貌。只有在这一基本配方的基础上进行更多的研究，我们才能揭开谜底。

预测下一次仇恨犯罪

既然得知了这些成分，那我们能不能在人群中发现它们，并确定临界点，从而预测出谁将成为下一个仇恨犯罪者呢？不幸的是，问题并没有这么简单。科学家与普通人一样，永远不可能预知一切。研究仇恨的科学家尽管积极进取，勇于探索，也拥有多种多样的方法，却依然无法衡量和展现出真正的"现实"。仇恨研究生成的结果只能是现实的近似值。换句话说，这些结果不尽完美地展示了现实世界。这意味着研究结果总是存在一定程度的误差和不确定性。任何试图证明因果关系，即证明一种现象是某一系列事件的直接结果的研究，都不会是完美的，这是一个基本的事实。

对仇恨的研究良莠不齐，从中得到的信息也是纷繁复杂的，我们难以区分，因此我们很难预测下一次仇恨犯罪或下一个犯罪者。我们不是也经常读到莫衷一是的新闻报道吗？有的报告说饮用红酒可以改善心血管健康（你们尽管喝好了），也有报告说饮用红酒会损害心脏健康（你们千万不能喝）。这真是令人沮丧，对吧？想让公众树立对科学的信心，这些相互矛盾的报告可没有多大的帮助。

对于红酒与心脏健康之间关系的这两项研究，新闻报道并没有告诉我们为什么会产生完全不同的结果。两项研究的设计是否相同？

样本是否具有可比性？是否以相同的方式测量了酒精摄入量？在分析数据时是否使用了相同的统计技术和惯例？如何确定所有参与者都言行一致？这些只是可能影响结果的少数几个因素。我们即便不理解这些因素的技术含义，也能感受到进行高质量科学研究是一项十分复杂的事业。

你可能会问："他们为什么不使用统一的标准呢？"和仇恨研究相比，在无机化学等科学领域中使用统一的标准是更为简单易行的。我们了解大多数（如果不是全部的话）会自然发生反应的元素，了解它们是如何相互作用的，因此研究它们的方法相对容易标准化（随着时间的推移，新的方法也会继续发展）。而在仇恨研究领域，导致人类某种特定行为的因素并不都是已知的（如果它们可以被知晓的话），各种因素还会在种种令人眼花缭乱的条件下相互作用，我们对此更缺乏了解。这意味着，在研究导致仇恨暴力行为产生的具体因素时，我们使用的方法存在很大的差异，因此会产生截然不同的结果。

但这并不意味着我们应该忽视本书中的研究，它们代表了成果发表时该领域最先进的技术水平，后来有研究者使用更好的分析方法对新的样本进行研究时，也得到了同样的结果。那些积累了大量研究成果的领域，如偏见内隐联想测验、偏见整合威胁理论、恐惧管理理论、接触在减少偏见中的作用等，都接受过元分析的高度检验。元分析汇集了全球所有最高质量的相关研究，并且得出了整体结论，形成了累积的科学。本书尽可能全面地囊括了这些元分析，以期为理解仇恨的理论效用提供接近准确的答案。

尽管如此，即使一项研究的结果表明若干种成分有助于预测某种行为，也并不意味着这一结果适用于每个人。它很可能适用于大多数人，但总会有少数人属于异常值。在统计数据中，异常值是指突兀的、游离于大部分数值的测量值。异常值少且分散，因此会被人认为是反常现象，人们通常会从数据中剔除这些异常值，以免干扰统计分析的结果。这种做法存在争议，因为有研究者认为，异常值存在理论上的吸引力，在移除这些异常值之前，我们需要将问题分析清楚。不过，异常值最终还是会被丢弃。

你可能是一个异常值。你的某些地方可能不适用一般的规则，你可能不会像偏见整合威胁理论所阐述的那样对威胁作出反应，你的祖母可能不会像恐惧管理理论所假设的那样，一想到她在劫难逃（抱歉）便会刻薄、粗鲁地对待和她不一样的人。

人和元素周期表中的元素不同，我们对人的理解不如对化学元素的理解那么深，人的行为也比化学元素的变化更难预测。我们能信心满满地确定两种化学元素相结合会产生什么化合物，却难以确定两种个人因素相结合会产生什么样的人类行为。要解释的东西太多了，人与生活环境之间也有太多的变化，因此我们无法准确地预测某个人的特定行为结果。

我可以给你举一个例子。在美国南部一个种族关系紧张的小镇上，一对白人父母生下了一个孩子，我们就叫他比利吧。比利是一个健康的孩子，有一个标准的大脑，功能健全，能识别不同种族的面孔，也能对感知到的威胁作出反应。比利5岁前受到了家庭虐待、不良教养、营养不良的影响。他的父亲对黑人抱有成见，言辞中经常出现带有种族歧视色彩的词语。后来，比利的父母离婚了，由于父亲有酗酒和家暴记录（包括伤害比利），他的母亲获得了比利的全部监护权，但她居无定所，需要到处找工作，比利也因此无法继续上学。比利的母亲与其他男性在一起时，屡屡遭受虐待，并生下了另一个孩子——比利的妹妹。在这段时间里，由于母亲需要工作，还出现了药物滥用问题，比利只能自己照顾自己和妹妹。没有人教育比利兄妹如何去处理痛苦和创伤，也没有人安慰他们，让他们相信"生活会好起来的"。慢慢地，比利变得思想封闭、自私自利。

由于长期遭受虐待和忽视，青春期早期，比利的行为便出现了变化。如果可以对比利当时的大脑进行扫描，我们会在结果中看到，他的大脑出现了类似 PTSD 所致的结构性变化。他经常焦虑不安，对威胁感到紧张和亢奋，无法像普通人一样应付人生的起落。他存在情感缺陷，身心脆弱，这让他想要寻找在乎他的人，最后，他在网上找到一群和他同病相怜的人。这一群体的领导者表示，他们是出于宗教动机走到一起的。但是，宗教只是他们掩盖真实目的的幌子，他们的目的是宣扬白人至上主义。就这样，比利接触到了白人至上主义的网络宣传内容，随即产生共鸣，决定与他的这些"兄弟"在线下见面。这些"兄弟"让比利第一次有了被需要和被重视的感觉，他接受并认同了这些人的神圣价值观，实现了个人身份与群体身份的融合。在他的家乡，某个公共场所中的一尊象征白人至上主义的雕像将被移除，这使比利的这些"兄弟"感到他们的神圣价值观受到了威胁，于是决定发起抗议性集会。集会当天，当地的一名黑人出言挑衅比利和他的"兄弟们"。那么，此时的比利实施暴力行为并犯下仇恨罪的可能性有多大？90%，60%，还是 20%？

我们猜测，可能性很大，但我们不能确定比利一定会这么做。尽管他的经历具备使人心怀仇恨的大部分基本因素，但依然存在科学家尚未解锁、甚至可能永远无法获悉的未知因素。基于这种情况，我们也可以说，一个童年经历与比利截然相反的人，最终也有可能会实施严重的仇恨犯罪行为。虽然这种可能性很低，但如果我们观察得足够仔细，一定会发现这样的例子。

保罗·约瑟夫·富兰克林的成长经历具备科学家已经认定的导致仇恨犯罪的多种因素，但戴维·科普兰的成长经历中，这样的因素似乎很少。然而他们两人都犯下了可怕的仇恨罪行。预测个体行为是一门不甚精确的科学，充满已知的未知数和未知的未知数，这是我们无法回避的现实。这就是在警务和刑事司法中使用预测技术存在巨大争议的原因。预测技术在个体行为层面还不够精确，无法告诉我们下一次犯罪会在什么地方发生、会由谁来实施，即使作出预测，正确率也不过只有一半而已，难免出现不公正的情况。

这是否意味着我们应该放弃希望，不再预测下一起犹太教堂极右翼大规模枪击事件会在何时何地发生？或者不再预测一名被监禁的 ISIS 恐怖袭击者是否已经改邪归正？预测通常被那些实践者视为应该孜孜以求的圣杯，而行为科学家更喜欢进行描述和解释，但这并不意味着断定一种行为的成因不在行为科学家的工作范围之内——这样做仍然是非常有益的，也可以是行为科学家毕生的职业追求——这只是意味着，解释性因果模型并不总能对特定个体的行为作出良好的预测。因为行为科学家研究的是群体，他们通常会从总人口中选择一些人当作样本。组成样本的数百人甚至数千人，一定程度上代表了所有人的平均值。可惜的是，在预测仇恨犯罪和恐怖袭击等罕见行为方面，平均值通常不太有用。

我们可以随机抽取 1000 人作为样本，并假设其中的一个人会实施仇恨犯罪。我们甚至可以利用科学依据缩小范围，比如假定仇恨犯罪最有可能由 15 岁至 24 岁的白人男性实施，于是再将范围从

1000 人降到大约 50 人。接下来，让我们利用科学来进一步缩小范围，比如，我们要找的这个人很可能因童年创伤而怀有严重的心结，并且在网络上或现实中接触过极右翼内容，这样也许可以将范围缩小到 5 人左右。最后，我们可以对仇恨犯罪发生的时间作出预测——它最有可能出现在恐怖袭击等触发事件发生之后。

我们该拿这 5 个人怎么办？要拘禁他们一辈子，以防他们进行仇恨犯罪吗？或是在触发事件发生后拘留他们一阵子，待事件平息后再把他们放了？再或者，只需要在事件发生前后密切监视他们一小段时间就行了？又或者，可以听之任之，无所作为？统计数据可能表明我们要找的大概率就是这 5 个人，这种可能性甚至超过50%，但我们还是无法确定他们就是需要加倍当心的对象。一个仅仅存在可能性的仇恨犯罪受害者的权利一定比这 5 个人（从统计角度讲，其中 4 个人可能永远不会实施仇恨犯罪）的权利更为重要吗？由于科学始终存在不确定性，我们永远不能干涉这 5 个人的正当权利，对于任何被贴上"危险分子"的标签，但没有被法庭陪审团判定有罪的人，我们同样无法干涉他们的正当权利。

平均值有利于我们制定对大多数人有效的干预措施。我们可以分离出导致或防止仇恨行为出现的因素，这意味着普通人可以将有意识的偏见思想及行为（如微侵犯行为）扼杀在萌芽状态，防止这些"坏种"造成伤害，或者发展成更邪恶的行为。在更大的范围内，决策者可以在刑事司法、教育、住房、社会保障、医疗保健等方面进行改革，消除人口层面的仇恨因素。虽然这不会给深受仇恨犯罪之苦的受害者及其家人带来多少安慰，但仇恨科学已渗透到个体变化和政策中，它能够并且正在预防仇恨犯罪继续出现，也能防止新的受害者的产生。

遏阻仇恨行为的 7 项措施

2017 年 7 月，穆罕默德·萨拉赫（Mohamed Salah）以创纪录的 4200 万欧元转会费加入利物浦足球俱乐部。英超联赛 500 多名球员中大约有 50 名穆斯林球员，他是其中之一。萨拉赫曾在个人首个赛季攻入 36 球，成为当年的欧洲最佳射手。他转会到利物浦队后不久，就凭借出色的表现被球迷评为"月度最佳球员"，并获得 2018 年英超"年度最佳球员"称号和金靴奖。

萨拉赫以向真主安拉叩拜的方式在球场上庆祝进球，并通过社交媒体向 1100 多万粉丝发布展示伊斯兰教习俗的图片（如斋月仪式），还在清真寺遇袭之后拒绝庆祝进球，他的这些行为进一步提高了人们对伊斯兰教的认识。粉丝们欣赏他的成功，并且将对伊斯兰教的积极情绪融入了庆祝胜利的圣歌中，歌中有这样的歌词：

> 要是他再踢进几个球，我就去信奉伊斯兰教；
> 要是他对你来说足够优秀，那他对我来说也足够优秀；
> 清真寺是我想去的地方，我要跪在里面祈祷！

2017 年，萨拉赫加入利物浦队的几个月前，发生了一连串伊斯兰极端恐怖袭击事件。这些事件导致英国反穆斯林仇恨犯罪数量激增，上升幅度创造了自英国警方有记录以来的历史之最。当时，尽管与整个英国相比，利物浦的种族多样性较低，但在应对仇恨犯罪的警力部署方面却在全英国排名前五。萨拉赫加入利物浦队的行为，在球迷对伊斯兰教的认知方面产生了积极影响。越来越多的证据显示，"萨拉赫效应"的影响蔓延到了利物浦的街头。斯坦福大学的一项研究表明，萨拉赫加入利物浦足球俱乐部之后，默西塞德（Merseyside）的仇恨犯罪率降低了16%（见附图11）。同时，"萨拉赫效应"的影响在互联网上也被迅速传播，利物浦球迷发布的反穆斯林推文数量减少了50%。而与此同时，其他地区的仇恨犯罪率和粉丝群体的仇恨推文发布数量，要么保持稳定，要么有所上升。这表明，受"萨拉赫效应"影响而产生的对穆斯林的包容是区域性的。[①]

"萨拉赫效应"可能是多种因素导致的，但最突出的因素可能是萨拉赫对自己宗教身份的描述，它们对许多利物浦球迷来说可能都是颇为新奇的信息，也让他们对伊斯兰教的态度不再那么抵触了。萨拉赫在进球后俯身祈祷，他的妻子戴着头巾观看比赛，他的女儿以圣地麦加为名，这些行为使萨拉赫成为全球最知名的穆斯林足球运动员。他就自己的宗教信仰频繁发布信息，也表明他不太可能被人们视为穆斯林中的"例外"。这有助于改变人们对伊斯兰教的负面刻板印象，使人们不再认为伊斯兰教具有威胁性，或是觉得它与英国的主流价值观相悖，因此人们也不再与之对抗，也不会再试图教化穆斯林。

"萨拉赫效应"表明，从积极的角度描绘少数派人士的身份，有助于减轻偏见和仇恨。我们要将目光转向安菲尔德球场的看台，那里回荡着对伊斯兰教的赞扬之声，这就给了我们希望——仇恨并

---

① "萨拉赫效应"只对利物浦足球俱乐部和默西塞德产生了影响。事实上，因为萨拉赫的成功，反穆斯林情绪（尤其是在推特上）在其他地区和粉丝群体中直线上升，尤其是利物浦足球俱乐部对手球队的球迷，这些种族主义偏见仍然是少数群体面临的问题。并且，这种模式并不是足球运动独有的。对"他者"的负面体验可能会导致个体的态度和行为开始恶化，当他们支持的球队因为萨拉赫的进球而被击败时，就会出现这样的情况。

非不可避免。

心理学家戈登·奥尔波特最早认识到，除了彻头彻尾的偏执狂之外，大多数人发现自己怀有偏见思想时都会产生内疚感，并会习惯性地压抑自己的偏见。20世纪下半叶，在各种社会运动（民权运动、女性解放运动）的推动下，社会规范和法律发生了变化，人们对文化偏见的不安感增强了，抑制这些偏见的意识也随之增强。人们认为，口头表达某种带有负面刻板印象的观念是不当的行为，为社会所不容。在某些情况下，歧视行为属于犯罪。所以在21世纪，歧视行为可能被抑制了，但它并没有消失。基本不受监管的社交媒体大肆泛滥，民粹主义在世界各地兴起，这些因素导致世风日下，让一些人再次为表达自己的偏见找到了辩解的理由。

我们已经了解到，我们的大脑、心理、社会和技术都存在缺陷，这些缺陷会让偏见更快地转化成仇恨。没有人能够避开这些因素的影响，所以我们都有责任认识到这些影响，以及我们对他人行为的影响。

下面，对于如何防止偏见（多数是无意识的）演变成歧视和仇恨行为，我将列举若干方法，其中一些方法的可行性很大。

1. 识别虚假警报

我们大脑中进化而成的威胁检测功能可以保护我们的安全，它在帮助人类生存方面作出了出色的贡献，但如今这种功能已经过时，对生活在发达国家的大多数人而言，已经不再适用了。换句话说，如果你是贝尔·格里尔斯（Bear Grylls），以野外探险为乐，这种功能才可能派上用场。威胁检测功能与一系列在特定环境下会开始启动的生物过程，以及我们所习得的负面刻板印象共同作用，可以在没有或几乎不存在威胁的情况下触发红色警报。当虚假的红色警报由外群体成员触发时，就可能产生带有偏见和仇恨的行为。重新设置这种威胁检测功能则需要大量有意识的努力。

这种努力将从我们的执行控制区域，即前额叶皮层开始。前额叶皮层旨在识别威胁是否存在，如果确认它不存在，我们便可以解除杏仁核诱发的红色警报。我们越善于识别出虚假警报，就越能快速地解除戒备状态，避免作出带偏见的反应。重要的是，我们要知道这种过时的机制何时会被那些从我们的偏见反应中获利的人利用。

在强盗洞实验中，谢里夫教授故意操纵男孩群体之间的关系，从而制造威胁感。这个实验鼓励两组参与者的身份对抗，制造资源稀缺以挑起竞争，凭空捏造破坏行为用以栽赃陷害。这时候，男孩们的威胁检测机制得到提示，开始启动，攻击随之发生。而全球各地的政客和媒体时时刻刻都在针对毫无戒心的公众进行形形色色的强盗洞实验。"本地人"不断被政客和媒体告知，"外来者"正在对他们的民族身份及工作、医疗、住房、入学等资源构成威胁。我们如果像谢里夫研究中的男孩们一样，对此毫无戒备，就会带着恐惧作出反应，最终，我们轻则会投票支持民粹主义领导人，重则会走上街头，用暴力行为消除感知到的威胁。

当研究者消除了雄鹰队和响尾蛇队感知到的威胁后，两组男孩克服了分歧。正如我们看到的那样，在谢里夫教授早期的实验中，他曾试图给相处和谐的蟒蛇队和黑豹队增加威胁感，制造双方的矛盾，却没有成功，因为两组男孩在研究开始前已经互相熟识了。

如果有政客和媒体告诉我们，生活之所以糟糕，就是因为存在与我们不同的人，那我们就要质疑这些政客和媒体的动机，发现错误或虚假的信息后，要立即解除大脑中的红色警报。

2．质疑对不同者的先入之见

虽然我们的大脑在很多方面都做得很出色，但在一些重要方面依然存在缺陷。它无法处理世界上所有的信息，因此它会走捷径，进而影响我们的观点、态度和行为。这些以刻板印象形式存在的捷径会影响我们看待他人的方式，尤其是陌生人。鉴于我们年幼时期的大脑更容易接受刻板印象，所以我们在童年时期所产生的刻板印象尤为根深蒂固，难以改变。

有一些刻板印象产生的结果相对温良无害。比如有的招聘者认为德国人守时、工作效率高，就会优先录用德国求职者；有人认为英国人总是看起来从容淡定，身处困境的英国人所表现出的勇敢是装出来的，便会对他们表示同情。但有些刻板印象产生的结果是有害的。比如，有人认为犹太人贪婪、不诚实、剥削成性，所以当犹太人受到迫害时，这些心怀偏见的人就不会同情他们；有些雇主可能认为黑人员工很懒惰，所以会让他们负责低门槛的项目，或者没人在意的项目，这也有碍黑人员工的晋升。

偏见和刻板印象是通过文化传授和传播的，会侵蚀我们的群体威胁应对机制。借由传播文化的载体，比如报纸、电视、书籍、互联网，以及我们的家人和朋友，我们会对他人形成一个普遍的、大概的印象。大脑会对这些刻板印象进行编码，并将它们存储起来，以便日后需要时进行检索，在我们需要作出判断和行事时提供依据。刻板印象以文化为基础，所以我们可以不受其奴役。我们可以在行动时抗拒这些刻板印象想要灌输给我们的东西，调节自己的行为，获得不带偏见的行为结果。

刻板印象与建立在威胁基础上的偏见涉及不同的大脑区域，后者涉及控制恐惧的杏仁核，而前者主要与大脑中比较容易发生改变的另一个部分有关。在研究实验中，如果反复让受试者接触反刻板印象信息，便可以改变他们的认知。然而，如果把他们重新置于强化其旧有刻板印象的文化中，倘若他们不努力去质疑这种刻板表征，就会故态复萌。为了应对这种情况，我们必须在实验室之外的自然状态下——在家里、在报纸上、在电视上、在体育运动中——推广积极的刻板印象。

和穆罕默德·萨拉赫的例子一样，还有一些例子表明，杰出的文化人物有助于人们打破负面刻板印象。这些人的成功各不相同，他们的履历记录无可指摘，尽可能避免了小报的负面报道，这是他们成功的原因。如果这样的人深陷丑闻，即便是很小的丑闻，也会强化人们对相关群体旧有的负面成见。"萨拉赫效应"一度给针对伊斯兰的仇恨犯罪和消极态度带来了正面影响，但2018年萨拉赫在驾驶过程中使用手机的负面报道，以及2019年末萨拉赫因伤表现不佳的事件，都对"萨拉赫效应"产生了负面冲击。

我们想要减轻刻板印象的问题，不能把所有的工作都推给名流，让他们代劳。我们都是自由的思考者，能够抵制"文化机器"炮制出来的糟粕。对于那些仿佛是无意识生成的、对个人或群体粗制滥造的假想，我们永远有责任发起挑战。直觉在某些情况下是有用的，但面对和我们不同的人，当我们要决定如何行事时，直觉会导致歧视。我们绝不能凭第一印象行事，而是要给他人机会，证明我们的偏见不符合事实，但要想真正摆脱刻板印象，我们还需要更多的帮助。我们需要与不同的人亲身接触。

3. 不回避与不同于我们的人直接接触

想想你最亲密的朋友圈，还有那些你在危急时刻会向他们求助的人；再想想你的邻居，还有你经常在咖啡馆或本地酒吧里遇到的那些人；接下来，想想你的同事、同学，或者生活中类似的角色；最后，想想以上这些人的肤色、性别、宗教、年龄，以及他们可能存在的身体或精神障碍。

经过思考你会发现，你核心人际圈的多元化程度可能是最低的，而你在工作场所、大学或类似的机构中所接触到的人是最多元的。这样的现象在《欢乐酒吧》（Cheers）、《欲望都市》（Sex in the City）、《老友记》（Friends）等西方世界最热门的电视剧中反复出现，并无奇怪之处，它代表了我们的经验。[①] 因为我们遭遇危机后所求助的对象与我们有许多相同的特征，这种经验可能会在总体上对我们信任哪些人产生影响，也会影响我们在朋友、熟人和同事圈子里的种种决定。

20世纪初期，对于种族杂居会产生什么样的结果，人们的答案是存在分歧的。一些学者提出假说，认为种族之间在平等条件下增加接触（比如在课堂上增加接触），会让种族之间产生不安、紧张情绪，甚至会产生暴力行为；而另一些学者则认为，平等的接触会让种族之间产生宽容和尊重。群体间接触理论就是为了回答这一问题而发展起来的。这一理论列出了接触中最能减少偏见的4个关键因素：

1.就接触环境而言，双方必须地位平等。这在工作场

---

① 最近，一些情景喜剧已经摆脱了这种模式，主角的密友圈中出现了身份更多元化的角色。

所和教育系统中可以自然而然地实现，比如，可以要求白人员工与黑人员工一起工作，要求同年级的学生一起学习。

2. 双方要有共同的目标，比如共同参与一个合作项目。

3. 为了实现这一目标，双方必须公开合作，而不是各自为战。

4. 两个群体的匹配必须得到双方都尊重的权威人士（如老板或老师）的认可或支持。

如果上述 4 个条件不能完全满足，也不表示这样的接触不能减少偏见，而是意味着接触的影响力可能没有那么大，或者需要更长时间才会产生效果，又或者产生的效果不会持久。

一些早期的研究通过美国的安居工程验证了群体间接触理论。为清除城市中的贫民窟，美国颁布了《1949 年住宅法》（The Housing Act of 1949），制订出一项公共住房建设紧急计划。当时，一些人认为，这不仅是一个清除贫困居民区的机会，也是一个消除居民区内种族隔离问题的机会。但这项举措颇具争议，当时学界对于清除居民区的种族隔离问题莫衷一是，赞成者和反对者都有。早期的实验产生了不错的结果，只是不能保证这样的结果也会在现实中得到验证。

但可以肯定的是，如果新建造的公共住房区是"黑人勿入"和"白人勿入"的社区，那么会让人理解为政府支持这样的做法，这会给多元文化间的关系造成更大的损害。

纽瓦克（Newark）的廉租公共住房项目被认为是最早的大规模社会工程实验，该项目将黑人居民和白人居民分配到不同的街区，并将这些居民的经历与纽约市废除种族隔离的两个类似街区的居民进行比较。据报告，与居住在种族隔离小区的白人家庭主妇相比，居住在非种族隔离小区的白人家庭主妇与黑人邻居相处时有更好的体验，他们对黑人邻居也更有好感。调查结果公布后，美国政府颁布了一项政策，要求"不分种族、宗教、肤色，根据需要分配住房"。纽瓦克公共住房相关区域的种族隔离制度就此宣告结束，所有 8 个住房项目中都实现了白人和黑人居民混合居住。有少数居民对这一政策表示不满，但政府向他们解释了颁布这一政策的原因，并出示了相关的科学证据，于是他们很快就作出了让步。

10 年后，这个种族杂居的社区中的白人居民纷纷迁往郊区，纽瓦克城区变成了以黑人为主的社会。随白人而去的还有政治影响力，随之而来的是失业率和犯罪率的上升。1967 年，纽瓦克的一名黑人遭到白人警察毒打，接着爆发了种族骚乱，导致 26 人死亡，其中有 24 人是本地居民。20 世纪 60 年代后期，更广泛的经济力量和社会力量对种族融合造成了侵蚀，种族关系可能因此急剧恶化。该公共住宅区曾经按种族比例配备警察，此时这一比例已严重失衡，警察几乎是清一色的白人。

如果纽瓦克警察局雇用并提拔更多的黑人警察，种族关系是不是还会迅速恶化？群体间接触理论给出的答案是否定的。就业环境中的积极接触可以减少群体间的偏见，改善不同群体在工作场所内外的关系。一项早期的研究表明，费城警察局中的白人警察，在与黑人警察共事后，对将来与黑人警察的合作，以及听从黑人上司的命令，他们的态度就变得没那么强硬了。

这个结果在其他工作场所也得到了验证。20 世纪 60 年代，在美国南部进行的一项开创性研究中，抱有种族歧视态度的白人女性职员与其黑人同事做了 20 天的搭档。实验对象经过精心挑选，确保了双方地位平等，办公室中的任务具有共同目标，需要协调合作，并能够得到行政管理权威的支持。最初，那些种族偏见最严重的白人女性对黑人同事态度消极，极力避免与对方接触，不理会对方的问题，交谈时故意排斥对方。而在研究结束时，几乎所有的白人女性都称自己与黑人同事相处良好（以对方的亲和力及能力为衡量标准），并表示未来愿意再次与这些黑人同事合作。

接触还可以减少娱乐场合中年轻人之间的偏见。研究者最近重新做了一次强盗洞实验，参与野营探险的年轻人被随机分配到了全白人组或种族混合组。在为期3周的旅行中，两组年轻人在最佳接触条件下接受了生存技能训练。实验发现，旅行结束一个月后，和分配到全白人组的白人青少年相比，种族混合组中的白人青少年对黑人的偏见变少了。

就减少偏见而言，直接接触的效果最好，这意味着个体需要聚合到一起，最好是在上文设定的最佳接触条件下聚合到一起。即使无法直接接触，间接接触也可以减少偏见，不过效果要相对差一些。萨拉赫效应就是间接接触的例子。萨拉赫和球迷有赢得比赛的共同目标；萨拉赫得到了俱乐部管理层和教练等权威人物的认可；他成功地兑现了自己的承诺，为所有人创造了积极的体验，但是球迷们很少直接和他共处。

自20世纪50年代以来，来自世界各地的研究者已经进行过500多项研究，这些研究在一系列身份不同的群体中验证了群体间接触理论，研究对象来自38个国家，超过25万人。他们得到了同一个结论，即在适当的条件下，积极接触可以减少偏见和仇恨。接触有助于减少由身体障碍、种族、精神障碍、年龄引发的偏见。偏见态度最容易发生改变的是儿童和大学生，成年人的偏见则最为顽固。无论年龄大小，男性和女性在这一点上没有显著差异。超过50年的研究表明，娱乐环境中的接触对减少偏见的影响最大，接下来依次是工作、教育和居住环境中的接触。研究表明，积极接触甚至对最容易产生偏见的人（包括有极右翼信仰的人）也能产生影响。

这些研究将人们聚集在一起，让他们共度一段时间，看他们是否能够融洽相处。和在实验室环境中不一样，这些人在彼此接触时做的并不都是预先设定好的事情。他们在工作场所、学校、夏令营、住宅区进行了为期几周的接触，通过对话（包括讲述个人故事）增强了彼此的同理心，并让群体之间的相似性逐渐显露出来。白人和黑人、年轻人和老年人等不同类别的参与者，都了解到彼此有相同的问题和愿景，打破了臆想中的文化障碍。他们所背负的任务迫使他们合作，从而增强了他们对"他者"能力和智力的信心。科学家们得出的结论是，通过培养熟悉感和好感，并通过消除刻板印象和对威胁的感知来减少不确定性和焦虑感，不同群体之间的接触能够产生预期的积极效果。

一个悬而未决的问题是，不同的群体在进行积极接触之后，偏见的减少能持续多长时间。决策者们所担心的是，干预过后，接触所带来的积极效果可能会迅速减弱，尤其是当参与者回归日常生活，很少再进行群体间接触后。

过去10年的研究表明，居住在群体间积极接触率较高的社区，可以减少社区内部居民之间的偏见。社区总体的宽容态度会渗透到个人身上，人们会受到他人行为的影响，从而增强自身在群体间接触中的积极影响。即使没有直接的个人接触，生活在这些地区的人对其他群体也会存在比较少的偏见。

所以说，我们住在哪里非常重要。然而，仅仅拥有多样化的社区背景是不够的，想要减少偏见，居民不仅要具备多样性，还必须同时存在有意义的积极接触。如果两个群体都不愿意经常互动，那么即使规划了一个黑人和白人各占 50% 的社区，也是徒劳无功的。假以时日，存在积极接触的多元化社区可以消除人们对外群体的威胁感。时间跨度长达 20 年、来自 100 个国家的数据显示，信仰不同、种族不同的居民涌入同一个地区后，虽然一开始可能很难习惯，但是，最多 8 年甚至更短的时间（4 年至 6 年），人们就可以随着积极的接触而产生相互间的信任。在这些居民的自我报告中，混居给生活质量（生活满意度、幸福感、医疗问题）带来的负面影响都会消失。世界各地的人都能够适应多元文化并从中受益。但那些通过反对多元化牟利的人则可能会从中作梗，破坏这一进程。政客和媒体会散布那些强调、制造群体差异的反移民叙事，进而触发人们的威胁机制，减缓甚至阻止人们进行群体融合。

　　我们可以从大量研究中得出明确的经验，即我们应该尽可能多地和与自己不同的人交往。我承认，对许多人来说，阅读本书要比离开家与不同的人交往更容易，尤其是那些不在多样化地区生活和工作的人。因此，当这种机会真的出现，可以与不同的人交往时，我们必须全力以赴，抓住这样的机会，欣然接受这种体验。为了让子孙后代的思想更开放、更宽容，我们必须确保我们的孩子也能这样做，最好让他们尽早开始，尤其是在高中之前。

　　在最初的接触中，我们要接受这样一个事实：因为担心做错事或说错话而感到焦虑的情况并不罕见。在和不同于我们的人交流时，我们都会为不小心犯的错而感到内疚，比如，忘记为家庭聚会订购合适的食物，在圣诞卡片上写错邻居的名字，不经意问了一个有伤对方感受的问题，或者想当然地认为某个人应该有怎样的生活或行为，等等。在这些错误中，最糟糕的一种被称为"微侵犯"（请回顾本书第 1 章中的相关内容）。当我们努力不让自己显得怀抱偏见，进而产生压力和焦虑时，往往就会导致"微侵犯"。所以，当你觉得自己冒犯了别人时，一定要道歉，这非常重要。

4. 花时间进行换位思考

在电视上观看反刻板印象的角色，花时间和与我们不同的人共处，可以让我们了解做"别人"是什么感觉。这是我们经常要做的事情。我们应该自发地对那些经常遭受偏见和歧视的人表示同情，而不是依赖媒体和名人。

刑事司法服务机构会采用恢复性司法程序，将仇恨受害者和仇恨实施者聚集在一起，以促进双方的同理心。有证据表明，在实验室里，让受试者想象他人的观点和经历，可以促进心理学家所说的去范畴化（decategorisation）。这意味着我们将"他人"视为个体，而非某个不同群体的一部分。某些情况下，我们会对他人进行重新分类或交叉分类。这意味着我们不仅将他们视为个体，而且将他们视为我们所属群体的一部分："我们可能来自不同的群体，但我们属于同一个团队。"以上三种心理过程可以打破负面刻板印象，最终会有助于减少偏见。

我们在报纸、网络、电视等媒体上看到他人的困境时，应该养成一种习惯，那就是把自己想象成故事中的主角。我愿意和他们易地而处吗？如果不愿意，原因是什么？我的处境在哪些方面比他们好？为什么？我们有什么共同点？他们的目标和动机是什么？如果我遇到这样的阻碍，会有什么样的反应？承受他们的损失或痛苦是什么感觉？只有充分考虑他人的处境，我们才会承认自己可能拥有什么优势，并在他们身上发现自己，在自己身上发现他们。

5. 不能让引发分裂事件打败我们

经济衰退期、有争议的政治投票、备受瞩目的法庭案件、恐怖袭击事件等均有共通之处——它们能够致人分裂，但也有不可思议的力量，让人们团结到一起。危急时刻，我们的本能是奋力保护自己的同类，有时会不惜牺牲外群体的利益，我们不仅在就业和医疗资源等领域会这样做，在我们守护的价值观和世界观方面，我们也会这样做。

分裂事件发生时，我们必须扪心自问，那些陷入舆论旋涡的群体，是否真正应该受到谴责。在决定要对这些群体进行评价甚至采取行动之前，我们先要质疑那些谴责者的动机，并在五花八门的观点中寻找中肯的评价。

面对分裂事件，无论结果如何，我们都必须尽最大努力避免道德愤慨这种简单粗暴的反应。虽然道德愤慨可以起到宣泄的作用，减轻我们的痛苦，但效果是短暂的，从长远看还会造成更多的痛苦和不幸。我们需要注重的反而是那些能反映道德净化的健康行为。如果我们觉得分裂事件挑战了我们所珍视的价值观和生活方式，那么应该通过拜访朋友和家人、向慈善机构捐款、做志愿者等积极的行为来巩固这些价值观和生活方式。对于这些做法的短期、中期及长期收益，我们和那些与我们志同道合的人都会有所感受。

6. 戳破过滤气泡

尽管互联网覆盖全球，但与现实世界相比，我们在网络上接触到的人和观点可能并没有那么多样化。对于线上过滤气泡是否会对人们的态度产生极大的影响，虽然科学界尚未得出明确的结论，但可以肯定的是，在互联网上，大多数人要么会积极回避不符合自己偏好的群体和信息，要么会受到算法的引导，接触不到不符合自己偏好的群体和信息。

在互联网上，我们会积极寻找那些与我们更相似的人，以及那些能强化我们已有想法和信念的新闻。算法掌握了我们的偏好之后，反过来会将这一过程自动化，再将它加于我们身上。很多社交媒体巨头已经开始着手研究如何利用信息流中的补偿信息来调和这些强化信息。尽管有初步证据表明，以这种方式处理问题，反而会让人们已有的观点变得根深蒂固，但是这种意识本身，可能就足以让一些人在接触网络信息时更加谨慎了。当然，那些在自己的网络气泡中感到舒适的人可能没有动力打破它。对这些人来说，可能需要由他人戳破过滤气泡，还要以一种不会让他们感到恐惧的方式实施。

7. 成为仇恨事件的第一反应人

当我们看到仇恨现象时，必须发声。针对歧视行为和仇恨犯罪事件目击者的有限研究表明，在那一刻，其实只有不到一半的人敢于站出来做点什么，比如帮助受害者，或者斥责作恶者。成为仇恨事件的"第一反应人"需要几个条件，第一步就是认识到这种行为是仇恨所致的。在动机不明的情况下，我们可以要求受害者说出他们的观点，从中得到有价值的信息，再判断如何行事。如果我们爱莫能助，或者感到不安全，可以把注意力转向这种行为背后的更深层的原因。如果最近发生了分裂事件，如恐怖袭击、轰动性诉讼、政治运动，那么我们可以将它们考虑在内，然后对一系列可能的应对措施进行成本效益分析。

当我们决定行动时，考虑人身安全是至关重要的。在风险较低的情况下，比如听到有人一时兴起讲了一个有歧视性质的笑话，我们完全可以进行干预，质疑对方；而在风险较高的情况下，我们可以选择报警或打电话给其他专业人士，请他们在保证安全的前提下应对眼前的情况。如果在网上看到了仇恨言行，我们可以举报，或者使用反叙事策略进行平息，还要注意，在这个过程中不能使用带有攻击或辱骂性质的语言，以免刺激对方，使仇恨行为愈演愈烈。当多个人共同在网络上发布反叙事言论时，对减少仇恨言论是最有效的，因此要鼓励其他人加入你的行列，强化可接受行为的规范，不失为一种良策。

经验证，心理学家目前发现了几种有效的方法，能让人们质疑自己的仇恨行为：利用专家的意见来揭穿带有偏见的主张和修辞；让人们为自己的言行辩护，然后着重指出其论证和／或信念体系中的自相矛盾之处；强调人们在伤害中的作用，让他们产生强烈的内疚感和羞耻感；要求人们站在受害者的角度看待问题，诱导他们产生同理心。

我们的祖先之所以组建紧密的小群体，形成部落，是因为现实极其严酷，他们需要具备超级敏感的威胁检测机制，从而应对恶劣的生存环境，比如食肉的猛兽、反常的天气、疾病、敌对部落等种种威胁。面对这样的逆境，他们部落内部的关系异常牢固。人类大脑在这些条件下经历了数十万年的进化，因此，我们对那些人为制造的所谓"威胁"作出下意识的反应，和我们经过思考后质疑这些"威胁"的反应相比，要更快一步，这也不足为奇。

采纳上述 7 项举措往往需要一个循序渐进的过程。虽然我们大多数人都有隐藏歧视或仇恨的内在动机，但要挑战我们自己对其他群体根深蒂固的观念，并不是一件容易的事情，不能一蹴而就。对自己进行长期的审视，然后得出"我们的看法可能存在偏见"这一结论，也不是一件舒服的事情。有些人根本不可能得出这样的结论，因为他们的偏见过于根深蒂固，要么无法认清，要么不想认清。想要有所改观，就需要借助他人的洞察力。

那些执着于自己固有偏见的人，无论承认偏见与否，都不太可能接受这 7 项措施，也不太可能接受这背后的科学。但并不表示这些措施对那些有动机表达偏见的人不起作用。虽然我们可能很难让他们直接参与到减少偏见的行动中来，但他们并非不会受到进步文化和媒体的影响。有研究证明，这两者都对个体的态度有强大的间接影响。应对最顽固的仇恨者时，这两者及其他含蓄的说服方式是我们的首选，因为挑战仇恨观点时，最直接的方法会让人愤怒和拒绝。

研究表明，如果全部或部分采纳这 7 项措施，会有相当一部分怀有仇恨动机的人减少对偏见和仇恨的表达。解决社会系统性偏见需要采取更广泛甚至更难实行的措施，这要由政府和机构制定并执行，倘若对此进行全面阐述，恐怕还得再写出一本书来，但毋庸置疑，设计并实施反仇恨的举措并将它们深深植入我们的社会之中是非常有必要的。限于篇幅，本书不再展开论述，那么，就让我们结束这段对仇恨的探索之旅吧。

▍20 年的研究工作对我的启示

成为仇恨犯罪的受害者让我开启了一段 20 年的研究旅程，得以了解袭击者的动机。开始这段旅程时，我曾天真地希望自己可以找到一些能把我与袭击者区分开来的、根本性的东西——也许是我们的大脑构造和心理线路存在差异。我希望能找到一些具体的证据，证明这些人希望用仇恨解决问题，这样的发现会令我感到欣慰，因为这会在行事动机上给我们划清界限。然而，旅程表明，我与攻击者有很多相似之处，即使我不愿意承认。

我发现我们有着相同的神经学和心理学特征，这使得我们倾向于简单粗暴地给陌生人分类，并且都更喜欢与自己相似的人。把我和他们区分开的因素并不是根本性的。他们的成长经历（包括他们儿时经历的事件）可能与我不同，他们看到、听到、读到的一些东西，我甚至根本接触不到。我们可能生活在不同的地区，面临截然不同的问题，并将问题归咎于不同的群体。尽管存在这些可能的差异，但我相信，如果我与攻击者相处一段时间，就会发现，我们不仅有属于人类的核心特征，还有许多其他的共同之处。

导致他人对我实施仇恨行为的因素并非不可改变。他们倘若生活在不同的环境中，更少地接触本书中详述的各种触媒，可能就会远离仇恨。这样一来，他们看到我的时候可能会径直走开。反观我自己，倘若我也要面对种种仇恨触媒，并不断受到影响，那么很可能我也会犯下仇恨罪，我也就不可能在实验室里研究仇恨犯罪了。倘若经历了糟糕的、会促生仇恨意识的境遇，我很可能也会像他们一样实施偏狭和歧视的行为。对我而言，面对这样一个事实仍然是一件有挑战性的事情。

你选择阅读这本书，说明你对人类最恶劣的行为有好奇心。你的大脑、生理习性、心理状态、个人经历、技能、文化（或亚文化）嵌入性也在相互作用着，它们共同决定了你看待世界的方式，也决定了你与他人互动的方式。意识到这些因素的存在，以及它们共同影响你的方式，是确定你对他人的判断是否正确，以及防止不当判断转化成消极行为的关键。你可以将这种"拉开距离"洞察人类行为的好奇心用于观察自己，如果你发现自己不符合预期，你会怎么做呢？

▌后记

 2021 年 7 月 11 日——对仇恨实验室团队来说，这是一个非同寻常的周日。当天晚上 7 点左右，我们团队的所有研究人员都聚集到了一个昏暗的小房间里，窝在一排电脑显示器前。接着，有人按下了启动按钮，落地式屏幕开始发亮，我们的脸上泛起光，一幅幅显示社交媒体数据流的图表在屏幕上闪烁。

 这个小房间是可以实时监控网络仇恨状态的"实况观察室"。当晚，温布利体育场将举行 2020 年欧洲足球锦标赛决赛①，我们猜测这将在社交媒体上引发网络仇恨事件，很可能是自实验室成立以来规模最大的。于是我们凑到了一起，准备迎接这起事件的到来。

 决赛期间，英国球迷的情绪空前高涨。英格兰队在决赛前的一

---

① 2020 年 3 月，欧洲足联宣布 2020 年欧洲足球全是锦标赛将推迟一年举行。——编者注

系列比赛中逆势而上，连续击败德国队、乌克兰队、丹麦队，一路过关斩将，闯进决赛。英格兰队此前 50 年都没有在国际足球舞台上取得过重大胜利，这次，他们似乎终于抓住了得胜的机会，想要终结这种苦苦的等待。

当晚的情况完全符合我们的预期：当英格兰队渴求已久的胜利从指缝间溜走时，网络用户的负面情绪甚至仇恨情绪瞬间爆发。英格兰队败给了意大利队，这让两队球迷产生了强烈的内群体、外群体意识，他们阵线分明，相互间表现出了明显的敌意，且存在极高的对抗风险。

英格兰队球迷多年的委屈和心痛仍然遗留在他们的集体记忆中。社交媒体平台上，言论已然出现了两极分化，这成了引爆球迷们排外仇恨情绪的火药桶，这些球迷最终的仇恨目标却大大出乎我们的预料。

这天晚上，由主教练加雷斯·索斯盖特（Gareth Southgate）挂帅的英格兰队，比赛开局可谓十分梦幻——只用不到两分钟就攻破了意大利队的防守，破门得分，这令英格兰队球迷兴奋不已。但好景不长，意大利队迅速占据控球优势，最终扳平比分。比赛像往常一样进入了最考验勇气的终极阶段——点球大战。

就在加时赛结束之际，索斯盖特不出所料，走马换将，派两位年轻的黑人球员马库斯·拉什福德（Marcus Rashford）和杰登·桑乔（Jadon Sancho）上场。但令人遗憾的是，他们及另一名黑人球员布卡约·萨卡（Bukayo Saka），都罚丢了点球，最终英格兰队功败垂成。

我们原本预计会有少数英格兰球迷在网络上发布针对意大利球

员的仇恨言论，比赛结束前的点球大战却让英格兰队球迷突然对己方球队成员发起疯狂的语言攻击。点球失败后的几分钟内，推特上的种族歧视帖子数量（包括发布及分享）便出现了飙升，并在比赛结束后不久（当晚 11 点至 12 点之间）达到峰值，一小时之内高达920 条。拉什福德、桑乔、萨卡三位黑人球员成为人们谩骂的首要目标。①

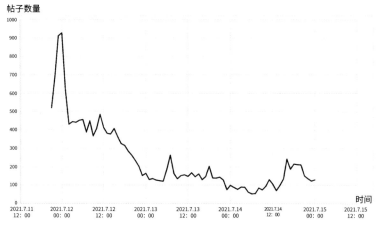

2020 年欧洲足球锦标赛决赛结束后，推特上带有种族歧视内容的帖子的数量（含发布和分享的帖子，以小时计）

"实况观察室"中的显示屏上充斥着种族歧视言论和灵长类动物表情符号。而且推特并不是聚集愤怒言论的唯一平台，Instagram、脸书和许多其他网络平台上也涌现出了数千条种族歧视信息。随后的几天里，所有平台均声称，明显违反其平台言论规

① 这些帖子大多数都没有达到被判为刑事犯罪的门槛。我们的仇恨言论检测算法，很可能也检测到了一部分与仇恨言论存在相似之处的反言论，比如那些引用了仇恨言论的反言论。

则的帖子都已经被删除了。我们却看到了另一番景象：比赛结束数月后，各大网络平台上依然留存许多具有伤害性的帖子。

网络仇恨事件激增之际，有人发起投诉，有人选择报警。英国警方人工审查了来自各个网络平台的数万个帖子。英国足球警务处（UKFPU）收到了 600 份关于网络仇恨事件的报告，最终确定其中的 207 起事件存在犯罪嫌疑。但因为其中大多数来自海外，英国警方鞭长莫及，所以只有 55 起事件被责令调查①，最终只有 11 人被捕。截至 2021 年 11 月，这 11 人中，仅有下面这 3 人被成功定罪。

43 岁的斯科特·麦克拉斯基（Scott McCluskey）住在柴郡（Cheshire）的朗科恩（Runcorn），他当晚正与儿子及爱人一起在家观看比赛。他自称受到了酒精的刺激，在点球大战结束后立刻登录脸书，发表了以下种族歧视言论："唉！三个异教徒球员搞砸了比赛。不幸的英格兰。赶快炒那三只猴子的鱿鱼。"一开始，他在辩护中称自己发帖只是开玩笑；后来，他当庭供认自己通过公共通信网络发送攻击性信息；最终，他被判处 14 周监禁，缓期执行。

比赛结束后，来自肯特郡（Kent）福克斯通（Folkstone）的49 岁男子布拉德福德·普雷蒂（Bradford Pretty）录制了一段视频，并上传至脸书。视频中，他画在脸上的英国国旗已经污迹斑斑。他带着满脸的兴奋含糊地说："我从哪里开始？从哪里开始？恶心，像我们所有人一样倒胃口，太可恨。真泄气。为小伙子们感到骄傲，为他们感到骄傲，了解我的人都知道我在说什么。"他接着提到了拉什福德、桑乔、萨卡，并连爆两句粗口，都涉及种族歧视。他的

---

① 我们对推特的分析表明，2020 年欧洲足球锦标赛决赛结束后，在人们发布的种族歧视信息中，约有 50% 是由位于英国的账号发布的。

律师辩护称，说那只是他"一时的醉话，因为他在发酒疯"。普雷蒂最终被判有罪，并被处以 50 天监禁，缓刑 12 个月。

52 岁的乔纳森·贝斯特（Jonathan Best）来自伦敦的费尔特姆（Feltham）。喝下十几听啤酒后，他在脸书上发布了一段 18 秒的视频，指责"三个不配为该死的英格兰队效力的婊子黑鬼"导致比赛败北。贝斯特的同事向老板举报了他的行为，他被要求删除该视频。而他则回应道："这是我的个人社交媒体账号，我想怎么样就怎么样。"法官给出了如下判词："贝斯特因受害人的肤色而咒骂受害人，其言辞与文明社会的本质格格不入，具有腐蚀性……容易让有类似观点的人效仿。"法庭曾考虑判处他缓刑，但法官认为，若不立即对他进行为期 10 周的监禁，便不足以遏制其他人实施类似的仇恨行为。

自新冠病毒流行以来，针对英超球员的严重网络辱骂似乎变本加厉，这可能是因为体育场的禁入令使得更多的人在比赛期间不得不选择用社交媒体评论比赛。但仇恨实验室的分析表明，这个问题由来已久。

在一项开创性研究中，我们收集了过去 10 年中人们在推特上发送给一名英超少数族裔球员的仇恨帖子，那名球员曾经活跃在 2020/2021 赛季，那些帖子也一直没有被删除。[①]由于研究聚焦的是现役球员，因此这些网络种族歧视事件多半是在近年发生的。某些球员受到了更多、更猛烈的攻击，部分原因是他们在球场上表现不佳，

---

① 由于我们无法收集被删除的帖子，这项研究中的相关案例不包括那些因为极端言论而被删除的帖子，以及用户自行删除的帖子。因此，对 2020/2021 赛季针对英超少数族裔球员的网络种族歧视行为，我们收集的内容仅仅反映了一部分情况。值得注意的是，尽管存在局限性，但我们仍然发现了大量涉及种族主义的内容。这表明，推特一直都对删除相关帖子持抵触态度。

但更主要的原因是他们知名度更高，敢于顶住压力，勇敢地面对种族歧视。自 2020 年 5 月乔治·弗洛伊德被谋杀以来，球员在球场上下跪的现象蔚然成风，种族歧视帖子也因此变得更加普遍。据我们估计，在近十年间的仇恨帖子中，约有 40% 的账号 IP 地址都是英国。

我们注意到，仇恨内容激增这一现象可以追溯到 5 年至 10 年前。我们还发现，将若干退役的少数族裔英超球员包含在调查范围内之后，最近网络种族主义的激增其实并无新奇之处。

我们将前英国足球运动员里奥·费迪南德（Rio Ferdinand）作为研究对象后发现，在 2011 年至 2014 年期间，他在推特上受到了大量种族歧视言论的攻击，在某些特定时段，其恶劣程度甚至超过了 2020 年种族歧视言论大规模激增时期。[①] 许多推文内容不堪入目。直至我撰写本书时，有些发布于 2012 年的推文依然明目张胆地留存在推特上。

部分发帖账号缺乏详细的用户信息，因此我们很难辨认出它们是真实账号还是虚拟账号或机器人账号，所以执法部门几乎不可能追捕到犯罪者。在社交媒体公司未能及时合作甚至不肯合作时，情况尤其如此。

英超球员被网络仇恨言论攻击并不是什么新鲜事，但拉什福德、桑乔、萨卡三名球员在 2020 年欧洲足球锦标赛决赛后的遭遇引起了多方关注。针对他们的网络暴力行为在某种意义上起到了避雷针作用，人们纷纷呼吁，对那些因未能及时处理平台信息而造成严重

---

① 我们的估计显示，这些帖子中，有 67% 是自称位于英国的账号发布的。

后果的社交媒体公司，各级政府部门要予以严厉处罚。如果说执法部门因为条条框框的束缚，不便施以行动，那社交媒体公司至少应该站出来承担一部分责任。在体育界，也有一些知名人士呼吁封禁匿名社交媒体账号，完善相关立法，对拒不删除仇恨内容的网络平台予以罚款。

但这些受到吹捧的解决方法很可能是行不通的，原因有二：首先，禁止匿名有可能会扼杀公民在社交媒体上的言论自由；其次，出现一系列大规模数据泄露和滥用数据丑闻之后，很多用户已经不再信任社交网络平台，也不愿意把个人身份信息放在网络上。这样一来，禁止匿名将导致网络平台的用户大量流失，利润暴跌。

对拒绝删除仇恨言论的平台处以巨额罚款，只会在某些情况下奏效。当仇恨言论具有明显的犯罪性质时，网络平台才能发布删除通知，因此大量冒犯性内容依旧会在这些网络平台上大行其道。有人建议对冒犯性内容进行限时删帖，但是 24 小时的清除时限意味着，冒犯性内容针对的人和相关社群在这段时间内可能已经受到了伤害。鉴于网络平台难以自动检测仇恨言论，也难以将其与具有类似形式的非仇恨言论（如某些反言论）区分开来，因此网络平台禁止使用某种技术（如机器学习）发帖的举措可能会失败。即使诉讼程序有所改善，也不太可能阻止那些最为顽固的仇恨者和一时冲动的人发布仇恨帖子。

政治家、专家和其他相关人士提出过种种解决方法，不过都是隔靴搔痒。与其说这是一个技术问题，不如说是一个社会问题。因此我们必须和政府及平台一起坚守反对仇恨的立场。

我们应对各种网络仇恨行为时，应该把注意力转向互联网真正的成功之处——我们有能力以强有力的方式协同作战，遏制网络仇恨行为。那些强化社区标准的反言论可以改变网络上的仇恨和侵犯行为，也许还能改变屏幕后那些攻击者的思维方式。仇恨实验室的研究表明，一旦各个群体都站出来反对网上的仇恨言论，仇恨加剧的可能性就会降低。

因此，在上文提及的足球仇恨事件中，那些最关心足球的人需要做仇恨事件的第一反应人，针对网络上和体育场内的可接受行为，建立并执行相关标准。在所有解决方案中，虽然这种方法可能比较难，但如果我们身体力行，肯定可以有效且持久地阻止仇恨行为。

▌致谢

本书得益于许多人的智慧、能力和垂爱，我很高兴能有机会向他们表示感谢。我将永远感激安文·胡森（Anwen Hooson）的细致思考和引导，你给了我一个机会，使我的想法由一颗种子变成了现实。十分感谢劳拉·哈桑（Laura Hassan）让这本书在费伯出版社（Faber）"安家"。感谢埃莉诺·里斯（Eleanor Rees）审慎的编辑工作，感谢汤姆·布罗姆利（Tom Bromley）、莫·哈菲兹（Mo Hafeez）、弗雷德·贝蒂（Fred Baty）对本书结构提出的尖锐建议。我还要向费伯出版社的其他一些人致谢——罗恩·科普（Rowan Cope）、菲比·威廉斯（Phoebe Williams）、约瑟芬·萨尔弗达（Josephine Salverda）、莉齐·毕晓普（Lizzie Bishop），以及版权团队的所有成员，你们受之无愧。还要感谢OCW工作室的杰兰特·格里菲思（Geraint Griffiths）提供的出色设计和插图。

我还要向那些曾经与我合作过的研究人员一一致谢——贾斯明·特雷吉加（Jasmin Tregidga）、塞法·奥扎尔普（Sefa Ozalp）、阿伦·卡伦（Arron Cullen）、阿米尔·贾夫德（Amir Javed）、刘晗（音译，Han Liu）、维韦克·罗伊－乔杜里（Vivek Roy-Chowdhury）——感谢你们提供了深刻而宝贵的见解。特别要说的是，塞法创建了书中的多张图表。能与这么多可以给人启发和灵感的同事共事，我感到十分幸运。多年来，正是他们塑造了我的思维方式，他们是皮特·伯纳普（Pete Burnap）、史蒂文·斯坦利（Steven Stanley）、亚历克斯·萨瑟兰（Alex Sutherland）、卢克·斯隆（Luke Sloan）、迈克·列维（Mike Levi）、迈克·马圭尔（Mike Maguire）、莱斯利·诺克斯（Lesley Noaks）、保罗·阿特金森（Paul Atkinson）、萨拉·德拉蒙特（Sara Delamont）。我还要感谢那些牺牲自己的宝贵时间，与我谈论本书中那些想法的学者和相关从业者，他们是戴维·加德、乔·杜米特、戴维·阿莫迪奥、杰伊·范·巴维尔、保罗·詹纳西（Paul Giannasi）、科丝蒂·彭里斯（Kirsty Penrice）、约翰·多兰。我还要特别感谢扎戈尔·莫拉迪（Zargol Moradi）所付出的时间，以及他的耐心和洞察力。

感谢我的家人和朋友们的支持：妈妈、爸爸、乔迪（Jodi）、加雷斯（Gareth）、里斯（Rhys）、纳恩（Nan）、班普斯（Bamps）、乔安妮（Joanne）、凯里（Ceri）、玛格丽特（Margaret）、格雷厄姆（Graham）、梅根（Megan）、亚历克斯（Alex）、安娜贝尔（Annabel）、马克斯（Max）、安德鲁（Andrew）、艾丽斯（Alys）、克里斯 A（Chris A）、克里斯 C（Chris C）、达米安（Damian）、李（Lee）、布莱丁（Bleddyn）、罗宾（Robin）、马克（Mark），谢谢你们。还有米娅（Mia），我不会忘记你的，在写作本书的那段漫长日子里，你的陪伴是一种极大的安慰。

如果没有英国国家科研与创新署（UK Research and Innovation，UKRI）经济与社会研究理事会（Economic and Social Research Council）的财政支持，我不可能完成这项工作。特别是萨曼莎·巴林顿 - 麦格雷戈（Samantha Barrington-McGregor）和布鲁斯·杰克逊（Bruce Jackson），谢谢你们。

文后附图

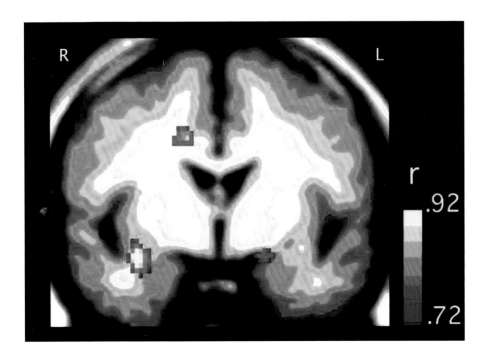

附图 1

白人看到黑人面孔时的大脑图像，图中位置靠下的两处红色区域显示杏仁核被激活，这与受试者的内隐联想测验得分呈现相关性，表明受试者对白人美国人的自动偏好超过了对非洲裔美国人的自动偏好

附图 2

显示 2019 年警方记录仇恨犯罪数量的等值线图

资料来源：欧洲安全与合作组织

附图 3

显示 2019 年警方记录仇恨犯罪数量的统计地图

资料来源：欧洲安全与合作组织

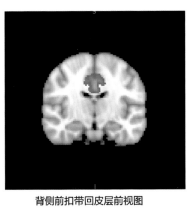

背侧前扣带回皮层前视图

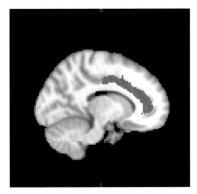

背侧前扣带回皮层侧视图

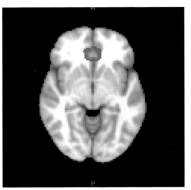

背侧前扣带回皮层俯视图

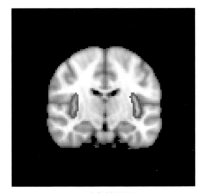

脑岛前视图

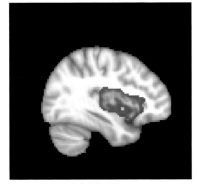

脑岛侧视图

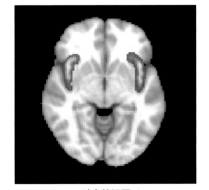

脑岛俯视图

附图 4

我的脑部扫描结果，扫描结果显示，看到黑人男性愤怒的面孔时，我的脑岛和背侧前扣带回皮层会被激活

附图 5

人们在为 2017 年 2 月 22 日被亚当·普林顿谋杀的斯里尼瓦斯·古奇博特拉守灵

摄影：杰森·雷德蒙（Jason Redmond）

图片来源：法国新闻社（AFP）通过盖帝图片社（Getty Images）授权

附图 6
植松圣（左）在其前工作地谋杀了 19 名残疾人，日本法律不支持以仇恨罪起诉他

摄影：STR

图片来源：法国新闻社通过盖帝图片社授权

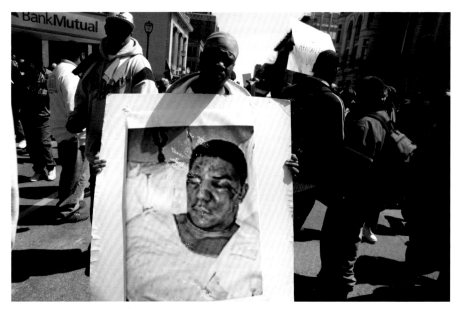

附图 7

在密尔沃基举行的抗议游行中，一名抗议者手持小弗兰克·裴德的照片

摄影：达伦·霍克（Darren Hauck）
图片来源：盖帝图片社

附图 8

2008 年 11 月，一名邻居男孩看着仇恨犯罪受害者马塞洛·卢塞罗的血迹

摄影：安德鲁·利希滕斯坦（Andrew Lichtenstein）
图片来源：Corbis 通过盖帝图片社授权

附图 9

2017 年 8 月，"团结右翼"在弗吉尼亚州的夏洛茨维尔集会

摄影：塞缪尔·科鲁姆（Samuel Corum）

图片来源：阿纳多卢通讯社（Anadolu Agency）/ 盖帝图片社

附图 10

2017 年 9 月，一名罗兴亚穆斯林男子在难民营浏览脸书上的内容

摄影：艾哈迈德·萨拉赫丁（Ahmed Salahuddin）

图片来源：NurPhoto 通过盖帝图片社授权

附图 11

2019 年 5 月，穆罕默德·萨拉赫与妻子及女儿在球场上

摄影：克里斯·布伦斯基尔（Chris Brunskill）

图片来源：Fantasista / 盖帝图片社